図説「日本史」の最新常識 驚きの100

最新歴史研究会

宝島社

はじめに

聖徳太子っていなかったの？　坂本龍馬も偉人じゃなかった？　次々に発見される歴史資料、そのために歴史教科書もどんどん変わっていくのが現代。

つい3、4年前まで正しいとされてきた歴史認識が、もう古びてしまう。さらに、さまざまな歴史情報が流れている。本当かわからないけれど、まことしやかに、西郷隆盛はスパイだったとか、源義経は弓も引けない軟弱者だったとか、直江状は存在しないとか、だから、今の常識がどうなっているのかよくわからない。

ここでは、そんな人のために、硬軟取り揃えて、歴史の新常識を解説。

農業は縄文時代から始まっていた。弥生渡来人は、きわめて少数だった。奈良盆地に巨大な湖があった。やっぱり聖徳太子はいた。北条早雲は名門の出だった。長篠の戦いに鉄砲3000丁はなかったのかあったのか。などなど。

何十年も前に日本史を習った人も、最近日本史に興味を持った人も、さらにいつも丹念

はじめに

に日本史の最新情報を集めている人へも、目からうろこの最新常識を集めた。

さらに、ちょっと怪しげな歴史常識もその真偽を解説。昭和時代の色眼鏡で歴史を見ていた人には、にわかに信じられないかもしれない。

しかし、そんな人のために、写真もたっぷり用意。写真が如実に真実を語っている。文章でわかりにくい点は図でも解説。何が歴史常識なのかが改めてわかると思う。

この本では、多くの歴史ファンがいる古代と戦国、安土桃山時代を中心に明治まで、扱った。目次にも、各ページにも、どの時代を扱っているかわかるようになっているので、興味のあるところから読んでほしい。

そして、面白いな、もっと深めたいなと思ったら、その時代をもっと掘り下げてほしい。そうなれば、次はあなたが新しい歴史を発見するかもしれない。

時代は常に、未来も過去も、そして現代も変わっていくのだから。

最新歴史研究会

第一章 旧石器時代から弥生時代まで 11

第二章　古墳時代から平安時代まで　53

第三章　鎌倉時代から戦国時代まで

第四章　桃山時代

第五章 江戸時代から明治時代まで 239

第一章

旧石器時代から弥生時代まで

新常識1
旧石器時代
Paleolithic Age

ネアンデルタール人の血が流れる日本人

日本人に、ネアンデルタール人のDNAが残されていた

日本列島に渡来してきた人々は、複数のルートで、小集団が段階的に波のように流入したと想定されている。

地続きだった大陸と日本列島

彼らは、ユーラシアの複数の地域から、様々なタイミングで渡来したが、特に、最終氷期の約2万年前、日本は樺太から北海道、本州まで地続きとなっており、この時期に歩いて渡来した集団が少なくなかったと考えられる。

同時期、朝鮮半島と九州の間とは、海峡は残ったもののその距離は短く、海の彼方に見える陸地を目指し、いかだなどを使って渡海した集団もあったであろう。冬季に海峡が海氷で覆われた時期には、徒歩で渡ることもありえたはずである。

その後、地球全体が温暖化し、日本列島が完全に島嶼化すると人々の往来はなくなり、

日本列島内に残った人々は、独自の文化、縄文文化を生み出すことになる。

遺伝的に見た場合、現在の日本人の遺伝子パターンはかなり独自性の強いものであるとされるが、その理由は、古い時代に日本列島に渡来した人々の遺伝子が我々に受け継がれているからと推測される。

大陸で遺伝子の均一化が進んでいた時、日本は大陸から隔絶し、ガラパゴス化する形で、その古い遺伝子が残されたのだろう。

2010年の『サイエンス』誌に、ドイツ、マックス・プランク進化人類学研究所により、ネアンデルタール人とホモ・サピエンスは混血が可能で、人類の遺伝子に彼らの遺伝子が残っているという研究結果が発表された。その後、ネアンデルタール人の遺伝子解析（ゲノム解析）はさらに進み、ユーラシア系の祖先を持つ人々の遺伝子は、1・8〜2・6％がネアンデルタール人由来だということがわかってきた。

日本人に色濃く残ったネアンデルタール人のDNA

さて、このネアンデルタール人の遺伝子だが、実は日本人にもそれが受け継がれていると、同研究所は主張する。

2016年、日本人の遺伝子について、同研究所により、驚くべき研究成果が発表され

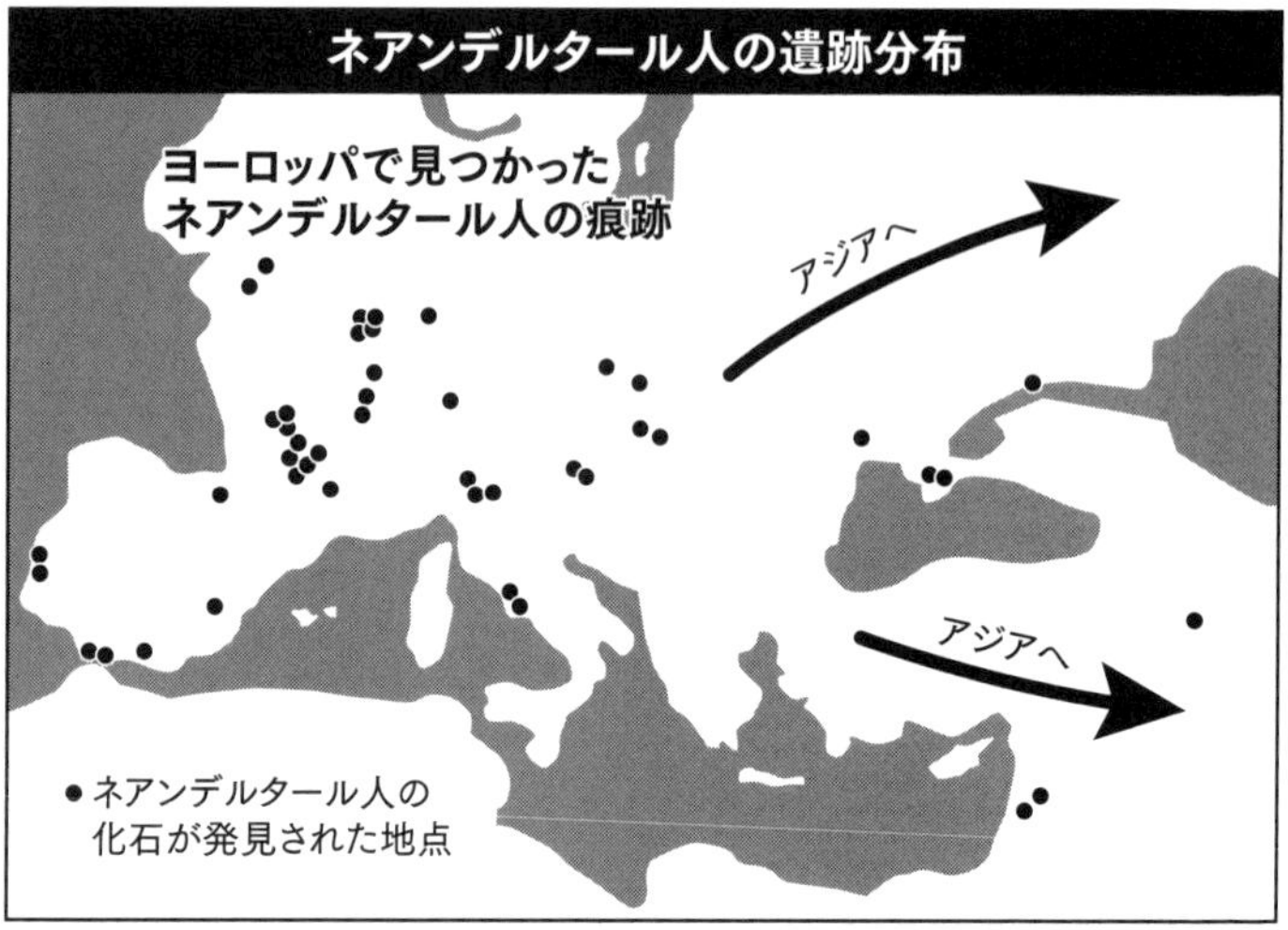

た。それは、日本人の遺伝子には、ある種のネアンデルタール人由来の遺伝子が高い頻度で含まれているというものだ。

ある種のTLR（Toll様受容体・自然免疫を作動させる機能がある受容体タンパク質）に関する特定の遺伝子は、ネアンデルタール人由来のものとされるが、この遺伝子はアフリカ人にはほとんどないが、ヨーロッパやアジア人では確認できる。そして、ドイツの研究チームが研究対象とした集団の中では、日本人がもっとも高い頻度でこれを持っていたのだという。

旧石器時代に日本に到達した人々は日本列島に住み着き、いつしか縄文文化を生み出した。その後、稲作農耕文化を持った人々が後続として日本に渡来し、その両者が混在して現在の日本人が成立した。旧石器時代に渡来した私たちの祖先の中に、ネアンデルタール人の血を受け継ぐ人が多数いたとすれば、その遺伝子が、大陸から隔絶された日本列島に多く残ったというのもうなずける話である。

ネアンデルタール人は、４万年前から２万数千年前に絶滅したヒト属の一種、旧人類である。一定の期間、現生人類である我々ホモ・サピエンスと同時代に生き、地域によってはある種の共存関係が成立していたのではないかと推測されている。彼らの絶滅については、

１　環境の変化に対応できなかった。
２　ホモ・サピエンスとの生存競争に負け、生活圏を奪われた。
３　ホモ・サピエンスが攻め滅ぼした。

など諸説あり、その理由は今も不明であるが、我々ホモ・サピエンスが彼らを滅ぼしたとする説は、有力なものの一つとされている。

彼らはホモ・サピエンスよりも脳の容量は大きく、骨格などから、体力的にも勝っていたことがわかっている。彼らは石器などを製作する技術を持ち、当時のホモ・サピエンスと比べて遜色ない能力を持っていた。同等の道具を用いていたと仮定すれば、体力的に優れている彼らのほうが圧倒的に優位であったはずである。ある研究者は、彼らが滅びたのは、彼らが争いを好まない優しい人々であったからだと主張する。

その真偽は不明であるが、だとすれば、平和を愛する日本人の思考の根底にあるものは、ネアンデルタール人の優しさと考えられなくもない。

新常識2
縄文時代
Jomon Period

農業の発生は弥生時代ではない

農業の初期段階の姿が縄文時代にはすでに存在していた

人類が日本列島に最初に到達したのは、いつ頃であろうか。日本列島は、現在は完全に大陸から離れた島となっているが、氷期により海面の高さが低くなっていた時代には、日本列島は大陸と地続きとなっていた。

この時代に大陸からやってきた人々が日本列島に最初に足を踏み入れた人類ということになるのだが、それがいつ頃まで遡るのかは、まだ確定的な答えは出ていない。

日本には4万年ほど前に人類が到達

日本各地ではこれまで、少なくとも4万年ほど前の地層から旧石器（打製石器）が発見されていることから、おそらくはこの時代には日本列島各地で人々が生活していたと考えて問題はないだろう。

彼らはその後定住生活を始め、これによりいわゆる縄文文化を生み出すことになる。

縄文人はクリを栽培していた！

縄文時代のクリ林の復元

御所野遺跡のクリ林（撮　金子 靖）

建材としてのクリ

三内丸山遺跡の大型掘立柱建物の構造材はクリの木である（撮　金子 靖）

食物としてのクリ

写真　足成より

彼ら縄文人にとって、ミズナラ、コナラなどの実であるドングリや、トチの実、クリは、保存も可能な重要な食物であった。

ドングリやトチの実はアクが強いため、鳥や動物があまり食べないということもあり、確保しやすい木の実であった。縄文人は、これらアクの強い木の実を大量にアク抜きするため、水場に加工場を設置して、効率的に加工した。

古代遺跡の一種に、「水場遺構」というものがある。川に堰や樋などを設置して水を導き、人間が利用しやすいよう整えた、古代の設備跡である。

水場遺構とは、すなわちトチの実など木の実の加工施設である。屋内で皮を剥いだトチの実を網袋などに入れ、アク抜きのため水さらしをしていたのだろう。

縄文時代の水場遺構は中部地方から東北地方にかけて分布し、それはそのままトチノキの生育域に重なっている。そして、各地の縄文遺跡からもトチの実が出土している。

さて、縄文人たちはアク抜きを施した木の実をどのように食していたのだろうか。

もっとも簡単な調理法は、「トチ粥」、あるいは山菜や獣肉との煮込みだろう。事実、出土した土器に、炭化したでんぷん質が付着したものも数多く存在する。炉の跡から発見された炭化物の塊を調査したところ、エゴマの種やノビルの砕片が検出されている。これはアク抜きしたドングリ粉やトチ粉を練って生地とし、エゴマやノビルを加えて焼き上げ、クッキーのようにして食べていたということを示している。

縄文人はクリを好み、栽培した

木の実の中で、特に彼らが好んだものは、クリであった。アクをあまり含まないクリは、加熱するだけでそのまま食べられる便利な食料で、保存が効くうえに味も良い。

彼ら縄文人の生活は、基本的には狩猟と採集によるものとされ、多くの人がイメージする縄文人は、魚貝類や鳥獣を採取し、時に木の実を拾い集めて食べるといったものだと思われるが、近年の研究により、実際はかなり早い段階から農業の萌芽があったことがわかっている。

稲作農業こそ弥生時代まで待たなくてはならないが、縄文時代にはすでに、クリやウルシなど特定の植物を栽培していたことがわかっている。『ブリタニカ国際大百科事典』では、農業を「土地を利用して有用な動植物を育成し、生産物を得る活動をさす」とある。縄文人の行っていた植物の栽培利用は、まさに農業そのものである。

青森県の三内丸山遺跡における発掘調査において土中の花粉を分析したところ、興味深い事実が判明した。集落の周辺はクリの林で覆われており、しかもそのクリの遺伝子パターンは、多くが共通していたのである。ここからわかることは、彼らが集落の周辺に「クリ園」のようなものを計画的に作っていたということである。

新常識3
縄文時代
Jomon Period

世界最古級の文化だった縄文文化

縄文人は最終氷期の寒冷期を乗り切るために土器を作った

今までの教科書では、縄文時代の始まりは1万年前から1万2000年前とされてきた。例えば、1980年増補改訂の『地学事典』（平凡社）では、「更新世紀末期の1万2000年前に始まり」とある。『高校日本史B』（実教出版　平成23年）では、「縄文時代は1万2千年前にはじまり、およそ1万年にわたって続いた」とある。

しかし、近年の研究により、縄文時代の始まりは、これを大きく遡ることがわかってきた。

1998年、青森県外ヶ浜町にある大平山元I遺跡《おおだいやまもといち》において、世界でも有数の古さと考えられる土器片が発掘された。その後、この土器に付着した炭化物を放射性炭素（以下C14）年代測定法で調べた結果、この土器片は1万6500年前の、世界最古級のものであることが確認された。

同遺跡からは石鏃《せきぞく》や石斧《せきふ》などの石器も発掘されているが、この石鏃も世界最古のもので、史上最古の弓矢使用を示す遺物である。

亀ヶ岡式土器、前列2点は注口（急須形）土器（青森県立郷土館蔵　風韻堂コレクション）

他の地域で発掘された最古の土器は、アフリカ・南アジア・西アジアで９０００年前、ヨーロッパで８５００年前であり、これらと比べると、日本の縄文土器はかなり早い時代に発生したことが理解できる。

中国・江西省で発掘された土器片は２万年前のものとされ、これが今のところ世界最古の土器となるが、中国南部から青森県にまでその土器文化が伝播した可能性は低く、日本における土器文化は、独自に発生発展したものと推測される。

なお、教科書では、縄文土器の発生は、氷河期が終わり、大型獣を追う狩猟中心の生活から、木の実などを採取し、これを煮炊きする必然から生まれたと説明されている。しかし、１万６５００年前はまだ氷河期であり、その説明は間違っている。２万１０００年前は最終氷期の最寒冷期でもっとも氷床が拡大した時期にあたるが、むしろ人類はこの寒冷期を乗り切るために、土器文化を生み出したと考えるべきであろう。

新常識4
縄文時代
Jomon Period

中国より古い日本の漆文化

縄文時代の漆製品《うるしせいひん》は、日本オリジナルで世界最古級のもの

漆器・漆製品は、日本が世界に誇る伝統工芸品である。漆器は英語ではjapanと呼ばれるが、これは、古くから日本の漆器が世界に認められていたことを端的に示している。

中国原産と思われてきたウルシ

考古学の世界では、これまでウルシは中国が原産で、漆技術も中国で生まれて、それが日本に伝わったと考えられてきた。

中国で発掘されたもっとも古い漆製品は、浙江省の跨湖橋《ここきょう》遺跡から出土した木製の弓らしきもので、年代は7600年前のものである。これに対し、日本最古の漆製品は、北海道函館市の垣ノ島《かきのしま》B遺跡から発掘された、墓に埋葬された人が身にまとっていた編布状の赤い漆製品である。

この漆の繊維製品はC14年代測定法によると9000年前のものであり、これが、現状

における世界最古級の漆製品ということになる。この漆製品は、埋葬された人物の頭部と推測される箇所に、ターバンのように髪に巻いて束ねたようなものと、両肩に置かれていたと思われる肩当て布のようなもの、両腕に通されていたであろう筒状の腕輪、脚の部分の膝当てのようなもので、死者の埋葬のための飾りとして用いられたものと思われる。これらは、径1・2㎜ほどのごく細い糸に、さらに細い糸を巻きつけ、これにベンガラを用いた赤漆を3層に塗った、径2・5㎜ほどの糸で編まれた非常に高度な技術が用いられたものであった（奈良文化財研究所・北海道教育委員会ほか2004）。

これほど見事な漆製品が作られるためには高度な技術が必要で、その段階に達するまでには、相当な期間の漆技術の蓄積があったと考えられる。9000年前の漆製品の存在は、それ以前の一定期間、おそらくは数千年の漆文化の熟成があったことを示唆している。

さて、植物としてのウルシは、渡来人が日本に持ち込んだものと考えられていたが、近年では、ウルシは日本列島に自生していた可能性が指摘されている。

吉川昌伸氏の研究によると、縄文時代早期後葉に、宮城県東松島市里浜貝塚や青森県野辺地町でウルシの花粉化石が確認された。また、青森県と北海道の道南地方では縄文時代前期からウルシが出てくることが確認された。さらに、1984年にすでに出土していた木片を、2011年にあらためて東北大学の鈴木三男教授らの研究グループが調査し、その木片は、C14年代測定法により、1万2600年前のウルシであるという結果が出た。

漆文化は西から伝播していない

縄文時代の九州では、ほとんど漆製品が確認できていない。唯一、東から搬入されたと思われる赤漆塗り太刀形木製品が福岡市四箇遺跡から確認されているのみで、漆文化の発達は、九州にはなかったと考えられる。ちなみに、朝鮮半島における最古の漆製品は、青銅器時代のもので、それ以前のものはない。これらから考えられることは、縄文時代に東日本に華開いていた漆文化は、朝鮮半島から伝播したものではないということである。

東日本では、漆製品が普及した縄文時代前期以降、ウルシは集落周辺で栽培されていた。食料ではない樹木を栽培していたということは、縄文人に高い精神文化があったということと、食料生産において、彼らには余裕があったということを意味している。

また、漆を塗料とするためには、目が粗《あら》くない布で、ゴミを漉《こ》す作業が必要である。つまりは質の高い布の生産が、早い時期から行われていたということでもある。

漆を塗付する対象として、木椀などの木製品や品質の高い土器が作られ、漆の精製のために、質の高い布が使われていた。さらには、漆製品を美しい赤い色にするため、ベンガラや水銀朱を顔料とする知識と技術をも彼らは持っていた。黒色にする場合は、黒炭などを用いたが、アスファルトを用いた可能性も一部からは示唆されている。

日本が生んだ世界最古の縄文時代の漆製品

台付皿形木胎漆器

壺形土器

注口土器

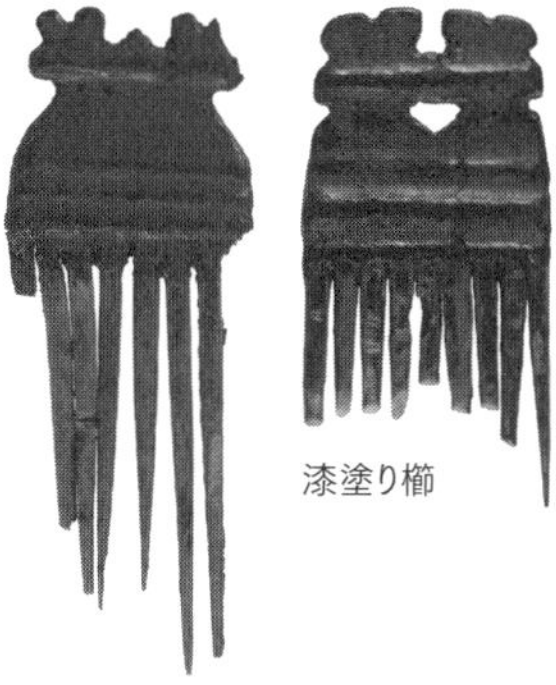

漆塗り櫛

耳飾り

装身具

赤漆塗壺形土器

漆塗り樹皮製曲物（復元製品）

（青森県八戸市・是川中居遺跡出土／八戸市埋蔵文化財センター是川縄文館提供）

新常識5
縄文時代
Jomon Period

竪穴住居に茅葺はなかった

土屋根の竪穴住居は冬温かく夏は涼しい快適な住居

縄文時代から弥生時代にかけての住居として知られる竪穴住居であるが、多くの人々がイメージするものは、登呂遺跡（静岡県静岡市）で復元され展示されているような、茅葺《かやぶき》のものではないだろうか。

竪穴住居の茅葺には、根拠がなかった

実は、登呂遺跡の竪穴住居を復元する時、古い時代の民家の構造を参考にしているのだが、民家として現存する建物は江戸時代より遡ることは難しく、それ以上に古いものは確認することはできない。

それ以前の建物は寺社や城、領主の館などに限られ、民家が残っているケースは皆無である。東京の多摩地方などでは、昭和初期まで農家の作業小屋として茅葺の竪穴建物が使われていたが、そのような建物を参考とした結果、登呂遺跡では茅葺として復元され、多

くの人が竪穴住居について、茅葺のイメージを抱くことになる。

縄文集落が発掘される場合、建物の柱や梁、屋根、壁材は崩れ落ち、日本特有の酸性の土壌と多量の降雨により、腐敗・分解され、構造物が残っていることはほとんどない。発掘されるものは、床の壁際の溝、壁の立ちあがり部分、床と中央に設置された炉の跡、柱の穴、わずかな木片などである。

つまり、復元された竪穴住居は、発掘成果としての情報をベースとしたものではなく、推測を積み重ねた結果として茅葺とされたにすぎないのである。

しかし、近年の発掘・研究の成果により、縄文時代の竪穴住居には、土葺《つちぶき》のものが少なくなかったことが確認されている。

まれに火災で放棄されたと思われる竪穴住居が発見されることがある。そのような遺跡では、垂木やその上に敷いた木の枝や草、樹皮など、屋根を葺いた材と思われる材料が炭化したことで保存され、構造の一部がわかることがあるが、それらは、焼けて赤く変色した土に覆われている場合がほとんどである。

屋根葺き材の上に焼かれた土が確認されるということは、その竪穴住居が燃え落ちる以前、その屋根は土に覆われていたということである。

すでに文化人類学者により、北米、東シベリア、東北アジアの高緯度地域の民族の住居の例から、竪穴住居も土葺である可能性が指摘されていたが、焼失した竪穴住居の発掘例は、その考えを補強するものとなっている。

土葺の竪穴住居は冬季の防寒性に優れ、表面に草が生えることから、耐水性もかなり高かった。

一方、夏季においても、土屋根が熱を遮断し、予想以上に涼しく過ごすことができる。実験では、夏の晴天時で屋内気温25度を維持したという。ただし、湿度の高い地域では土葺の建物はあまり快適ではなく、そのような地域では、暑い季節は風通しの良い掘立柱の建物が用いられたと考えられる。つまり、冬の家と夏の家を使い分けたのである。

ちなみにだが、近年では、岩手県二戸郡の御所野《ごしょの》遺跡、宮城県東松島市の奥松島縄文村歴史資料館、富山県富山市の北代縄文広場など、土葺の竪穴建物が復元されるケースが増えている。

土蜘蛛と呼ばれた人々

日本最古の歴史書である『古事記』や『日本書紀』、日本各地の風土について記した『風土記』に、「土蜘蛛」と呼ばれる存在についての記述がある。

彼らは大和朝廷の勢力外に存在し、大和朝廷に従わない土着の存在であり、多くの場合、穴を掘ってそこに居住し、その穴を拠点に抵抗すると記されている。『古事記』では土雲という穴倉に住む種族として、『常陸国風土記』では穴を掘って土窟に居住する存在として。

このような土蜘蛛に関する伝承は、土屋根の竪穴住居に暮らす、地方の人々の姿を表現したものと考えられはしないだろうか。

高床式の建物に暮らす大和朝廷の人々にとって、まるで地面に開いた穴から出入りしているかのような彼らの姿は、野蛮で未開な存在に見えたのかもしれない。


これが竪穴住居だ！

復元された御所野遺跡の竪穴住居（岩手県一戸町・御所野縄文博物館提供）

しかし、竪穴住居は、東日本においては平安時代まで用いられ、その後も一部では住居や貯蔵小屋、作業場などとして江戸時代まで使われ続けた。一万年に渡って用いられた工法と考えれば、それは優秀な建物構造ということができ、決して野蛮でも、劣った建物というわけでもない。近年、エコロジー的な観点から、住宅の屋根を厚い土の層で覆う設計の建物も生まれている。これこそ土葺の竪穴住居に倣った、先人の知恵の有効利用である。

新常識6
縄文時代
Jomon Period

60過ぎまで生きた縄文人

短命とされていた縄文人が、実は意外と長命だった

人類学者であり、日本人口学会会長を務めた小林和正の研究によると、縄文時代の15歳時平均寿命は31歳ほどで、少年期を過ぎれば、多くが30歳を超えて生きることができたとされる。しかし、小林の研究では、65歳以上の縄文人は、確認できなかったという。

男女ともに平均寿命が80歳を超える現代の日本と比べると、その寿命はあまりに短く、縄文人の生涯はとても短いものであったということになる。

出産は今も昔も大きなリスクを伴うものであるが、医療の未発達な当時はまさに命がけであった。無事に産まれたとしても、栄養状態は悪く、衛生環境も整っていない当時、幼児期を生き抜くのは運次第である。ある研究によると、幼児期を生き抜ける子どもは、わずか4人に1人か、それ以下であったという。

成人後も、危険な狩猟での怪我がもとで命を落とすことも多かったであろうし、現代では大したことのない病気でも、医療の発達していない当時では、命取りになることも少なくなかった。しかし、彼らの大多数が短命であったというわけでもない。

縄文時代での65歳以上の割合

1967年発表　0%

（人類学者・小林和正研究）

↓

2010年発表　32.5%

（聖マリアンナ医科大学・長岡朋人研究）

聖マリアンナ医科大学の長岡朋人氏の研究によると、86体の縄文人骨を最新の方法で再調査した結果、65歳以上と推定される人骨が28体・約32・5%確認された。実は縄文人は意外と長生きであったという結果となった。前出の小林の研究と大きく違った結果となっているが、これは、当時の年齢推定法が、老年の人を実際より若く推定してしまったためであろう。

縄文人の文化・技術水準が、かなり高いものであったことが明らかになりつつある。縄文人が短命であったとすれば、技術・文化の継承はとても難しく、高度な技術は伝承されない可能性があるが、60歳以上の長寿者がある程度の比率で存在すれば、技術継承に問題はない。

縄文人の推定年齢については、解析方法の精度が高まることで、今後ますます議論が深まるものと期待される。

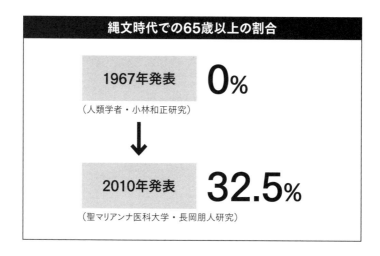

新常識7
縄文時代
Jomon Period

東日本のほうが発展していた縄文時代

豊かな文化を育んでいた東日本の縄文文化が日本文化の源流

日本の古代史について、「西高東低」という言葉で表現されることがある。もともとは日本列島付近の冬型の気圧配置を示す気象用語であるが、稲作農耕をはじめとする大陸文化が、弥生時代以降に西南日本から東へと伝播したことをイメージする語として用いられている。

弥生時代は、大陸や半島から九州に稲作文化が伝播したことに始まる。その後、北海道を除く日本列島全体に稲作とそれに付随する文化が広まり、縄文時代は終焉を迎えることになる。しかし、それ以前、縄文時代の東日本は、決して暗黒時代でも未開地域でもなく、むしろ日本列島における先進地域であり、この時代について高低で表現するとすれば、「西低東高」という状況だったといえるだろう。

縄文時代の遺跡分布は圧倒的に東日本に多い。環状集落のような規模の大きい集落の数も、東日本に集中し、日本の縄文遺跡のうち85％ほどが、東日本に存在する。

縄文時代の人口はというと、考古学者の山内清男によると、北海道から九州までの日本列島全体の人口が15万から25万人ほど。九州から近畿までの範囲で3万から5万、北海道、東北、関東、中部で残る人数を占め、それぞれ3万から5万ほど（『日本原始美術1　縄文式土器』）と推計されている。

縄文時代後期の主な遺跡の位置（後期～晩期）

『図解・日本人の人類遺跡』日本第四紀学会／小野 昭、春成秀爾、小田静夫編、東京大学出版会（1992）より

文化人類学者であり考古学者である小山修三氏は、遺跡の分布をもとに、縄文時代中期の日本列島（沖縄と北海道を除く）の人口を26万人と推定し、東日本がそのうち25・2万人、96％をも占めていたと推計した。（『人口から読む日本の歴史』鬼頭宏著・講談社学術文庫より孫引き）。

新常識8
縄文時代
Jomon Period

サケが支えた縄文時代

東日本のほうが、食においては圧倒的に豊かであった

東日本の縄文人が西日本の縄文人より栄えた理由としては、どんなことが考えられるのだろうか。総論的にまとめてしまえば、単純に考えて、東日本の環境のほうが、縄文時代前期・中期においては、より、人にとって住みやすい環境だったということである。

中でも、もっとも重要なことは、食料がどれだけ確保できるかである。

落葉広葉樹林帯の東日本では、ナラ、ブナ、クリ、クルミなど、食料となる堅果《けんか》類が多く、ワラビ、ゼンマイ、フキ、クズ、キノコなどといった、食用になる林床植物も豊富で、豊かな恵みを得ることができる。落葉広葉樹林の豊かな森は、イノシシやシカ、カモシカといった狩猟の対象となる動物たちも同時に養い、縄文人たちの生活を支えていた。

一方、照葉樹林帯では、シイ、カシ、クスといった常緑広葉樹が主要樹種となる。森林内は、落葉樹林帯よりも日光が入らず、食料に適した林床植物もあまり育たない。

東日本は、海の幸にも恵まれていた。「縄文学の父」と呼ばれた考古学者の山内清男は、1940年代にすでに、縄文人が河川を遡上するサケ・マスを大量に捕獲し、干物や燻製

東日本の豊かな食を支えたサケ

サケ漁に使った石槍

（東京都あきる野市・前田耕地遺跡／東京都教育委員会蔵）

サケ漁をしていた人たちの住居跡

サケ科の魚の歯

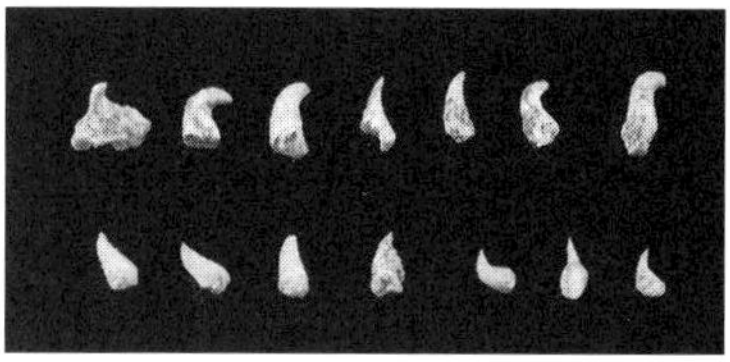

などの保存食として冬期に備えていたという説を提唱した（サケ・マス論）。

その後、東北や関東各地でサケの骨の出土があり、彼らがサケを食料として利用していたということは、現在ではもはや疑いようがない事実である。

晩秋から初冬にかけて、毎年安定して大量のサケが川を遡上していたとすれば、縄文人にとっては願ってもない食料になったであろう。

捕獲しやすく、個々の固体が大きく栄養があり、なおかつ保存食にしやすいサケは、縄文人が冬季を過ごすための大きな助けになったと思われる。

新常識9
縄文時代
Jomon Period

平和で身分差別のない時代

縄文時代は、豊かで、なおかつ差別の少ない楽園であった

縄文時代の集落では、死者の埋葬方法に大きな違いがないことが確認できる。このことから、彼らには厳しい階級差別がなかったものと推測されている。もちろん、狩猟をし、集団生活を行なっている以上はリーダーや長老のような存在はあったと思われるが、身分制度のようなものはなく、かなり平等な世界であったようだ。

北海道洞爺湖町の縄文後期遺跡・入江貝塚から、20歳前後の女性の骨が出土した。彼女の四肢はとても細く、発達の度合から、元気に出歩けたとは思えないものであった。恐らくは幼い頃に小児麻痺のような病に罹患《りかん》し、以降は寝た切りの生活だったと思われる。

そんな彼女が20歳前後まで生きたということは、労働力とならない彼女を、周囲が見捨てることなく介護をして守り、育て続けたということである。これは、その家族だけで可能なことではなく、彼女の家族を、集落全体が扶助・支援してはじめて可能なことで、ある種の互助意識が縄文人にあった証拠と考えられる。

縄文人の遺骨の特徴から、もう一つ面白い推測がなされている。

ポリオになった女性の人骨

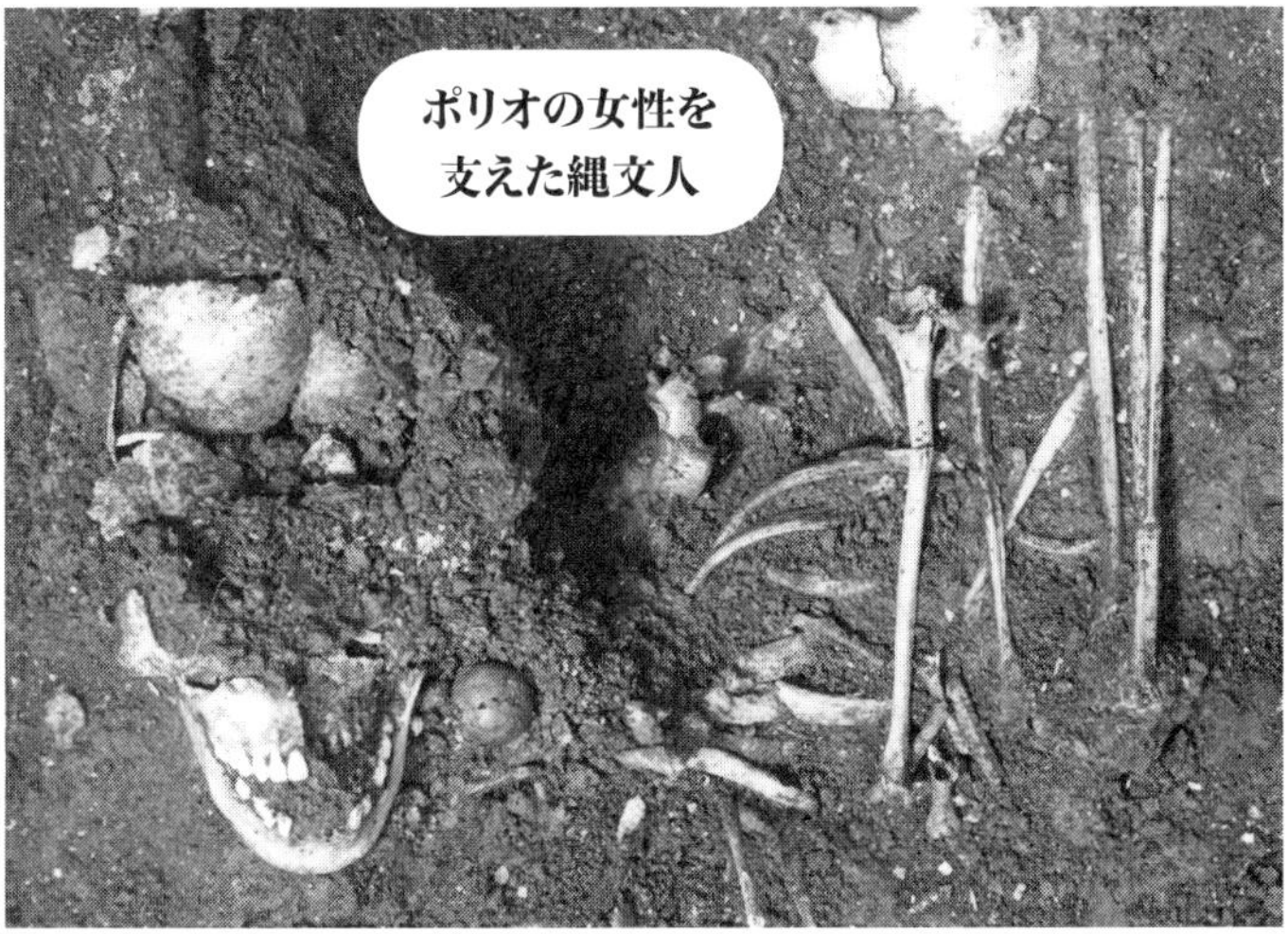

北海道洞爺湖町・入江貝塚出土（洞爺湖町教育委員会提供）。頭骨（写真の左）、背骨などは通常の成人サイズだが、四肢骨の骨幹部が異常に細く（写真の右）、幼少期にポリオにかかり、四肢が麻痺した可能性が高い。しかし、成人まで生存しており、周囲の人々が、成長を助けていたようだ

これまで発見された縄文人の遺骨は多いが、同時期に大量に発生したと思われる遺体は、今のところ確認されていない。中には、石槍で死んだものや、矢傷の痕跡のあるものはあるが、多数がまとまって埋葬されたケースはない。これはつまり、戦争がなかったということ。発掘された彼らの道具も、狩猟のための槍や矢は確認されているが、対人用に特化した武器はなく、このことからも、彼らは戦争とは無縁の生活を送っていたといえる。

新常識10
縄文時代
Jomon Period

津波被害を免れていた貝塚集落

縄文人は津波被害のない土地を選んで居住していた

東日本大震災では、岩手県三陸海岸から茨城県いわき地方の海岸まで、広い範囲で津波被害が発生している。この海岸沿いの地域、直線距離にして約400㎞の範囲には、縄文時代の貝塚集落が約480か所確認されている。これらについて、津波被害の有無を検討した結果、驚くことに、貝塚集落は、どれも東日本大震災の津波の到達範囲よりも高地に位置していて、ほとんど被害に遭っていないことが確認された。

縄文早期では、同地域では、多くが標高15m前後に貝塚・集落を形成した。その後、彼らは標高20〜24mほどの位置に居住し、縄文晩期になると、寒冷化により海面が下降したことに合わせたのか、数m低い位置に住居を移動している。

これら、縄文人の集落には津波が到達していない。一方、浜辺で土器を使って海水を煮詰めて製塩を行った作業場や、貝剥きや干し貝作りをした貝の加工場の遺跡は、居住地より海岸に近い低地に置かれていた。そのため津波による冠水被害を受けている。

彼らは、低地で製塩や貝類の加工を行いつつも、居住地には高台を選び、そこで生活を

宮戸島・津波の被害が軽微だった里浜貝塚

（奥松島縄文村歴史資料館提供）

していた。

　縄文時代中・後期は海水面が低かった時代であるが、松島湾一帯の貝塚集落を見ると、彼らが高所へと移動したことが確認できる。この時期に何があったかというと、この地域を複数回の津波が襲っていたことがわかっている。彼ら松島湾周辺に暮らす縄文人は、津波の被害を避けるため、より安心できる高台へと集落を移したのである。

　製塩や貝の加工を海岸近くで行っていた縄文人は、作業が終わると高台にある安全な集落に戻って行った。

　縄文人は便利さよりも安全・安心を優先し、高台での生活を選んでいたのだ。

新常識11
縄文時代
Jomon Period

噴火で滅んだ西日本の縄文文化

鬼界カルデラの噴火が、西日本の縄文人を激減させた

別頁で、縄文時代は西日本よりも東日本のほうが発展していたと書いた。その理由として、東日本の植生を主たるものとして挙げているが、もう一つ、大きな要因が考えられている。それは、薩摩半島の南50㎞の海底に沈んでいる、鬼界カルデラの噴火である。

鬼界《きかい》カルデラは、東西約21㎞、南北約18㎞の楕円形の巨大なカルデラで、７３００年前に噴火したことが確認されている。

この時の噴火で噴出された火山灰は、九州はおろか東北や朝鮮半島にまで届き、九州南部で１ｍ、紀伊半島でも20㎝の厚さになっていたことが確認されている。

この噴火は、九州を中心に西日本の縄文人に大きな影響を与え、多くの集落を全滅に追い込んだと考えられている。

日本列島は火山が多く、現在も各地で噴火が確認されているが、これほどの噴火は1～2万年に一度発生するかしないかという頻度ではある。しかし、発生してしまえば一つの文明を崩壊に導くほどの被害を出すことから、破滅噴火とも呼ばれている。

九州に渡来人がすんなりと移住できたのは、この鬼界カルデラの噴火により、九州の縄文人が激減していたからであるとの説を唱える研究者もいる。

最近の研究では、鬼界カルデラは今も活発に活動を続けていることがわかっている。神戸大学海洋底探査センター長の巽好幸《たつみよしゆき》教授によると、直径10㎞、海底からの高さが600mにもなる地球上で最大規模の「溶岩ドーム」の存在が確認された。今後噴火する可能性もゼロではなく、同教授によると、鬼界カルデラが噴火した場合、国内だけで、死者は一億人に達する可能性があるという。

また、噴出した火山灰は世界を覆い、火山灰が太陽光を遮ることで、世界規模の冷害を発生させる。その影響は世界の食料生産に致命的な打撃となる。

九州の縄文人を破滅に追い込んだ火山が、今も海底で活動を続けているというのだから、恐ろしい話である。

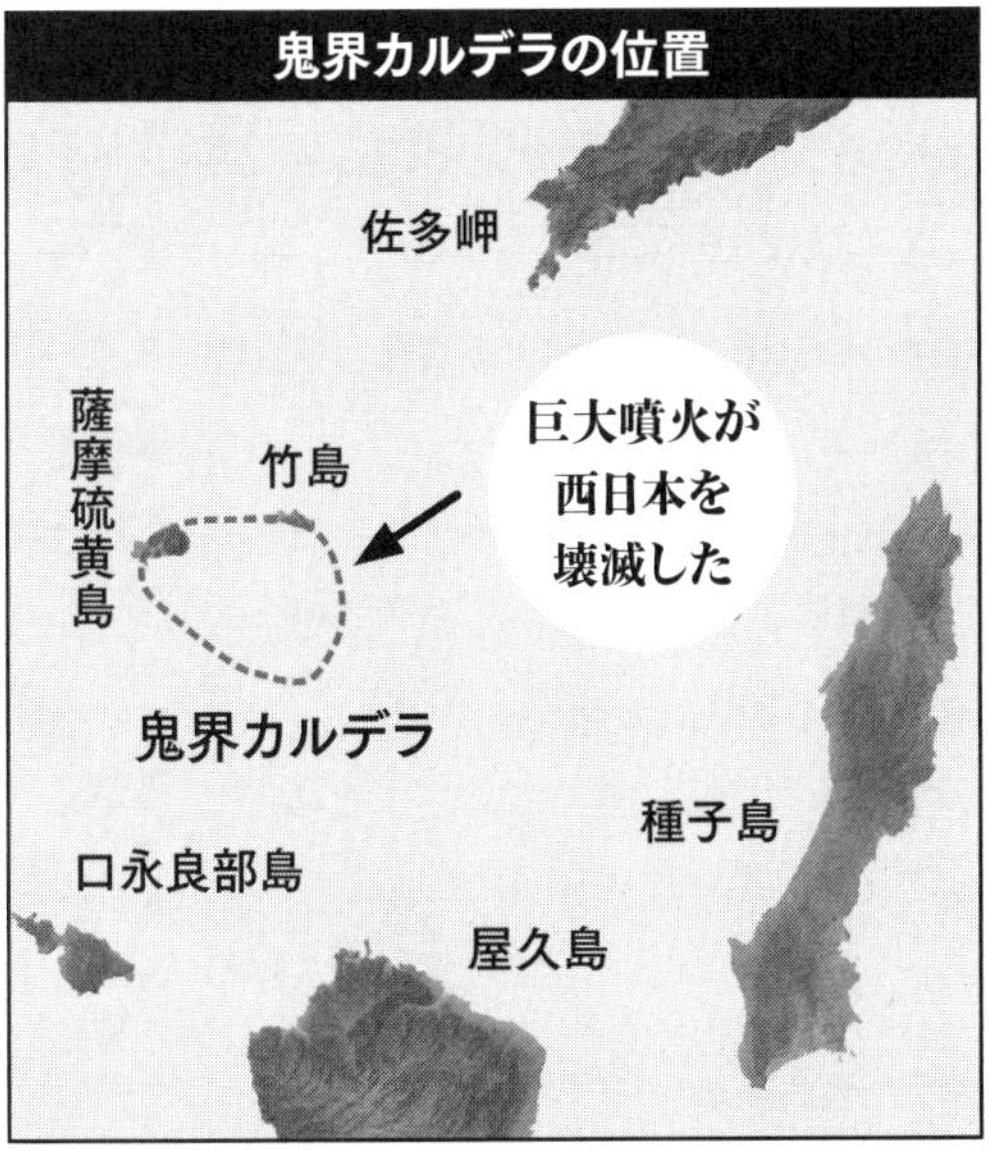

新常識12
縄文時代
Jomon Period

犬を愛した縄文人

日本では縄文時代から人と犬とが共存生活を送ってきた

人類が最初に家畜化した動物は犬とされる。一説に、人類の脳の急激な発達は、犬との共同生活を始めたことで、夜間に安定した睡眠を取れるようになったからだとの話もある。その真偽はともかくとして、犬が我々にとっての最初の家畜であったという点は、疑いないようだ。

今のところ、世界最古の家犬の遺物は、アラスカで発見された2万年前のものとされる。羊は1万2000年前なので、犬の古さは圧倒的である。

アラスカで発見された犬は、海水面が低下し、ベーリング海峡が陸化していた時代に、アジアからアメリカ大陸へ渡った人々とともに移動したものと考えられるので、犬の家畜化はさらに古い時代に遡るものと思われる。

縄文人も早くから犬を飼っていたようで、神奈川県横須賀市の夏島貝塚からは、9500年前の犬の骨が発見されている。

愛媛県久万高原町の上黒岩岩陰遺跡からは、埋葬された犬の骨が発見されているが、縄文時代の遺跡から埋葬された形で犬が発見される例は多く、彼らが犬を大切に飼育していたことがうかがえる。

縄文時代の犬は、中・小型犬で、柴犬に近い姿をしていたと考えられる。

遺伝子解析の成果から、日本犬の祖先は南中国などの南方系の犬種がルーツであったようで、縄文人のルーツを探るうえでも、面白い結果となっている。

犬の飼育目的は主に狩猟用で、縄文人の狩猟の、大きな力となっていたと推測される。

弥生時代に入り、半島・大陸から新しい犬種も流入したようであるが、縄文時代にはすでにかなりの数の犬が飼われており、遺伝子的に見た場合、日本犬（和犬）の遺伝子構成は、古い犬種のものが優勢であることがわかっている。

このことは、弥生時代に日本に流入した犬が少なかったということになるのだが、農耕を生活の基盤とする渡来人は、あまり犬を飼っていなかったと考えると整合性がある。

日本固有種の柴犬は縄文時代からいたのだろうか

柴犬（写真　アフロ）

新常識13
弥生時代
Yayoi Period

弥生時代の始まりは紀元前10世紀

水田稲作の日本伝来は、これまでの定説より500年遡る

弥生時代は、水田稲作農耕の文化が大陸・半島から日本列島に伝来したことに始まる。日本での水田稲作農耕は九州北部で始まったとされるが、これまで、日本で水田稲作農耕が始まったのは紀元前5世紀頃とされていたが、近年の研究では、その時期は紀元前10世紀後半との説が有力になりつつある。

国立歴史民俗博物館によると、「九州北部の弥生時代早期から弥生時代前期にかけての土器（夜臼式土器・板付式土器）に付着していた炭化物などの年代を炭素14年代測定法によって計測したところ、紀元前900～800年ごろに集中する年代となった。」（略）「日本列島の住人が本格的に水田稲作農耕（夜臼式）を始めた年代は、紀元前10世紀までさかのぼる可能性も含めて考えるべきであることが明らかとなった。」（「弥生時代の開始年代について」より）という。

また、水田稲作農耕の伝播速度についても、これまでとは違った考え方が必要となる。少し前までの教科書では、九州地方に始まった水田稲作農耕は、わずか100年ほどで近

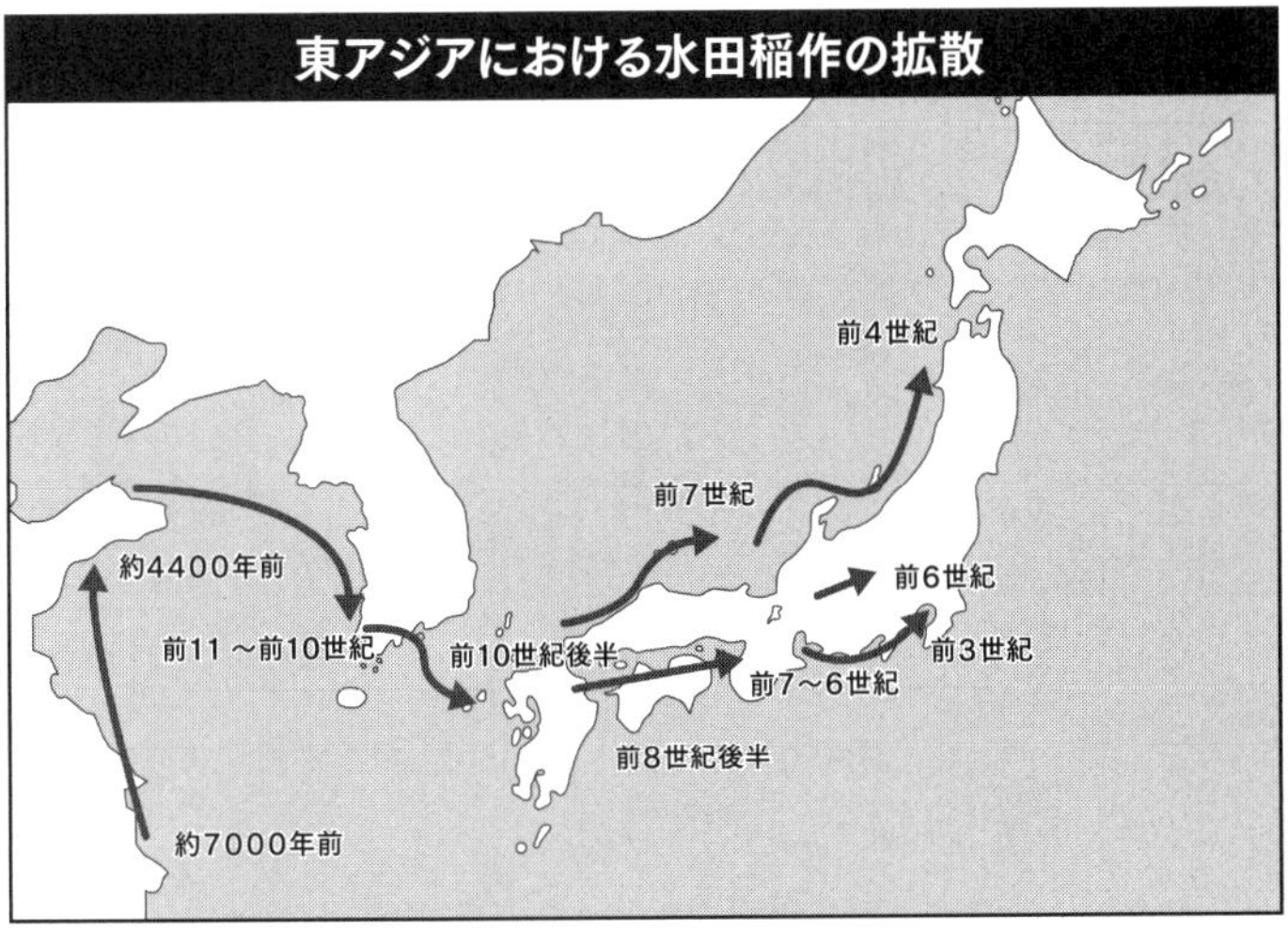

『弥生時代の歴史』（藤尾慎一郎著、2015、講談社現代新書）

畿地方にまで広まったとされていたが、これも数百年かけて緩やかに伝播したことになる。

これによると、縄文人はすぐに水田稲作農耕を受け入れたわけでも、弥生人が短期間で日本列島を席巻したというわけでもないということになる。

弥生時代後期になるまで、水田稲作農耕とそれに付随する文化的変容は、その範囲および程度において、地域によりそれぞれ大きな差異があり、その伝播速度は緩やかであった。弥生人は縄文人を短期間で駆逐したわけではなく、弥生文化は緩やかに時間をかけて日本列島に浸透していったのであり、弥生人が縄文人を駆逐したといったものではない。

新常識14
弥生時代
Yayoi Period

渡来人と縄文人は共存していた

渡来人の日本列島への流入は大規模なものではなかった

縄文時代晩期（3000年前）、日本列島の人口は8万人にまで激減したと考えられている。理由としては、この時期に、気候が寒冷化したことが第一に挙げられる。この時代は、九州北部での水田稲作農耕の開始時期と重なるのだが、水田稲作農耕の伝播は大陸・半島からの渡来人が大いに関与したとされるが、朝鮮半島からの南下は、この寒冷化と関連する可能性がある。

人口が減少したもう一つの理由として、彼ら渡来人の移動とともに疫病が持ち込まれ、これにより縄文人の人口が減少したとの考えもある。

渡来人150万人説

その後、人口は急速に回復するのだが、この人口増加について、自然人類学者の埴原和郎は、大陸・半島からの膨大な数の人口移動を前提とした仮説を発表した。その数は、一千年間で150万人程という大きなもので、奈良時代の段階で、縄文系は2割、またはそれ以下の比率で混血したのだというが、150万人という数字はあまりにも大きく、現実的ではないとの指摘がある。

本質的に、水田稲作農耕を行う者は、あまり移動を行わない。常に労働力は不足気味であり、多大な労力を要して整備した水田を捨ててまで移動することは、よほど大きな理由がない限りありえないからである。

さらには、移住という行為そのものに大きなリスクがあり、150万人が移住するためには、故地を離れる人数はそれ以上でなくてはならない。

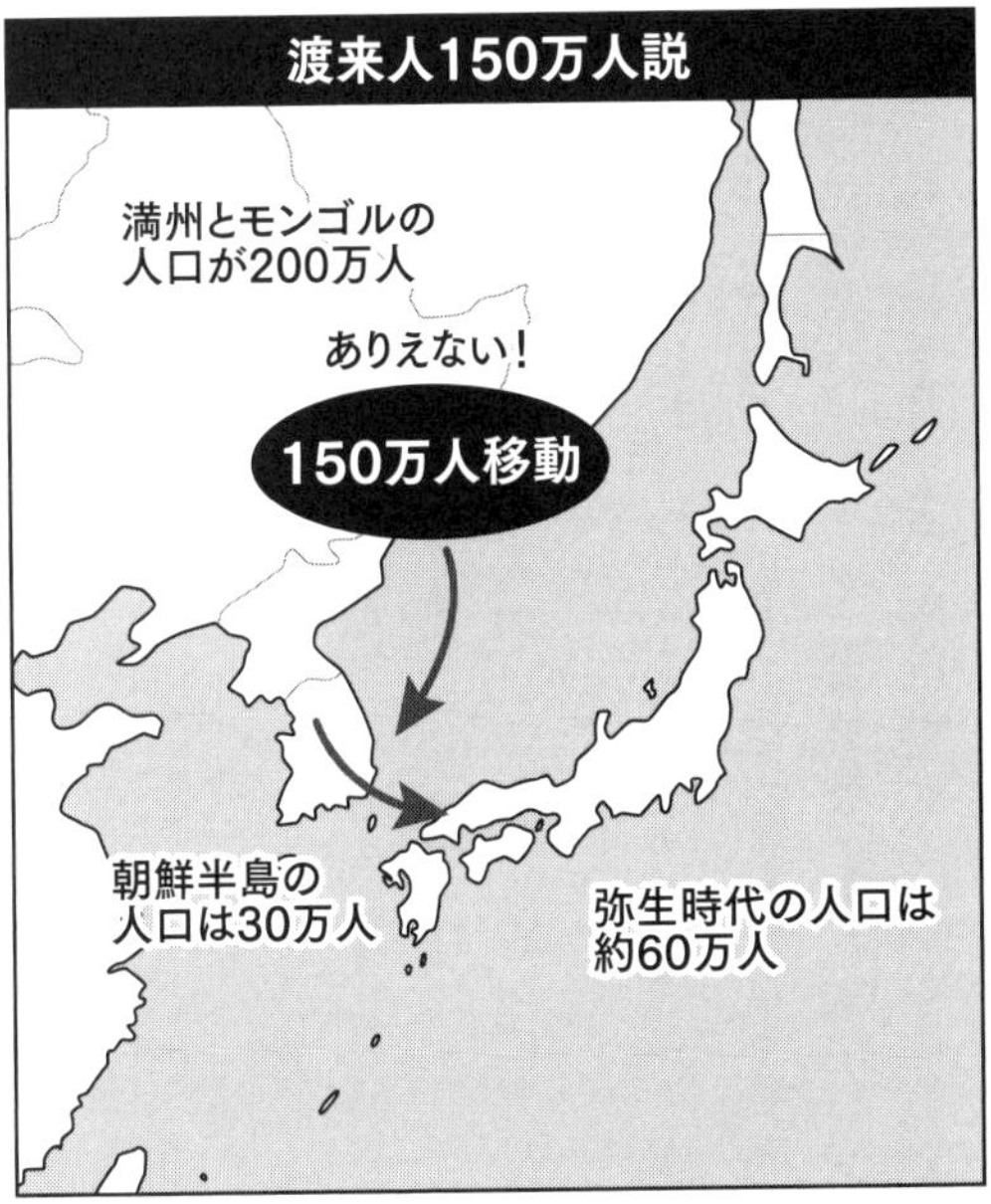

寒冷化が3000年前にあったことから、朝鮮半島から、一定数の人々が南下して九州に入ったことは十分に考えられるが、一千年にわたって、

継続して毎年1000人以上が移動したと考えるのは、少々無理がある。人口増加は、気候が徐々に温暖化したことと、水田稲作の伝播により、食料事情が好転したことによるものと考えるべきであろう。

渡来人と縄文人は共存し、縄文文化は残された

大陸・半島から渡来人が日本列島に最初にやってきた時、日本列島には、すでに多数の縄文人が高い文化を持って生活していた。

縄文人と彼ら渡来人との間に目立った争いの痕跡はない。弥生文化開始期における、移住者だけのコロニーと思われる遺跡もまた未発見である。

一つの遺跡に、渡来系である無文土器文化の要素と、縄文文化の要素が共存（『縄文から弥生へ』松本直子著、臨川書店、2013）しているケースが確認されているが、このことから考えると、彼らは同じ集落において、共存していたものと推測される。

縄文人が渡来系の人々と共存していたのであれば、多数の渡来人が来訪し、彼らが多数派となり弥生人となったのではなく、渡来人と先住の縄文人とが混血するのと同時に、縄文人が渡来人の文化を受容することで、弥生文化が生まれたと考えるほうが自然である。

大陸・半島からの渡来人が、水田稲作による農耕文化をもたらし、それによって弥生時

代の幕が開いたという点には疑問はない。ではあるが、その後、弥生文化が列島全体を覆っていった時、列島全体で、生業や道具、社会、文化が、一変したというわけでもない。九州北部や近畿など、早い段階で稲作が導入された地域においても、磨製石斧や石包丁《いしぼうちょう》といった、大陸系磨製石器と呼ばれるものの使用比率は高くはなかった。その比率は、使用されていた石器の、多くても3割ほどで、近畿地方の中心部でも1割ほどである。

それらの地域では、同時代の朝鮮半島ではすでに使用されなくなった打製石器が、水田稲作導入後も多く使用されていた。弥生時代に入っても、多くの人々が竪穴式住居に暮らし、石器や様々な骨角器《こっかくき》など縄文的な道具の数々がそのまま継承されていたのである。

渡来人は確かに水田稲作と、多くの技術や文化を日本列島に運び入れた。移住もある程度はあったのだろう。

縄文人は、渡来した彼らを受け入れ、その技術・文化を受容し、縄文人は時間をかけてではあるが、主体的に農耕文化を取り入れ、渡来人と縄文人とは混血し、弥生人を生み出した。列島全体が一律というわけではなく、特定地域ではその後も長い期間縄文的文化を残していたし、地域によっては、その中間的ともいえる特性を保ち、日本列島は重層的な構造を抱える形で発展した。

渡来人が縄文人を駆逐したのではなく、縄文人と渡来人が文化を混合させ、特に縄文人が水田稲作文化を受容したことで、弥生文化が生まれたと考えるべきであろう。

新常識15
弥生時代
Yayoi Period

倭国は紀元前10世紀に存在した

弥生時代の始まりが遡ることで、古代史解釈も変化する

今上天皇が退位され、皇太子殿下（２０１８年現在）が即位されると、元号も平成から新しい元号へと変わることになる。

日本では年を示すものとして、この「元号」とともに西暦を用いている。なお、このような年を数える方法を「紀年法」と呼ぶ。

日本では、元号と西暦を併用しているが、明治から戦前までは、初代天皇が即位されたとする紀元前６６０年を元年とする「皇紀（神武天皇即位紀元）」という紀年法も併用されていた。ちなみに西暦２０１８年は皇紀２６７８年にあたる。

これはつまり、今から２６７８年前に日本という国ができたとの考えであるが、この時代は縄文時代晩期であり、日本では国家は成立していないとされ、否定的に見られている。

しかし、別項でも述べているように、日本の稲作農耕の開始が紀元前10世紀にまで遡ることが確認されたことで、日本の古代史は、大きく見直され始めている。

中国の後漢時代に記された、王充《おうじゅう》の『論衡《ろんこう》』巻の八では、「周の時、天下太平、越裳《えっしょう》白

雉を献じ、倭人鬯艸《ちょうそう》を貢す」とある。巻の十九では、「成王の時、越常《えっしょう》（裳）雉を献じ、倭人暢《ちょう》を貢《こう》す」とある。（『日本国号の歴史』・小林敏男著・吉川弘文館より孫引き）ここで登場する成王とは、周の王で紀元前11世紀頃の人物。

これまで、『論衡』に書かれた倭人については、時代的な隔たりから記述そのものに信憑性がないとされ、あまり評価されることはなかった。これは、その時代が縄文時代であったという前提での判断であるが、弥生時代の開始が500年遡るという近年の研究成果が正しければ、実際に当時の日本列島に倭と呼ばれた勢力が存在していた可能性は否定できなくなる。

倭の存在で神話ではなくなった神武天皇

初代天皇とされる神武天皇。
月岡芳年画『大日本名将鑑』より神武天皇

弥生時代の始まりが500年遡るという新しい知見は、神武天皇の建国をはじめとする日本神話の評価と位置付け、日本の古代史をも変え始めているのである。

図説「日本史」の最新常識 驚きの100

第二章

古墳時代から平安時代まで

新常識16
古墳時代
Kofun Period

記紀神話に潜む火山の影

日本の神話の底流に、火山噴火への恐怖があった

日本の神話でもっともよく知られたものの一つが、イザナギとイザナミの国生みの物語である。

日本神話では、大地を創成したのは、夫であるイザナギと妻のイザナミという夫婦の神である。イザナギとイザナミはオノゴロ島に降り立ち、日本列島の島々を産み、さらには世のあらゆる事象を生んだという。

神々を産んだイザナギとイザナミ

イザナミは、火の神であるカグツチを産んだ時に亡くなり、黄泉国《よみのくに》で暮らすことになる。イザナギは黄泉国に行き、イザナミを連れ戻そうとする。イザナミは「イザナギが決して顔を覗かない」との約束をして地上に戻ることになったが、イザナギは約束を破ってイザナミを見てしまう。そこには腐敗してウジにたかられ、恐ろしい雷神である八雷神《やくさのいかづちのかみ》に囲ま

れた姿があり、イザナギは地上へと走って逃げてしまう。

イザナギが黄泉国と地上との境を大岩でふさぐと、イザナミは岩の向こうから「お前の国の人間を毎日１０００人殺してやる」と呪いの言葉をはき、イザナギは「それなら私は産屋を建て、毎日１５００の子を産ませよう」と言い返した。

その後、イザナギが穢れを落とすと、左目からアマテラス、右目からツクヨミ、鼻からスサノオなど多くの神がこの時に生まれている。

この物語を、ロシア文学者で亡命ロシア人のA・ワノフスキーは、火山と大地の物語であると喝破する。島を生み出すということも、イザナミが火の神を産んで死んだという話も、地下世界で雷神とともに存在する禍々《まがまが》しい神という物語も、どれも火山噴火の恐怖に重なるのだと、ワノフスキーは読み解いた。

毎日１０００人殺すと

火山噴火を表す天照大神

天照大神が天岩戸から引き出されるシーン。
その行為に敬意は感じられない。
月岡芳年画『大日本名将鑑』より天照大神

いう破壊と死の言葉は、まさに火山噴火のもたらす災厄の恐怖である。イザナギがイザナミを地下に封じ込めたというストーリーも、噴火が鎮まったという解釈をすればわかりやすい。

そして、イザナギが禊をして生まれた神が、天岩戸《あまのいわと》の神隠れの物語で知られる天照大神・アマテラスオオミカミである。

天岩戸神話は日蝕ではなく火山噴火

天岩戸神話は、アマテラスが弟のスサノオの乱暴に怒り、同時に恐怖した結果、岩屋に引き込もってしまい、高天原《たかまがはら》も葦原中国《あしはらのなかつくに》（地上）も闇に閉ざされてしまったという物語。神々は様々な工夫をしてアマテラスを岩屋から引き出し、スサノオは追放されてしまう。

この神話について、日蝕を表現したものだとの解釈がなされることが多いが、これも、巨大噴火の噴煙により太陽が隠れたとするほうが、納得できるのではなかろうか。

岩屋そのものが火山をイメージさせるが、スサノオの乱暴な振る舞いも、噴火そのものである。

田の畔《あぜ》を壊して溝を埋め、御殿に糞を撒き散らし、機屋《はたや》の屋根に穴を空けて、皮を剥いだ馬を落とし入れる。まさに、火山噴火に重なる惨状である。

『古事記』では、「高天の原皆暗く、葦原中国悉《ことごと》に闇し。此れに因りて常夜往《とこよ》き。是に万《よろづ》の神の声は、狭蝿《さばへ》なす満ち、万の妖悉《わざはひ》に発《おこ》りき。」とある。「常夜往き」と、夜が続いたと表現しているが、日蝕ではわずか数分の出来事で、常夜という表現とは大きく異なってしまう。しかし、火山による巨大噴火であれば、噴煙が続く限り地上は闇に閉ざされ、だからこそ神々も困り果ててアマテラスを引き出そうと様々な工夫を凝らすのである。

邪神の声が夏の蝿のように満ち、幾万もの災いで溢れかえったと表現されているが、これもまた、火山噴火の折の轟音と、その後の困難を描いたものとするとわかりやすい。

スサノオは、母であるイザナミに逢いたいと号泣する。すると青山は枯れはて、河川の水も涸れてしまう。スサノオが天に昇ろうとする時は、山川すべて揺れ動き、国土は震えたと『古事記』にはある。

これらが示すものすべて、火山活動の描写と重なるのだが、これは偶然ではないだろう。アマテラスを卑弥呼に重ね、天岩戸伝説を日蝕を表現した物語とし、この日蝕の混乱により卑弥呼が殺されたとの仮説もあるが、それよりは、火山の噴火への畏怖を表現した物語と考えたほうがわかりやすい。

天岩戸伝説は、古代の人々の火山への恐怖そのものを描いた物語であり、別項で触れた鬼界カルデラ破滅的巨大噴火や、阿蘇や富士の噴火への恐怖をイメージした伝承と考えるべきである。

新常識17
古墳時代
Kofun Period

サルタヒコはアマテラスだった

アマテラスは、男神でサルタヒコと同体という異説

縁結びのパワースポットとして人気を集める出雲大社は、オオクニヌシを祀る、日本有数の格式の高い神社である。

天津神と国津神

オオクニヌシは出雲の国を統治する神で、出雲の地をニニギら高天原の神々に譲る「国譲り」の神話で知られる神様である。高天原にいる神々、または高天原から葦原中国・地上に天孫降臨で降り立った神々は天津神《あまつかみ》と呼ばれる。一方、地上に元からいた土着の神々は国津神《くにつかみ》と呼ばれ、オオクニヌシは国津神の代表的存在である。

出雲大社は、オオクニヌシが出雲の地を譲る時、立派な宮を造営することを条件としたことで創建されたとされるが、国を奪われた旧勢力であるオオクニヌシの、祟りを恐れて丁重に祀ったという解釈が本質的だと考えられている。

さて、これとまったく同じようなモチーフの神話が、もう一つあるのをご存じだろうか。ニニギが天下る時、道案内をしたサルタヒコの物語である。ニニギが葦原中国に降り立つ時、国津神であるサルタヒコが道案内をしたのだが、ここでサルタヒコにアメノウズメが名を訊いた。サルタヒコはここで名を名乗り、これ以降アメノウズメはサルタヒコに仕え、妻になったとされる。

アメノウズメはサルタヒコを彼の故郷である伊勢国の五十鈴川《いすずがわ》上流へと送り届けるが、サルタヒコはその直後に、比良夫貝《ひらふがい》に手を挟まれ、溺れ死んでしまう。

これについて作家・高田崇史は、アメノウズメがサルタヒコを殺害したものと読み解き、さらにはサルタヒコはアマテラスと同体であり、同時にニギハヤヒと重なる存在と推測している。

アマテラスが男神であるという議論は、すでに平安時代には存在し、大江匡房《おおえのまさふさ》は伊勢神宮に奉納するアマテラスの装束が男神用であることを指摘し、伊勢外宮《げぐう》の神官度会延経《わたらいのぶつね》は「天照大神ハ実ハ男神ノコト明ラカナリ」と記している。歴史学者の津田左右吉《つだそうきち》ほか、多数の研究者が男神説を発表しているが、これを完全に否定するのは難しいものと思われる。

ニギハヤヒとは、神武東征の折、神武に抵抗したナガスネヒコが奉じた神である。

その後、垂仁《すいにん》天皇の皇女の倭姫命《やまとひめのみこと》が、アマテラスを祀る地を探していた時、サルタヒコの子孫が、五十鈴川の川上一帯を献上して、ここに建てられたのが今の伊勢神宮ということなる。国津神の子孫が、争うことなく支配地を天津神の子孫に譲る。まさに、出雲の国譲りと同じストーリーであるが、そこに鎮座しているのは伊勢神宮であり、祀られているのはアマテラスである。

アマテラスの祟りを鎮めるための伊勢神宮

さて、別項でも触れているが、アマテラスといえば天岩戸神話が有名であるが、これについて、火山の噴火であるという解釈とは別に、山上の城に籠城するアマテラスを、アメノウズメらが攻撃したという見方もある。

そう見た場合、アメノウズメは狡猾な兵法者であり、策略によりアマテラスをおびき出し、だまし討ったように思えてならない。

アメノウズメについては、かなり恐ろしい描写が『古事記』に残されている。アメノウズメがサルタヒコを送り届けた後、様々な魚を集め、「天津神に仕えるか」と、問い、ナマコのみが仕えると答えなかったため、〔「此の口や答へぬ口。」といひて、紐小刀《ひもかたな》以ちて其の口を拆《さ》きき。〕と、小刀で口を割き、そのためナマコの口は裂けているのだという。

侵略者が占領地で、住民を殺戮する残虐な姿を思い浮かべてしまうが、これがアメノウズメの本質である。

天岩戸神話におけるアマテラスの扱いもぞんざいで、隠れているアマテラスをおびき出し、そして力づくで引き出すという情景が『古事記』からはうかがえる。

皇室の祖神とされ、伊勢神宮に祀られているアマテラスであるが、実は皇室は伊勢神宮を忌避していたようで、明治になるまで、天皇は誰一人としてここに参拝した者はいなかった。持統天皇は伊勢に行幸しているが、あえて伊勢神宮には寄らずに帰っている。熊野詣に訪れた天皇、上皇らも、誰一人、伊勢神宮に足を伸ばすことはなかった。

アマテラス＝サルタヒコ＝ニギハヤヒであり、出雲のオオクニヌシと同様の、侵略され国を奪われた国津神であるとすれば、伊勢神宮もまた出雲大社と同じく怨霊を祀り鎮めるための存在であると考えていいだろう。

神武東征で国土を奪われたニギハヤヒがアマテラスであった。そうであればこそ、皇室の祖神であるアマテラスを祀る伊勢神宮を天皇家が避けていたということにも納得がいく。

アマテラスと同体と思われるサルタヒコ
猿田毘古大神（19世紀後期画）

新常識18
古墳時代
Kofun Period

浦島太郎は交易商人

史書に名を残す浦嶋子は、大陸に渡った商人だった

おとぎ話の浦島太郎を知らない人は少ないだろう。

この物語は、古代においてかなり有名な話であったようで、『日本書紀・雄略記』、『万葉集』、『丹波国風土記逸文』など、複数の文献に記録が残り、『丹波国風土記逸文』では、筒川嶼子《つつかわのしまこ》、別名水江浦嶼子《みずのえのうらのしまこ》は、日下部首《くさかべのおびと》の先祖であると書かれている。つまり、浦島太郎は子孫を残したということになる。

丹後半島には、網野神社や浦嶋神社など、浦島太郎に関係するとされる神社も多く、同地に物語のモデルがあったと考えられる。

探検家であり、古代史も研究している高橋大輔氏は、丹後半島で現地調査を行い、浦島太郎・浦嶋子の子孫を名乗る人物とも会い、古墳時代にまで遡る家系図を確認している。そして彼は、浦嶋子は船乗りであり、龍宮城は秦の始皇帝の別荘である碣石宮《けっせききゅう》ではないかとの仮説を立てている。

しかし、秦の始皇帝の時代となるとさすがに時代を遡りすぎると考えられるが、浦嶋子

のモデルが中国や半島と交易をしていたとするのは、十分に考えられる。京都府京丹後市網野町には、水江浦嶋子神《みずのえのうらのしまこのかみ》を祭神とする網野神社が鎮座しているが、『日本紀略』では渤海からの使者が同地を訪れ、同地の役人が彼らを歓待している記録がある。

亀に乗る浦島太郎

月岡芳年画　浦島太郎（国立国会図書館蔵）

また、浦嶋神社には、亀甲紋櫛笥《きっこうもんくしげ》二合（玉手箱）が神宝として伝わっている。これは今でいう化粧道具入れであるが、浦島太郎の年齢の変化を、化粧による若返り、化粧を落とすことで老けることを暗示していたとすれば、玉手箱の謎も解決する。ただし、奉納された時期は室町時代であるので、この神宝は浦嶋太郎のものではない。

古代より、大陸・半島からの漂着者も多く、それが初期段階の物語の原型となった。その後、大陸との交易による有力者が生まれ、玉手箱などの物語が平安時代に付与されたといったところが、浦嶋物語の真実であろう。

新常識19
古墳時代
Kofun Period

桃太郎の鬼は製鉄の民

桃太郎の鬼退治は、製鉄民を朝廷が征服した物語であった

桃太郎ゆかりの地とされる岡山県に、吉備津神社という神社がある。祭神は第七代孝霊天皇の皇子で、大吉備津彦命《おおきびつひこのみこと》（吉備津彦）である。吉備津彦は、崇神天皇の時代に、日本各地の平定を命じられた4人の皇族将軍の一人で、彼らは四道《しどう》将軍と呼ばれている。

吉備津彦は西道（山陽）へ行き吉備国平定を担当し、その時の話が桃太郎伝説の原型になったと考えられている。

当時の吉備国は製鉄技術を持ち、後の律令の国制で、備前国・備中国・備後国・美作《みまさか》国にあたる広大な土地を支配する強大な地方勢力であった。

吉備地方には、温羅《うら》伝説という伝承もある。温羅と呼ばれる同地方の支配者を吉備津彦が平定したと伝わり、こちらも桃太郎伝説のモチーフになったとされている。

温羅は、「鬼神」「吉備冠者《きびのかじゃ》」とも呼ばれ、体の大きな渡来人で、たたらを使った製鉄技術を吉備に伝え、鬼ノ城を拠点として勢力を拡大したとされる。瀬戸内で海賊行為をしていたとの伝承もあるが、彼らは航海術をも持った、有力な独立勢力であったのだろう。

温羅は、吉備津彦に討たれ、首を落とされた後もその首は生きており、犬飼武命《いぬかいたけるのみこと》に命じてその首を犬に食わせて骨としたが、首はうなることをやめなかった。仕方がないので吉備津宮（後の吉備津神社）の釜の下に骨を埋めたが、さらに13年、骨はうなり続けたという。ある晩、吉備津彦の夢に温羅が現れ、温羅の妻である阿曽媛《あそひめ》に、釜殿の神《み》饌《け》を炊かせなさいと告げた。さらに、「釜の沸き方で吉凶を知らせる」と告げ、これが後の「鳴釜神事」の起源となった。

犬猿雉を引き連れる桃太郎

『あづまにしきゑ』より 桃太郎鬼ケ島行（国立国会図書館蔵）

なお、ここで登場した犬飼武命は桃太郎の犬のモデルであり、その子孫には、五・一五事件で殺された犬養毅がいる。

釜も鉄器であるが、鬼の持つ金棒も鉄製である。桃太郎伝説の鬼は、おそらくは朝廷に抵抗した製鉄の民を表現した存在であり、桃太郎は彼らを支配するために武力制圧したのである。

新常識20
古墳時代
Kofun Period

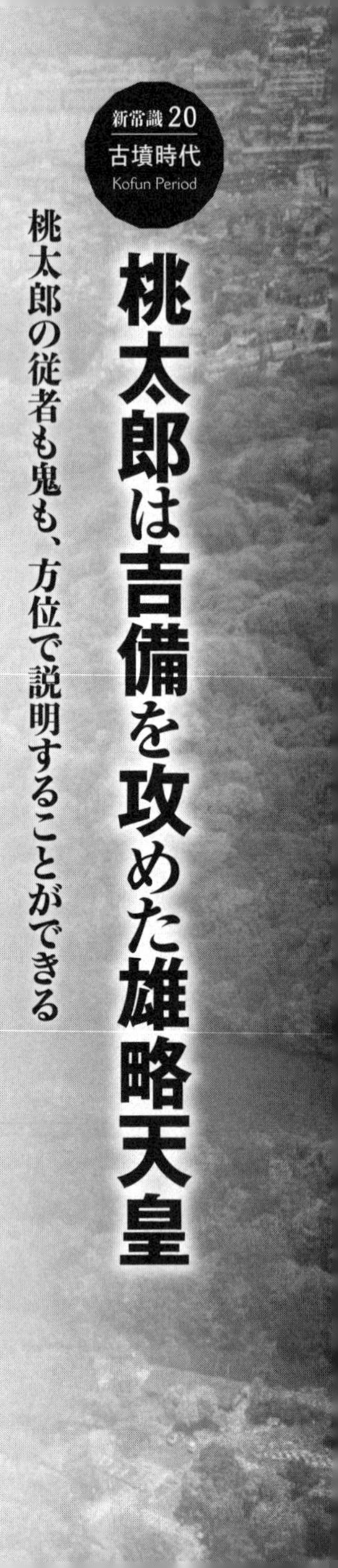

桃太郎は吉備を攻めた雄略天皇

桃太郎の従者も鬼も、方位で説明することができる

桃太郎、鬼、鬼ヶ島、犬、猿、雉。これらの組み合わせには、別の意味があると明石散人氏は『謎ジパング』（講談社文庫）で説いている。

明石氏によると、桃太郎の敵である鬼は、不吉な方角である鬼門、丑寅・艮（うしとら）の方角がイメージされ、その影響で牛の角と、虎革の衣類がデザインされたという。

鬼門・北東の逆側はというと、南西の未申・坤（ひつじさる）であるが、これが鬼の敵のモデルに用いられる。日本には大陸から未・羊はなぜか入ってくることがなかった。そのため、南西の申・猿、西の酉・鳥、北西の戌・犬が選ばれた。

吉備津彦が桃太郎のモデルとされるが、桃太郎が西を象徴する干支の戌、申、酉を従者としたのは、必然であった。戦国時代、軍師・兵法者は軍配者とも呼ばれ、彼らは吉凶を占い、戦うべきタイミング、方角などを占った。兵法と占い。陰陽道とは常に表裏一体であったが、それは古代であればさらに重視されていたものと思われる。

奈良時代の吉備真備《きびのまきび》は吉備津彦の子孫とされるが、彼が唐より兵書を多数日本に伝えたのも、吉備氏が代々軍事に明るかったからであろう。史実において、吉備真備は新羅に備えて城を築くなど、軍事の専門家としての仕事を任されている。

吉備氏の系譜において、歴史の中で、実在が信頼できるのは、吉備武彦《きびのたけひこ》以降である。吉備武彦は日本武尊《やまとたけるのみこと》とともに東国遠征を行っているが、この吉備武彦を天皇家の系譜に結びつけるために創作されたのが、吉備津彦だとする研究者も存在する。

方位盤

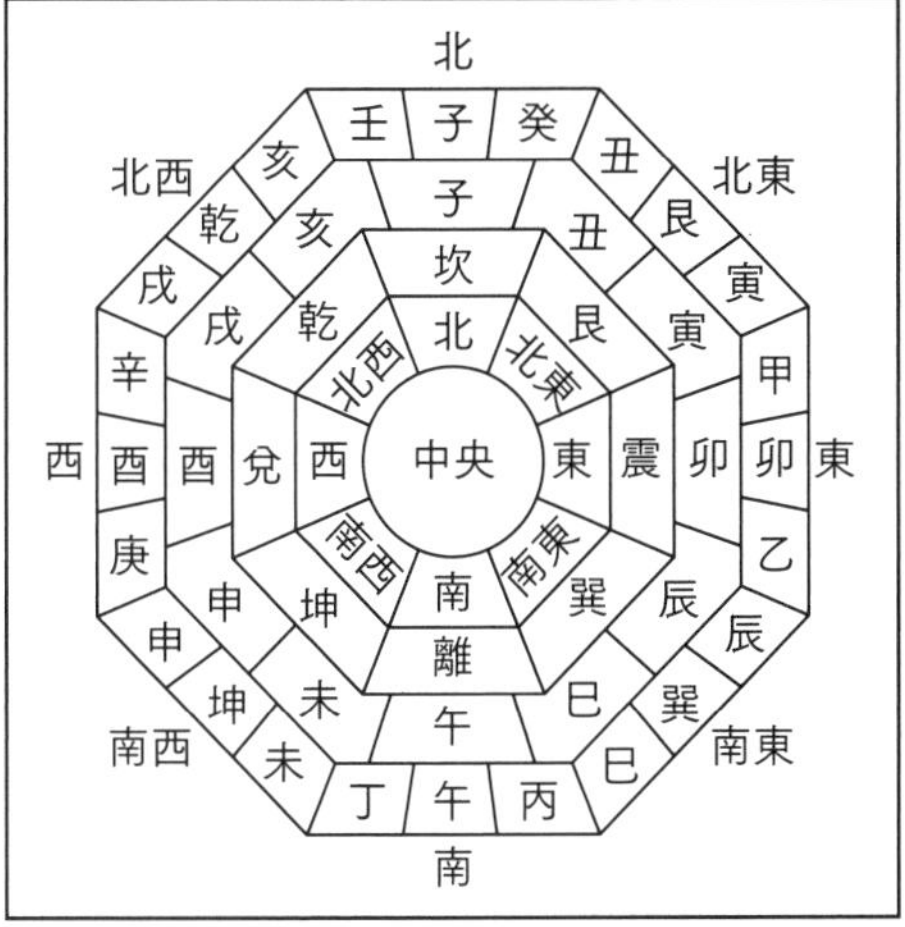

鬼（丑・寅）と対する位置に犬、猿、雉（戌・申・酉）が配置されていることがわかる

吉備地方は、5世紀の時点では有力な独立勢力であったが、雄略天皇は、反乱鎮圧の名目で繰り返し吉備に攻め込んで勢力を削《そ》ぎ、ヤマト王権の支配下に置いている。

桃太郎伝説には、この雄略天皇の時代の吉備との抗争もその物語に含まれている可能性が高い。

桃太郎に征伐される鬼とは、製鉄技術を持つ有力な地方勢力であった。だからこそ、鬼は金棒を武器とし、金銀財宝を持っていたのである。

新常識21
古墳時代
Kofun Period

出雲に稲作を伝えたスサノオ

早期に稲作が伝わった出雲は、先進地域として栄えていた

オオクニヌシの国譲り神話で知られる出雲は、ニニギら天津神が勢力を伸長する以前に出雲を開発した、土着の地方勢力である。同地域からは、隠岐島産の黒曜石、佐賀県多久から運ばれたサヌカイトの石器原石、東北地方で作られた精巧な石器などが発掘され、日本海を利用した他地域との交流が盛んであったことが確認されている。

弥生時代に入ると、これも日本海を経由してであろうか、かなり早い段階で水田稲作農耕が取り入れられ、より強大な勢力圏を持つにいたっている。

１９８４年、島根県の荒神谷《こうじんだに》遺跡で３５８本もの銅剣がまとまった形で発見された。これは、これまで国内で発掘された銅剣の総数３００本余りを大きく上回る数で、空前絶後の発見であった。なお、同遺跡からは、16本の銅矛、６個の銅鐸も出土した。

１９９６年には、加茂《かも》岩倉《いわくら》遺跡から大小二種、39個もの銅鐸が出土している。これらは、意図的に埋納されたものなのだが、その理由は不明である。しかし、これほどの財物を埋納していたことから、出雲地方が国内有数の豊かさと勢力を持っていたことは確実である。

出雲で出土した大量の銅剣が示す勢力

類を見ない量の銅剣が荒神谷遺跡で大量出土した。
荒神谷遺跡出土銅剣 島根県立古代出雲歴史博物館蔵（写真　望月昭明）

神話において、スサノオは高天原を追われた後オオゲツヒメノカミと出会い、歓待されるも、彼女を殺してしまい、後に反省して涙を流す。すると、彼女の体から様々な穀物が生まれ、同時に彼女は甦る。スサノオはその穀物を手に、これを地上に広めるための旅に出る。そしてたどり着いたのが出雲である。これは、スサノオが、出雲に稲作を伝えたことを示す物語である。

天津神は、水田稲作農耕の技術を持つ渡来系集団と考えられるが、スサノオは、彼らに先んじて出雲に渡り、同地に先進文化を伝え土着した人々を示しているのだろう。

新常識22
古墳時代
Kofun Period

DNAが明かす、出雲神話の謎

出雲人は先住の縄文人に溶け込み、共生していた

出雲にたどり着いたスサノオは、ヤマタノオロチという8つの頭と尾を持つ大蛇を退治し、その尾より出てきた天叢雲剣《あまのむらくものつるぎ》（草薙剣《くさなぎのつるぎ》）をアマテラスに献上する。

これは、彼らが鉄器を製造する技術を持っていたことを示しているものと思われる。出雲に留まったスサノオはこの地を治め、土着し、子孫を残している。その子孫が、国譲り神話で知られるオオクニヌシである。

国譲り神話ではオオクニヌシは争うことなく出雲の地を天津神に譲り渡しているが、オオクニヌシの息子のタケミナカタは抗戦し、天津神であるタケミカヅチに腕をもぎ取られて、信濃へと逃走している。なお、余談であるが、タケミナカタは諏訪大社に祀られているが、出雲を追放された立場であるため神無月に出雲に入ることはなく、全国で唯一、諏訪大社には神無月にも神が存在していることになる。

国立遺伝学研究所の斎藤成也教授らの研究グループが、出雲地方の出身者のDNAを調べたところ、出雲の人よりも関東の人のほうが、中国人や韓国人に近いという結果となった。

理化学研究所では出雲の人ではなく東北の人での同様の比較研究を行っているが、東北の人のＤＮＡも出雲の人と同様の結果となり、間接的に出雲の人と東北の人が近しい関係にあることが推測されている。関東の人が大陸や半島の人のＤＮＡに近いということは、渡来系の人々のＤＮＡが濃いということである。そして、出雲の人のＤＮＡには、縄文人の影響がより多く残っているということでもある。

これは、オオクニヌシが先住の民に溶け込んだという神話とも合致するものであり、出雲の人が東北と交流をしていたことの影響も、そこにはあるものと思われる。

出雲には天津神以前に、スサノオに代表される別系統の渡来人が先に入植し、彼らは先住の民と混血し、大きな勢力を築いていたということであろう。

出雲ゲノムの相対的位置

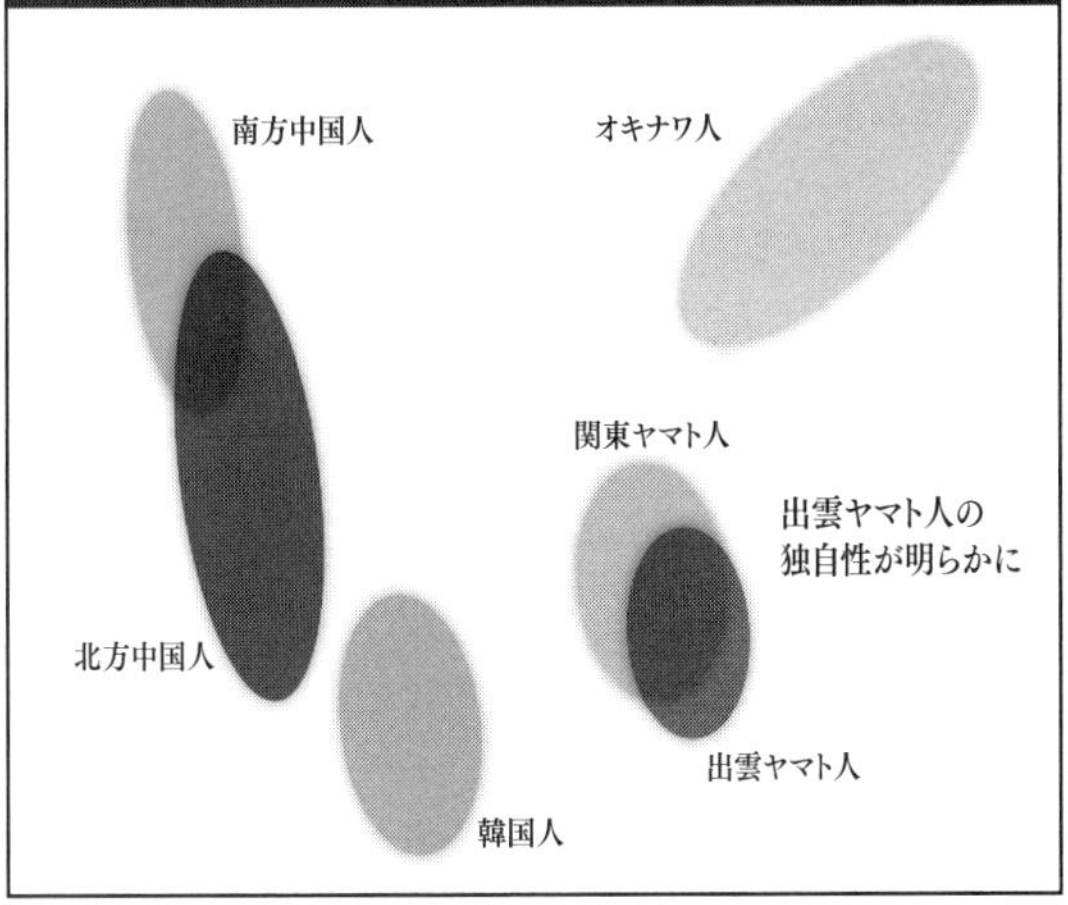

主成分分析により、集団間の遺伝子的距離を平面上に表現。楕円が大きいほど、集団間での遺伝子的多様性が大きい（ジナム、斎藤ら、未発表より）『日本列島人の歴史』（斎藤成也）

新常識23
古墳時代
Kofun Period

奈良盆地の中央は巨大湖だった

巨大な奈良湖を干拓して古代豪族は勢力を拡大した

神武天皇が奈良に入った時代の奈良盆地には、その中央部に、奈良湖と呼ばれる巨大な湖が存在していた。

古代の奈良には、南北方向に4つの古街道が走り、それらの多くは、現在も道路として用いられている。その中でもっとも古い「山の辺の路」は、奈良盆地の東縁部を断崖に沿って曲がりくねって走り、「上ツ路」「中ツ路」「下ツ路」が直線的に走っているのと好対照である。

これは、山の辺の路が古代に存在した奈良湖の縁辺の路であったからで、この山の辺の路の西側に、まさに奈良湖が存在していたということである。

奈良湖の存在は地質的にも確認されているが、考古学的なアプローチによってもその存在を確認することは可能である。

奈良盆地周辺における豪族勢力図を見ると、奈良盆地中央部は空白域となっており、この地域には豪族が存在していなかったことが理解できる。これは、彼らが活躍した時代、この空白域は活用できる土地ではなかったからで、この空白域こそが、奈良湖のあった場所だからである。

　蘇我氏が比較的中央寄りに位置しているのは、彼らが後発勢力であったためであろう。また、後発である蘇我氏が勢力を拡大できたのは、彼らがその奈良湖の湖岸を干拓・開発できたからだと思われる。そこには、立地的有利さとともに、大陸から最新の技術を導入できた、後発故の有利さもあったものと思われる。

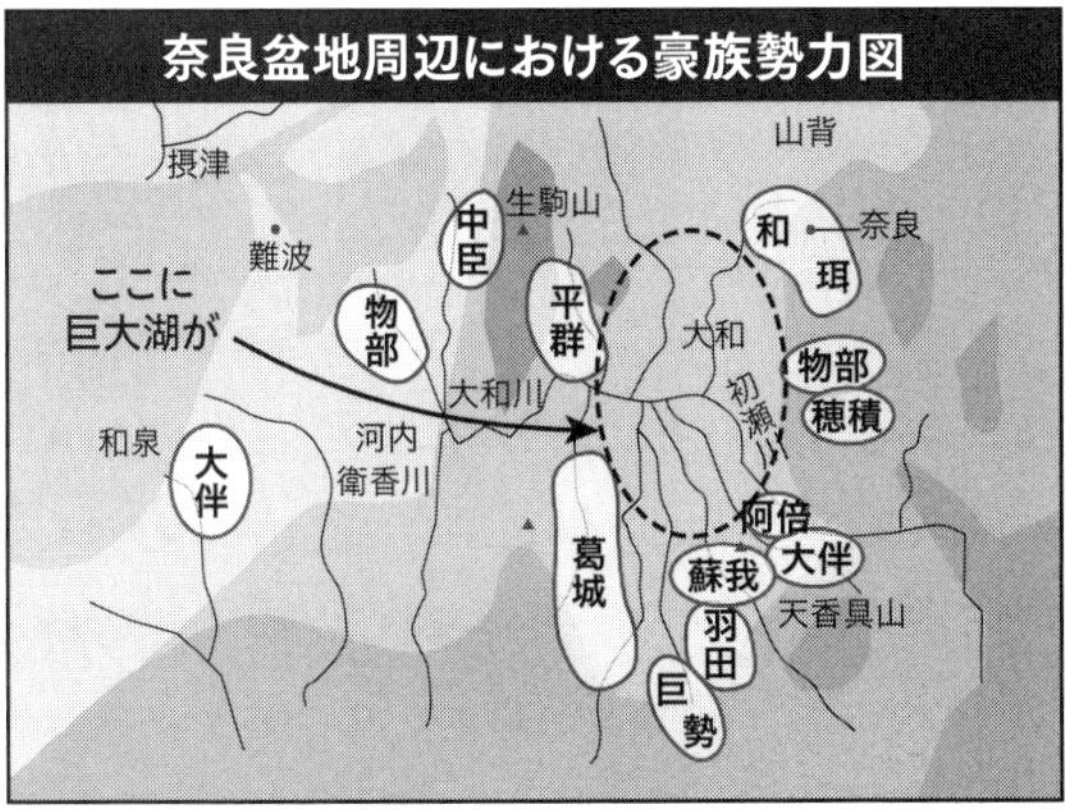

盆地中央部が空白域になっていることが確認できる。（関裕二著『物部氏の正体』をもとに作成）

　同様に、現在の河内平野にあった河内湖（海につながっていた河内湾が塞がれ、潟湖となったもの）近くを地盤とした物部氏は、後退する河内湖を開発することが可能で、古墳時代から飛鳥時代にかけて勢力を拡大することが可能であった。

　後に、蘇我氏と物部氏が大和朝廷内部で勢力を二分し激しく争った底流には、このような事情が少なからず関係していたものと思われる。

新常識24
古墳時代
Kofun Period

奈良湖は人工的に水抜きされた！

奈良湖は干拓を目的に意図的な水抜きで消滅した

奈良盆地の中央に存在した奈良湖は、現在では完全に陸地化し、消滅している。

奈良湖は、大和川が大阪府と奈良県の府県境付近の亀の瀬付近が堰き止められたことで形成されたと推測されている。そのため、堰き止めていた亀の瀬の土砂が取り除かれれば、消滅する運命にある。亀の瀬で水を堰き止めていた自然発生ダムが決壊した場合は、下流域に大洪水を引き起こすことになるのだが、今のところそのような記録は確認できず、奈良湖は時間をかけて徐々に消滅したものと推測されている。

古代史研究家の川上仁氏は、亀の瀬付近が人為的に開削された可能性があることを指摘している。人為的に亀の瀬が開削されたとすれば、奈良湖は徐々に縮小し、奈良湖の干拓スピードは効率的なものとなる。古墳時代中期、仁徳天皇が河内平野の水を抜くため、難波宮の北に水路を掘削させたと『日本書紀』にはある。少なくとも、仁徳の時代には、水抜きの水路を掘削する高度な土木技術があったことになるが、同じ技術で亀の瀬付近での河床開削は、十分に可能であったものと思われる。

亀の瀬のわずか上流に、廣瀬大社という格式高い古社が鎮座している。奈良盆地に流れる川のほとんどがこの付近で合流するのだが、同社の縁起には、「崇神天皇九年（前89年）、廣瀬の河合の里長に御信託があり、沼地が一夜で陸地に変化し」（廣瀬大社ホームページより）とあるが、この縁起は、まさに奈良湖が縮小し、農地に転じた物語である。

なお、近辺には、金山彦神社、金山媛神社といった製鉄に関する神社があり、周辺は、古代には製鉄が盛んであったと伝わっている。亀の瀬開削と奈良湖干拓に、彼らの鉄製品は大いに利用されたのだろう。

奈良盆地の地形図

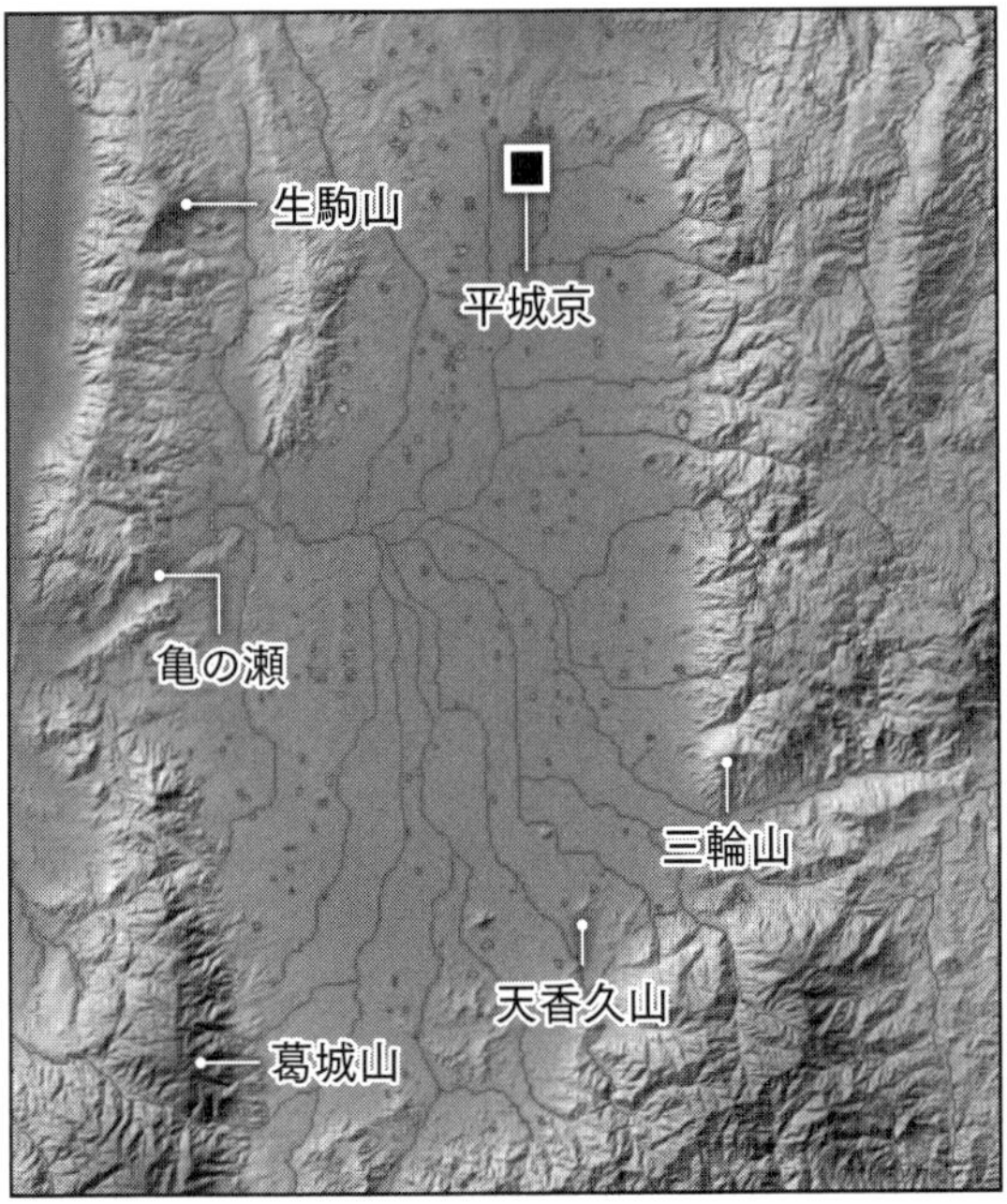

奈良盆地の河川は直線的な構造をしている。これは、人為的に河川が改変されているからである（国土地理院の色別標高図をもとに作成）

新常識25
古墳時代
Kofun Period

国内最大の円墳は富雄丸山古墳

巨大円墳は東国に目立ったが、最大のものは畿内にあった

国内最大の古墳、いや世界最大級の墳墓である大仙陵古墳（伝仁徳天皇陵）を含む古墳群の百舌鳥《もず》古墳群と、同様に多数の巨大古墳を含む古市《ふるいち》古墳群は、2019年に世界遺産の登録審査候補として正式に文化審議会が推薦することに決定し、古墳への注目度は高まり始めている。

古墳の形状としては前方後円墳がよく知られているが、円形の円墳、四角い方墳を基本的なものとして、ほかに八角墳、上円下方墳、帆立貝形古墳、双方中円墳、双方中方墳、前方後方墳、双円墳、双方墳など様々な形がある。

もっとも数が多いのは単純な形状の円墳で、次いで方墳となる。円墳には巨大なものも多く、埼玉《さきたま》古墳群の中にある丸墓山古墳などは、墳径が105mもあり、これまで国内最大の円墳とされてきた。

しかし、2017年11月15日、奈良市教育委員会は、奈良市丸山にある4世紀後半の円墳・富雄丸山古墳について、従来考えられていたよりも大きく、直径が110m前後の可

巨大円墳としてこれまで最大とされていた 埼玉県の丸墓山古墳

埼玉県行田市　丸墓山古墳（写真　望月昭明）

能性があると発表し、大きな話題となった。

　これまでの発掘調査では、富雄丸山古墳は直径86m、高さ10mとされていたので、これまで知られていた大きさより、実際は20mも大きかったということになる。

　同古墳は、明治期に盗掘されてはいるが、三角縁神獣鏡が数面、多数の石製品、青銅製品、鉄製品、埴輪など多くの副葬品が出土し、国の重要文化財として指定されている。

　これまで、大型の円墳は、先述の丸墓山古墳をはじめ、埼玉県熊谷市の甲山《かぶとやま》古墳（直径90m）、茨城県大洗町の車塚古墳（直径95m）など関東に多く、関西には１００m級の巨大なものは発見されていなかった。しかし、最大にして最古級の円墳が奈良県で確認されたことで、やはり近畿こそが古墳文化の中心であることが確認されたといえるだろう。

新常識26
古墳時代
Kofun Period

長命の天皇の真実

古代の倭では、1年を2年とカウントしていた

戦前、『日本書紀』『古事記』に対し、史料批判を行いつつ研究した歴史学者の津田左右吉は、第二代綏靖《すいぜい》天皇から第九代開化《かいか》天皇までの8人について、事績に関する記述がほとんどないことから、その存在そのものを疑った。

この考えは戦前では否定・弾圧されていたが、現在では多くの研究者が、いわゆる欠史八代の天皇について、実在を否定する立場を取っている。極端な見解では、第二十六代継体天皇以前の天皇の存在について、すべて実在していないとする考えもある。

『記紀』において、古代の天皇の多くが、長命とされているが、これも、彼らが架空の存在であったとする根拠とされてしまっている。神武天皇は127歳、五代から十三代まではすべて100歳以上で、確かにその数字には信憑性がない。

この時代の倭について、春と秋をそれぞれ1年の区切りとし、実際の1年を2年としてカウントしていたという仮説がある。これを「二倍年暦」と呼ぶのだが、その根拠は中国の史書『魏略』の記述で、「倭伝」の中で「其俗不知正歳四時　但記春耕秋収　為年紀」

『魏書東夷伝倭人条』

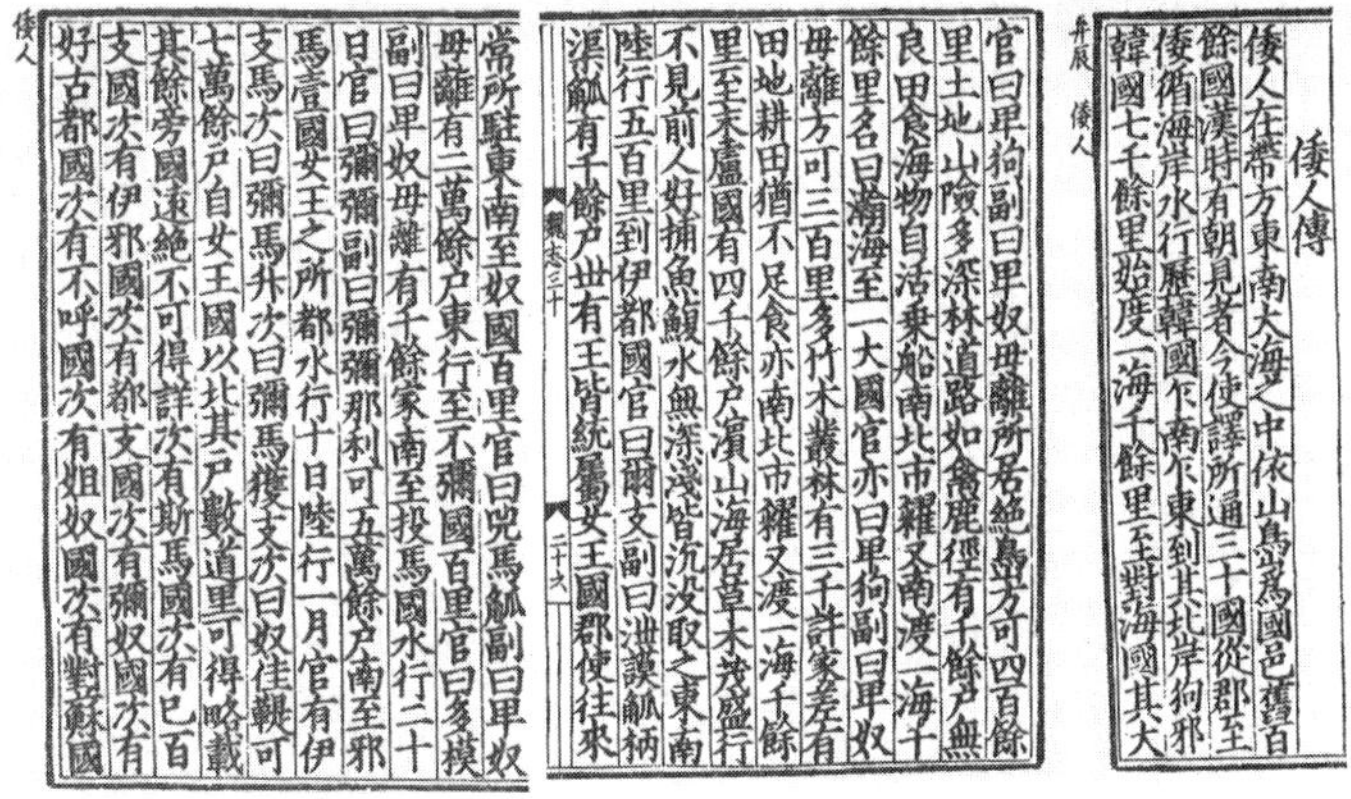
倭人傳
倭人在帶方東南大海之中依山島為國邑舊百
餘國漢時有朝見者今使譯所通三十國從郡至
倭循海岸水行歷韓國乍南乍東到其北岸狗邪
韓國七千餘里始度一海千餘里至對海國其大
弁辰　倭人
官曰卑狗副曰卑奴母離所居絶島方可四百餘
里土地山險多深林道路如禽鹿徑有千餘戸無
良田食海物自活乗船南北市糴又南渡一海千
餘里名曰瀚海至一大國官亦曰卑狗副曰卑奴
母離方可三百里多竹木叢林有三千許家差有
田地耕田猶不足食亦南北市糴又渡一海千餘
里至末盧國有四千餘戸濵山海居草木茂盛行
不見前人好捕魚鰒水無深淺皆沈没取之東南
陸行五百里到伊都國官曰爾支副曰泄謨觚柄
渠觚有千餘戸世有王皆統屬女王國郡使往來
魏志三十　二十九
常所駐東南至奴國百里官曰兕馬觚副曰卑奴
母離有二萬餘戸東行至不彌國百里官曰多模
副曰卑奴母離有千餘家南至投馬國水行二十
日官曰彌彌副曰彌彌那利可五萬餘戸南至邪
馬壹國女王之所都水行十日陸行一月官有伊
支馬次曰彌馬升次曰彌馬獲支次曰奴佳鞮可
七萬餘戸自女王國以北其戸數道里可得略載
其餘旁國遠絶不可得詳次有斯馬國次有已百
支國次有伊邪國次有都支國次有彌奴國次有
好古都國次有不呼國次有姐奴國次有對蘇國
倭人

邪馬台国に関する唯一の文字史料である

とあり、倭人が1年を春秋2年として数えると記している。

一方、『魏書』の「東夷伝倭人条」では、「其人壽考　或百年　或八九十年」と、倭人の長命に対し、驚きをもって記している。これも、魏の人々が二倍年暦という風習を知らなかったからと考えれば理解は可能である。

神武天皇から継体天皇までの治世年数は『日本書紀』によると合計で１１９１年。二倍年暦を前提として半分にすると５９５年となり、平均治世年数は、神功皇后を含めて22年となる。継体天皇の即位が５０７年であるから、計算上、神武天皇の御代は紀元前1世紀となるが、弥生時代の始まりが５００年遡るとすれば、この頃に後に倭国となる勢力が生まれていても、さほどにおかしな話ではないことになる。

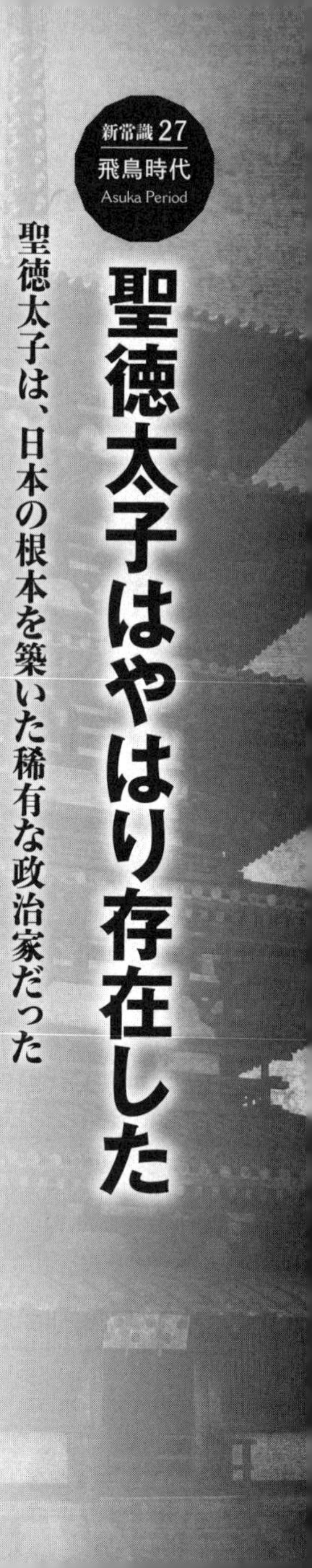

新常識27
飛鳥時代
Asuka Period

聖徳太子はやはり存在した

聖徳太子は、日本の根本を築いた稀有な政治家だった

中学校の教科書から聖徳太子の名前が消えるという騒動があった。文部科学省が、学習指導要領改定案で「聖徳太子」の表記を「厩戸王《うまやどのおう》」へと変更しようとしたのだが、各界からの反発があり、文部科学省はその方針を撤回し、聖徳太子の呼称とともに、『日本書紀』『古事記』に「厩戸皇子」などと表記されていることを明記する形とした。

聖徳太子はいないという根拠の薄い仮説

聖徳太子が存在しないという議論の一つに、同時代にはその呼称はなく、該当する人物は、厩戸王と呼ばれていたというものがある。

しかし、私たちが呼んでいる天皇の呼称も、今上天皇以外は、すべて例外なく薨去《こうきょ》後の諡号《しごう》である。明治天皇を睦仁《むつひと》陛下と呼ぶことは一般的にはまずなく、それ以前の天皇のほとんどについて、一般の人は諡号以外の名は、知らないものと思われる。

蘇我馬子の事績を馬子の働きとして認めたくない当時の為政者が、『日本書紀』に架空の人物として聖徳太子を作り出したという説もある。同じような目的で、聖徳太子と推古天皇を捏造したという説。蘇我馬子の長男・善徳《ぜんとく》が聖徳太子であったという説。厩戸王という有力者はいたが、聖徳太子はいなかったという説等々、諸説あるが、そのどれもが決定的な確証を持たず、説得力に欠けるきらいがある。

聖徳太子については、文献上では奈良時代に成立した『日本書紀』以降に現れるが、『日本書紀』に書かれている聖徳太子の記事は、編纂を命じた藤原不比等の創作であると歴史学者の大山誠一は主張する。彼の根拠の一つは、聖徳太子についての史料は、どれもかなり後の時代のものであり、同時代のものは存在しないというものである。

聖徳太子に関する記録

「法隆寺金堂釈迦三尊像光背銘」では聖徳太子を「上宮法皇」と記し、聖徳太子の病気平癒のために仏像を造ったことが記されている。釈迦三尊像は623年に造られ、銘文も同時期のものと考えられているが、大山らはこれを否定し、734年、または747年以降に刻字したと主張する。ある意味、これらは現状では水掛け論のような形となっているが、623年説にこそ整合性があるように思えてならない。

さて、藤原不比等が意図して聖徳太子という虚像を作り出したとして、編纂を命じた『日本書紀』についてはそれが可能であるとしても、仏像をはじめとする複数の物品に、矛盾なく架空の人物についての痕跡を残すというのは不可能である。

確かに、当人の生存中「聖徳太子」と呼ばれた人物はいなかったであろうが、後にそう呼ばれることになった人物は存在した。それが厩戸皇子である。

聖徳太子・厩戸皇子の様々な事績は、『日本書紀』に華やかに記されているが、その多くが捏造されたものであるとの意見もある。また、先述したように、それらは蘇我馬子の事績だったとの説もあるが、だからといって、そのすべてが捏造で、そのような人物はいなかったというのは、飛躍しすぎであろう。その事績として様々なものが付け加えられていようとなかろうと、厩戸皇子はいたのである。否定論者の意見を容れ、藤原不比等が実際以上に厩戸皇子を大きく見せたとしても、厩戸皇子が聖徳太子という呼称を後世まとうことになる以上、それは聖徳太子以外の何者でもない。

『播磨国風土記』（713年～717年頃成立）では、「聖徳の王の御世」と書かれ、『古記』（738年頃成立）では上宮太子（厩戸皇子）の諡号を「聖徳王」としたと記されている。

有力な人物として厩戸王が存在した事実と、彼に聖徳太子という敬称が贈られたという事実がある以上、聖徳太子は実在したのである。

否定論者が主張すべきは、聖徳太子の事績として確認できるものはどういったものであ

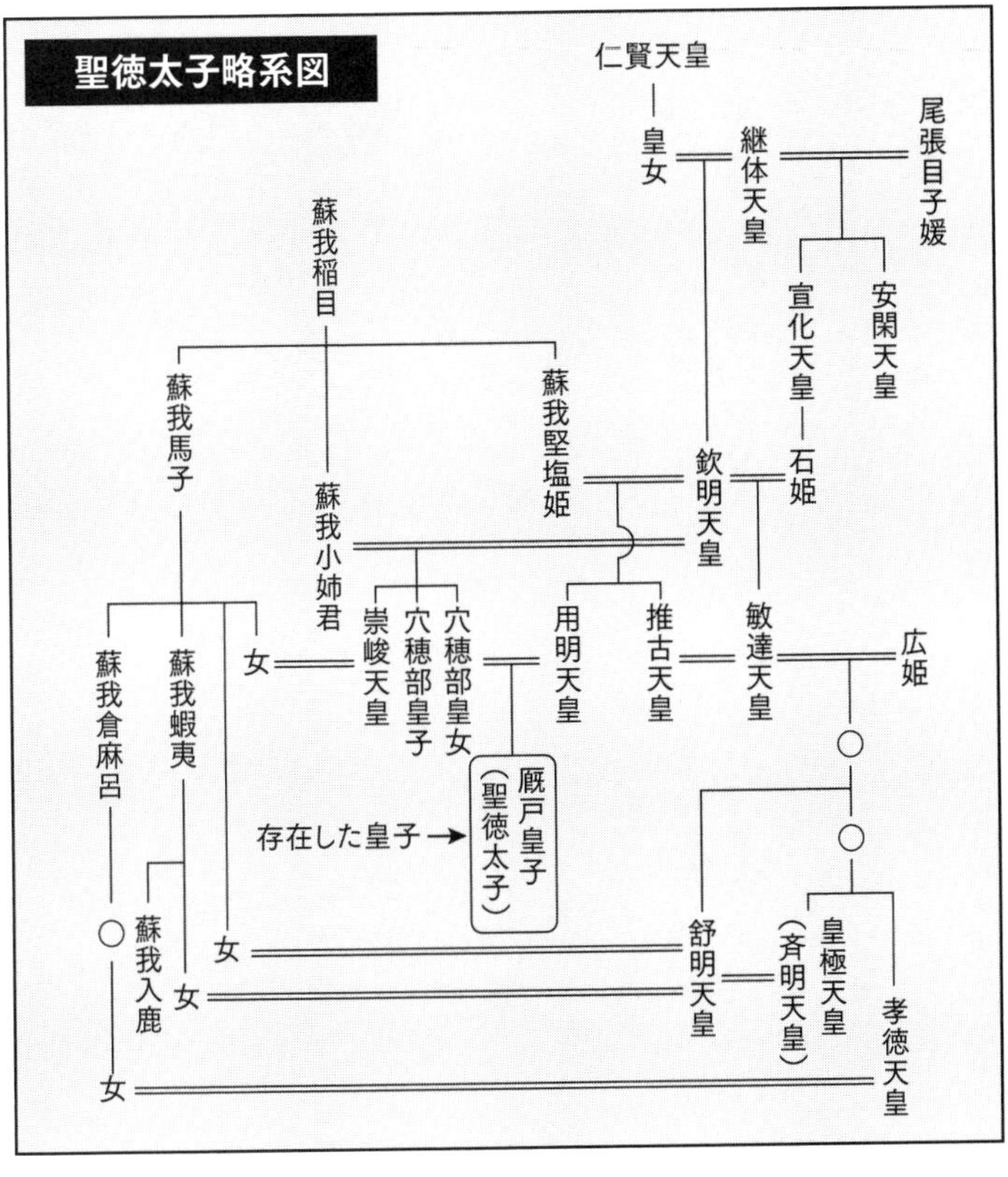

るかという点であって、存在そのものを否定するというのは最初から無理のある話である。なにより、『日本書紀』は一般に公開される性質のものではなく、蘇我馬子の事績を消したければ、それを削除するだけで良い。事績を別人の手柄とし、仏像の光背にまで小細工をしたと考えるのは、現実的な話ではない。

新常識28
飛鳥時代
Asuka Period

ボランティアの開祖だった聖徳太子

四天王寺に設けられた四箇院は日本初の福祉施設

日本に仏教が伝来したのは6世紀半ばとされている。538年と552年の2説があるが、渡来人が私的に信仰していたのはそれ以前であろうと考えられ、実際の仏教伝来は5世紀後半から6世紀前半という考えも可能である。

後世聖徳太子と呼ばれる厩戸皇子は、伝来した新しい思想である仏教に強い影響を受け、これを敬い、そして広めた。

聖徳太子は、奈良の法隆寺や中宮寺、大阪の四天王寺など、いくつもの寺院を建立したとされている。特に注目したいのは、四天王寺に設けられた四箇院と呼ばれる施設である。四箇院とは、非田院、療病院、施薬院、敬田院からなり、非田院とは、病人や身よりのないお年寄りなどを受け入れる施設、療病院は現在の病院、施薬院は薬を調合し施薬する施設、敬田院は仏教の教えを学ぶ施設である。これらは、現代でいうところの老人介護施設、病院、薬局、学校であり、日本初の社会福祉施設といえるものであった。

聖徳太子は、晩年に『三経義疏』と呼ばれる仏教に関する3つの書物を著したとされて

大阪　四天王寺

写真　広瀬雅信／アフロ

いる。そこで聖徳太子が強調したのは、「利他行」と呼ばれる教えであった。利他とは「他者の利益を思う心」であり、一切衆生を供養することが大切であると説き、それを四箇院や中宮寺などで実践したのである。聖徳太子の説いた「自己犠牲」の精神は、周辺の王侯貴族（豪族）にも支持され、彼ら自身、そして彼らの子弟や彼らに仕える者たちは、四箇院をはじめとする聖徳太子ゆかりの寺院などで、困窮者や病者たちに奉仕した。自己犠牲の精神のもと、困っている者たちを助けるべく無償で奉仕する彼らの活動は、まさに現代の言葉でいうところのボランティアである。飛鳥時代、聖徳太子と仏教思想により始まったこの活動は、日本のボランティア活動の幕開けと言っても過言ではない。

新常識29
飛鳥時代
Asuka Period

最古の貨幣は和同開珎ではない

日本最古の貨幣は和同開珎ではなく、富本銭である

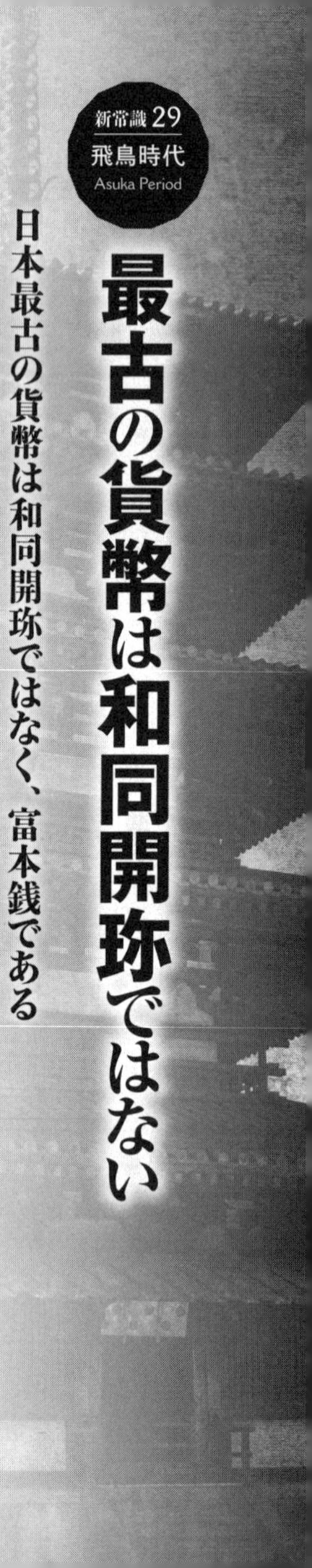

少し前の歴史の歴史教科書では、日本最古の貨幣は「和同開珎《わどうかいちん》」であったと教えていた。和同開珎は、埼玉の秩父で自然銅が産出し、これが朝廷に献上されたことで７０８年に発行された通貨である。銅の発見・産出を祝い、この時元号も和銅へと改元されている。

しかし、現在の教科書では、日本最古の貨幣は、和同開珎ではなく「富本銭《ふほんせん》」であると内容が変更されている。

富本銭は、銭中央の四角い孔《あな》の上下に「富」「本」という文字を置き、左右には七曜星と呼ばれる中央の点の周囲を６つの点が囲む模様を置いている。デザインが他の銅銭と比べると特殊であり、これまで流通貨幣ではなく、厭勝銭《えんしょうせん》（お守りのように用いられる銭）であると考えられていた。

しかし、１９９９年に飛鳥京跡の飛鳥池工房遺跡から、33点もの富本銭が発掘されたことで、あらためて最古の貨幣であると考えられるようになった。

奈良国立文化財研究所によると、同時に発掘された遺物に、７００年以前に建立された

寺の瓦が含まれていること、「丁亥年」と書かれた木簡が発掘され、これが６８７年であると考えられること、『日本書紀』の天武天皇12年（６８３）の記事に「今より以後、必ず銅銭を用いよ。銀銭を用いることなかれ」とあることなどから、富本銭は６８３年前後に鋳造された『日本書紀』にある銅銭であると判断できるのだという。

国内最古の貨幣の富本銭

富本銭と鋳竿（複製品）貨幣博物館蔵

富本銭で用いられている「本」の文字は、「夲」であり、「大」の下に「十」が離れて書かれている。そのため、江戸時代からこの文字については「本」の異字、または誤字とするのか、それとも別字の「夲《とう》」なのか、議論がある。読み方も、「ふほん」と「ふとう」の二説が存在する。江戸時代の古銭研究家・宇野宗明は夲は真字で「ふとう」と読むべきと主張したが、今のところ富本《ふほん》とする説が有力である。

新常識30
飛鳥時代
Asuka Period

富本銭以前に遡る無文銀銭

真実の日本最古の貨幣は、無文銀銭という可能性がある

富本銭は、朝廷が公式に、流通を前提として和同開珎以前に鋳造したものとして認められ、日本最古の貨幣とされているが、『日本書紀』の「銀銭を用いることなかれ」という記述を見ればわかるように、これ以前に銀銭が用いられていた形跡がある。

ここで「銀銭」と書かれているのは、天智天皇の近江朝時代に発行された「無文銀銭」と呼ばれる貨幣であるが、これまで17遺跡で１２０枚出土していることから、ある程度の流通があったと思われている。地域的には、天智天皇が都とした大津京のある近江を中心に畿内で流通していたようであるが、鋳造を行ったのは朝廷ではなかったようだ。

無文銀銭は多くが無紋であるが、一部に「高志」「大伴」といった文字が線刻されているものが存在する。高志は朝鮮半島と往来のある越国を示すものと推測され、「大伴」は、朝鮮半島とつながりを持つ有力豪族である大伴氏を示しているように思われるが、実際のところは不明である。

無文銀銭は重量を計って用いる秤量《しょうりょう》貨幣であるが、重さを揃えるため、銀片を張り付け

ているものもある。平均重量は10ｇで、これは当時の一両42ｇの4分の1と考えられる。一定の価値・重量であることを前提に、その数を数えて用いる計数貨幣の性格も持っており、無文銀銭こそ国内最古の貨幣と考えることも可能である。

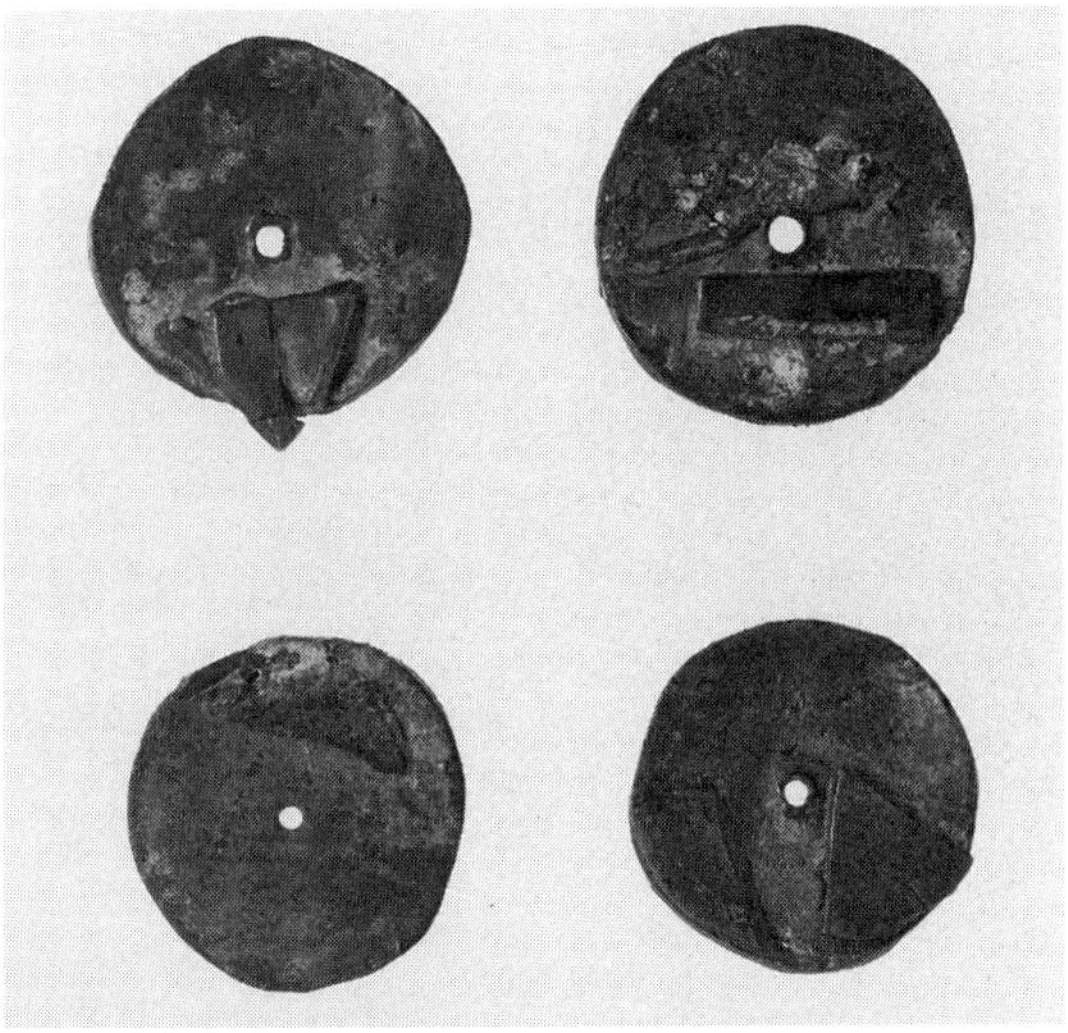

大津市・崇福寺跡出土の無文銀銭〈近江神宮蔵〉京都国立博物館提供

和同開珎と富本銭、ともにそのモデルは唐の「開元通宝」である。開元通宝は621年に初めて鋳造されて以降、約300年にも渡って流通した貨幣で、直径は8分（約24㎜）、重量は1両（当時の唐における）の10分の1の約3・73ｇ。中央に四角い孔が空けられ、硬貨の表面では、その孔の上下左右に開元通宝のそれぞれの文字を一つずつ配している。

なお、富本銭は開元通宝や和同開珎よりも重く、4・25ｇから4・59ｇほどで、これは日本の一両の10分の1にほぼ等しい重さである。

新常識31
奈良時代
Nara Period

将棋の駒は兵ではなく財宝

取られた将棋の駒が相手に使われるのは、駒が財宝だからである

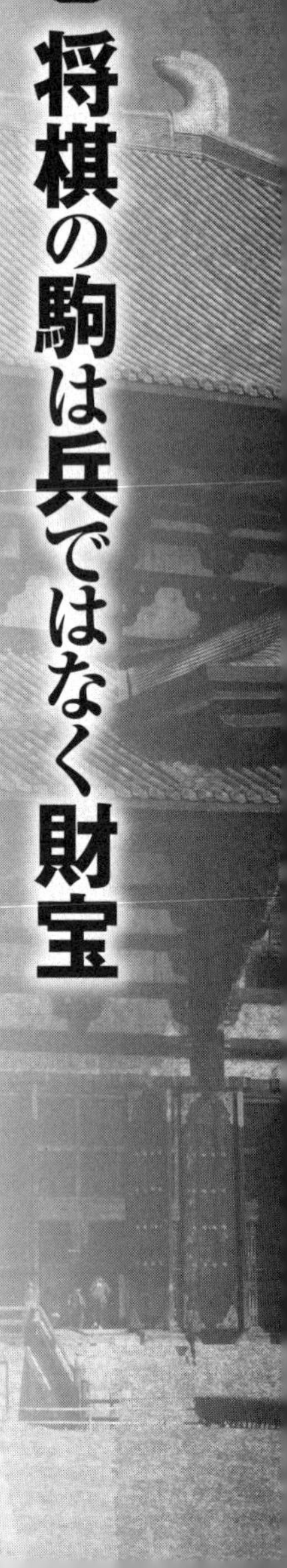

日本の将棋には、中国・朝鮮のものや、ヨーロッパのチェスと、ルールにおいて大いに異なる点がある。それは、取った駒を再利用できるという将棋独自のルールである。

さて、将棋の駒は、戦争をイメージさせるもののように思えてしまうが、実際は違うという説があることをご存じだろうか。歩兵《ふひょう》・歩は確かに兵士そのものとも思えるが、歩以外の駒についてあらためて確認してみよう。

飛車、角行《かくぎょう》、王将は、鎌倉期に発生したものなので、将棋の主たる駒は玉・金・銀・香・桂ということになる。

玉は中国ではもっとも価値のある宝石で、ヒスイなどの美しい石を指す。王が座る椅子を玉座と呼ぶのも、古代中国で、王のみが貴重な玉でできた椅子に座ったからである。

金、銀はそのままで、現在も価値のある貴金属の名称。桂馬《けいま》は肉桂・ニッキ・シナモンであり、香車《きょうしゃ》は香木や香料の意味であり、中国では香車（こうしゃ）は高貴な女性の乗る車を指す。なお、鎌倉期に付加された飛車は、成ることで竜王となり、角行は竜馬となる。

竜王と竜馬、どちらも瑞獣《ずいじゅう》と考えられるが、これは、歩兵とともに、財宝を守護している存在と理解できる。

　歩兵は敵陣に入ると駒を裏返して金と同じ動きが可能になる。これを成金《なりきん》と呼ぶのだが、駒の裏には「と」と書かれており、「と金」とも呼ばれている。この「と」の意味については諸説あるが、金の当て字でもともとは「今《きん》」であり、これを略したという説、成ることを示す「登《と》」が変化したという説、「歩」という文字の上部である「止《と》」の略字であるなど、諸説ある。大胆な説としては、「と金」は「鍍金」であり、メッキを指すというものもあり、確かにあまり価値のないものが金に変わるという意味では鍍金説には強い説得力がある。

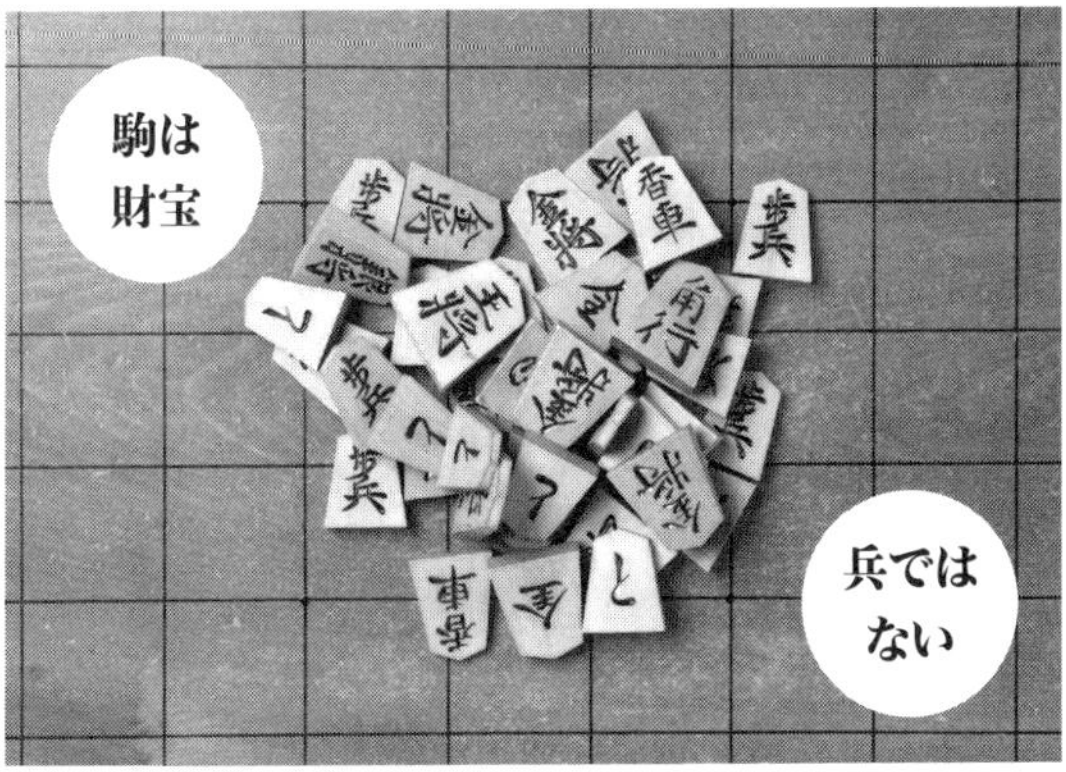

将棋の駒　写真　アフロ

　将棋の駒が財宝を示していると考えると、取った駒が再利用できる理由も理解しやすくなる。駒の再利用は、武将が敵に寝返るのではなく、財宝であるがゆえに価値が減ずることなく相手にも使えてしまうと、そういうことなのだ。

新常識32
平安時代
Heian Period

富士山は古代、浅間山だった

地震と噴火が相次いだ平安時代。人々は平安を神に祈った

近年は日本各地で地震、噴火が相次ぎ、とても不安な日々となっているが、今から千年ほど前の日本は、現代以上に火山の噴火や地震が頻発していた。東日本大震災の津波により、過去の地震や津波についても注目が集まった。特に869年に東北を襲った貞観地震は、規模と津波被害の大きさが東日本大震災と酷似していたことから話題となった。貞観地震の前後の主な地震・噴火を並べると、

863年　越中・越後で地震。
864年　阿蘇山噴火。
864年～866年　富士山で噴火。
866年　伊豆新島で噴火。
867年　阿蘇山噴火。
868年　播磨・山城（兵庫県南部）で地震。
869年　東北で津波を伴う巨大地震（貞観地震）。

871年　鳥海山噴火。
874年　開聞岳（鹿児島）で大噴火。
878年　関東で地震。相模、武蔵（南関東）で被害大。
888年　八ヶ岳の天狗岳で地震、または火山噴火による山体崩壊。
といったように、わずか20年ほどの間に様々な災害が発生していたことが確認できる。

災害を鎮めるために石清水八幡を勧請

この連続する災害を鎮めようと建立されたのが、武家が尊崇する石清水八幡宮である。859年、宇佐八幡宮にこもり日夜熱禱を捧げていた南都大安寺の僧・行教《ぎょうきょう》（武内宿禰《たけのうちすくね》の子孫の僧）が、宇佐八幡宮で「吾れ都近き男山の峯に移座して国家を鎮護せん」との神託を得た。こうして八幡神を男山に迎えたというのが、石清水八幡宮の起源である。

この年、浅間神（富士山）に正三位《しょうさんみ》という高い位階が贈られているが、これは噴火を鎮めるためのものと考えられ、その直前に噴火があったことをうかがわせる。

860年には、薩摩の開聞神（開聞岳）を従四位下《じゅしいげ》としており、開聞岳も近い時期に噴火していたことをうかがわせている。

この年、東北では激しい飢饉があった。これ以降、先述したように日本は未曾有《みぞう》の地質活動期に入り、疫病と飢饉が頻発し、平安の世は暗黒の時代へと突入する。

８６４年の富士山の噴火はかなりな規模で、この時、一つの大きな湖であった「せのうみ」が溶岩で分断され、今の富士五湖が生まれたことはよく知られている。

菅原道真が中心となって編纂した『日本三代実録』では、「富士郡の浅間大神山が噴火」したことが記されている。

富士の語源と浅間山

富士山に浅間《せんげん》神社があることに違和感を覚えてしまうが、実はもともと富士山は、浅間山と呼ばれていた。「あさま（やま）」という言葉がヤマト言葉で火山を指すものだったらしく、火山の名称として、その痕跡は各地に残されている。阿蘇山《あそやま》、吾妻山《あがつま》、浅間山などがそうであるが、実は「浅間山」は信濃の浅間山だけがそう呼ばれているわけではなく、日本各地に存在している名称なのだ。

「富士山」については様々な語源がいわれているが、律令の郡制度で富士郡にあったからというのが、もっともノーマルな考えである。ほかに、不死、不二（ふたつとない）、不尽（尽きない）といった語源説があるが、あまり説得力はない。

奈良・平安時代の集落跡である東平遺跡より、「布自」と書かれた土器が出土しているが、

御殿場方面から望む富士山

（写真　望月昭明）

これがもっとも古い「ふじ」の名称である可能性がある。また、奈良時代には「布士」、「布自」、「不尽」、「不二」、「不自」などと書かれているのだが、つまりは「ふじ」は、漢字の意味とは関係のない、音としての名称が先に存在していたことになる。また、現在、浅間神社内にある湧玉池《わくたまいけ》の淵（フチがフジへと転訛《てんか》）という説もあり、これはこれでそれなりの説得力を持っている。

平兼盛はこんな歌を詠んでいる。

つかうべきかずにをとらん浅間なる
御手洗川のそこにわく玉

この時点では、富士山は浅間山と呼ばれていたことがこの歌から理解できるが、湧玉池が歌に詠み込まれるほど知られていたことも確認できる。

新常識33
平安時代
Heian Period

富士山より高かった八ヶ岳

古代日本では、八ヶ岳が一番高い山だった可能性がある

長野県の浅間山にも、浅間《あさま》神社は存在する。長野の浅間神社は軽井沢町追分に鎮座しているが、建物は室町時代のもので、それ以前の社殿は噴火により消滅しており、どこにあったかすらわかっていない。祭神は、イワナガヒメ。富士の浅間神社の祭神であるコノハナノサクヤヒメの姉である。このあたりからも、この浅間神社は勧請されたものではなく、もともと同時期に存在していた神社と考えられる。

さて、富士山については、長野には一つの民話が伝わっている。

富士山と八ヶ岳の背比べ

その昔、富士山にはお浅間さまという女神がいた（コノハナノサクヤヒメとする場合もある）。この女神様はおてんばで、自分が日本一高いといつも偉そうにしていた。信濃

の八ヶ岳（権現山）の神、権現もまた、自分こそ日本一と譲らず、その争いはいつまでも続き、ついに阿弥陀如来に裁定をしてもらうことになった。

　阿弥陀如来は、両者に正確に高さ比べをするよう提案した。方法は二人の山の間に糸を張り（樋《とい》をかけるというパターンもあり）、そこに水をたらしてどちらかに流れたほうが低い山であるとするというもの。

　試してみると、水はするすると富士山に向かって流れていく。権現・八ヶ岳の勝ちである。富士山の負けがはっきりすると、お浅間さまは悔しさのあまり、大きな棒で権現山を叩き（または蹴った）出してしまった。すると、ついに権現山は怒って火を噴き、地面はゆれ、山は爆発して8つに分かれてしまった。これが今の八ヶ岳になったという。そして、権現山の妹の蓼科山がそれを見て、お兄ちゃんがかわいそうと泣いて、その涙がたまったのが諏訪湖になったのだという。

　実は八ヶ岳については、『類聚三代格《るいじゅうさんだいきゃく》』に、山の巨大崩壊が８８８年にあったと記録されている。『扶桑略記《ふそうりゃくき》』にも、８８７年に似た内容の記録があり、これはおそらくは、同じ出来事を示しているものと考えられるのだが、噴火であったかどうかは不明である。

　また、地質の世界においても、千年ほど前に八ヶ岳の山体崩壊があり、それにより松原湖が成立したという研究がある。つまり、千年ほど前までは、崩壊前の八ヶ岳というものが存在し、それは民話では富士山より高い山であったことになる。

おそらくだが、科学も発達していない古代、富士山と旧八ヶ岳とでは、どちらが高い山か判別がつかなかったのではなかろうか。

しかし、八ヶ岳が崩壊したことで富士山が明らかに高いということが確定し、その頃から富士山は他の火山と区別のつかない浅間山とは呼ばれなくなり、富士山と呼ばれるようになったのだろう。また、それを受けて、現在の浅間山が「浅間山」の代表格とされた。

山々たちの壮大なスケールの民話

別の民話では、イワナガヒメとコノハナノサクヤヒメの父であるオオヤマツミが、二人の娘に、それぞれ富士山と浅間山を与えて住まわせたというものがある。そして浅間山を作るために諏訪を掘ったのだという。

また、八ヶ岳と富士山がケンカをして八ヶ岳が噴火し、美しい姿だったのが今のようになってしまうと、前ページで紹介した民話のように妹の蓼科山が泣き出して浅間山を作った時の穴である諏訪に水がたまり、諏訪湖になったのだと。

ともかく、一連の山々は、民話・物語によってつながっているのだが、古代人が、火山等の活動のつながりをそこに託していた可能性はある。

八ヶ岳については、噴火ではなく、地震により山体崩壊を起こしたという説が存在する。

『扶桑略記』では、887年に信濃に山崩れ・洪水があったとの記録がある。同年には、南海トラフ全域を震源域と推定されるM9クラスの仁和地震が発生しているが、これが八ヶ岳の山体崩壊のトリガーとなったとすれば、富士山や浅間山をも巻き込む大ゲンカという民話の大げさすぎる設定も、納得できるものとなる。

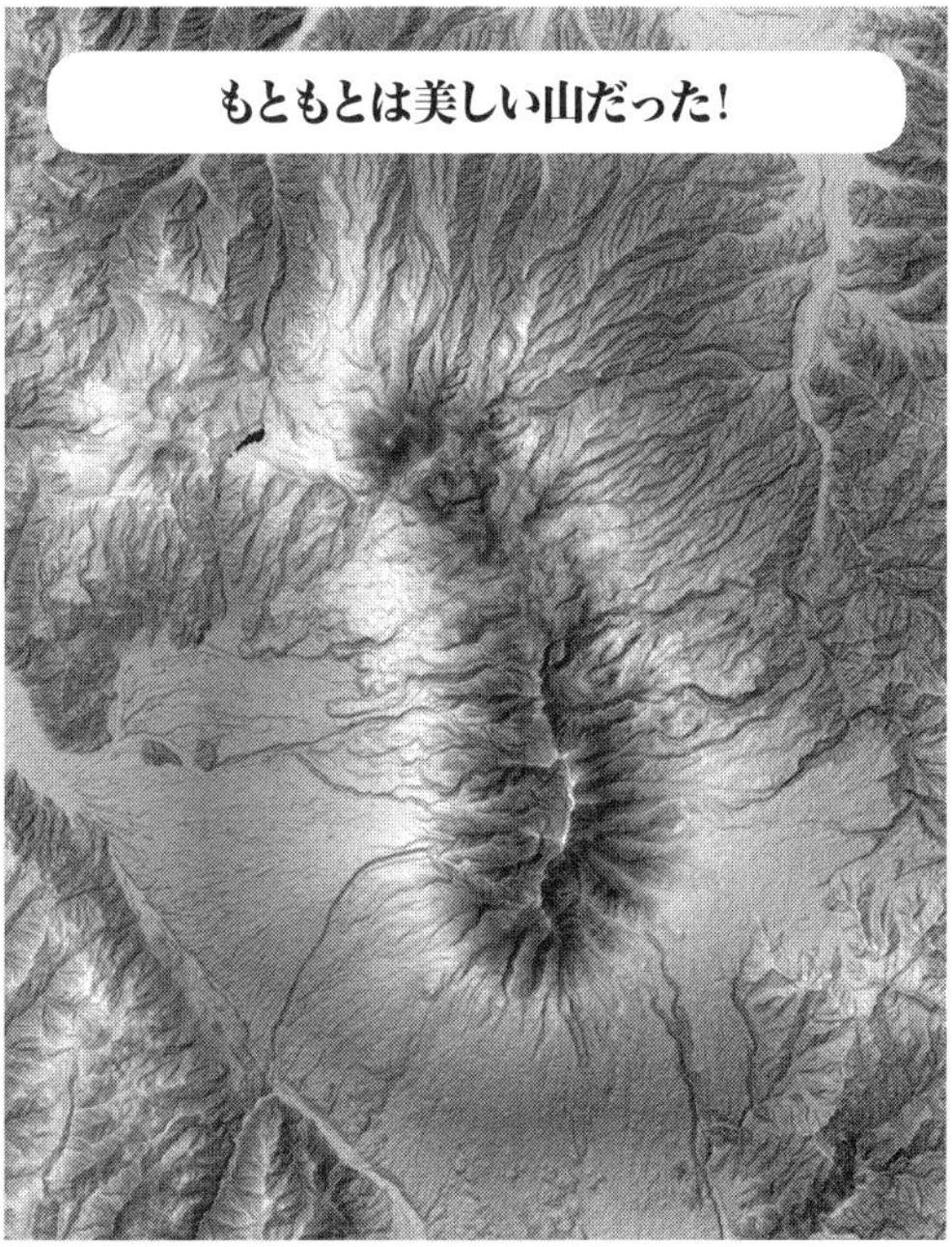

長野県と山梨県の境界にある八ヶ岳火山列の陰影段彩図。スペースシャトル地形データを使用

実際に八ヶ岳が富士山よりも高い山であったかどうかは別として、887年に八ヶ岳の山体崩壊は、事実として発生していた。

貞観地震の時代と重ねられる現代。南海トラフ地震、富士山噴火は、決してありえない出来事ではない。過去の民話は、現代の私たちに注意喚起をしてくれているのかもしれない。

将棋の駒が五角形の秘密

曹操の墓の石牌と将棋の駒の形が似ているのは偶然か？

現代の将棋には、玉将とともに王将もあるが、王将は鎌倉時代以降にできた駒と考えられている。文献上で将棋の駒について確認できる最古のものは、鎌倉時代初期の『二中《にちゅう》歴《れき》』であるが、ここには王将の記述はない。

また、日本最古の将棋駒は、奈良市の興福寺旧境内の井戸状遺構から発掘された駒である。ここでは複数の玉将が発見されているが、王将は一枚も確認されていない。同じ土層より、天喜6年（1058）と書かれた木簡が出土し、この駒はそれに近い時代のものと考えられている。

2013年、やはり興福寺旧境内で、興福寺の子院・観禅院があった場所から将棋の駒「酔象」など4点が、承徳2年（1098）と書かれた木簡とともに発掘された。酔象も、飛車などと同じ財宝を守る瑞獣と考えられるが、この発掘により、飛車、角行より先に、または同時期に酔象が発生していた可能性が考えられ、興味深い。

さて、実は日本の将棋にはもう一つ、大きな特徴が存在する。それは、駒が五角形をしているということだ。中国や朝鮮の将棋の駒は丸い形であるが、日本のみ五角形であり、今のところ、その理由は判明していない。が、駒が財宝であることを前提とすると、ヒントらしきものは存在する。

写真は三国志で知られる魏王・曹操の墓「曹操高陵」から発掘された石牌である。埋葬された宝物・副葬品の内容らしきものが目録のように刻まれているのであるが、これ以外に先端の尖った完全な五角形の圭石碑も存在している。

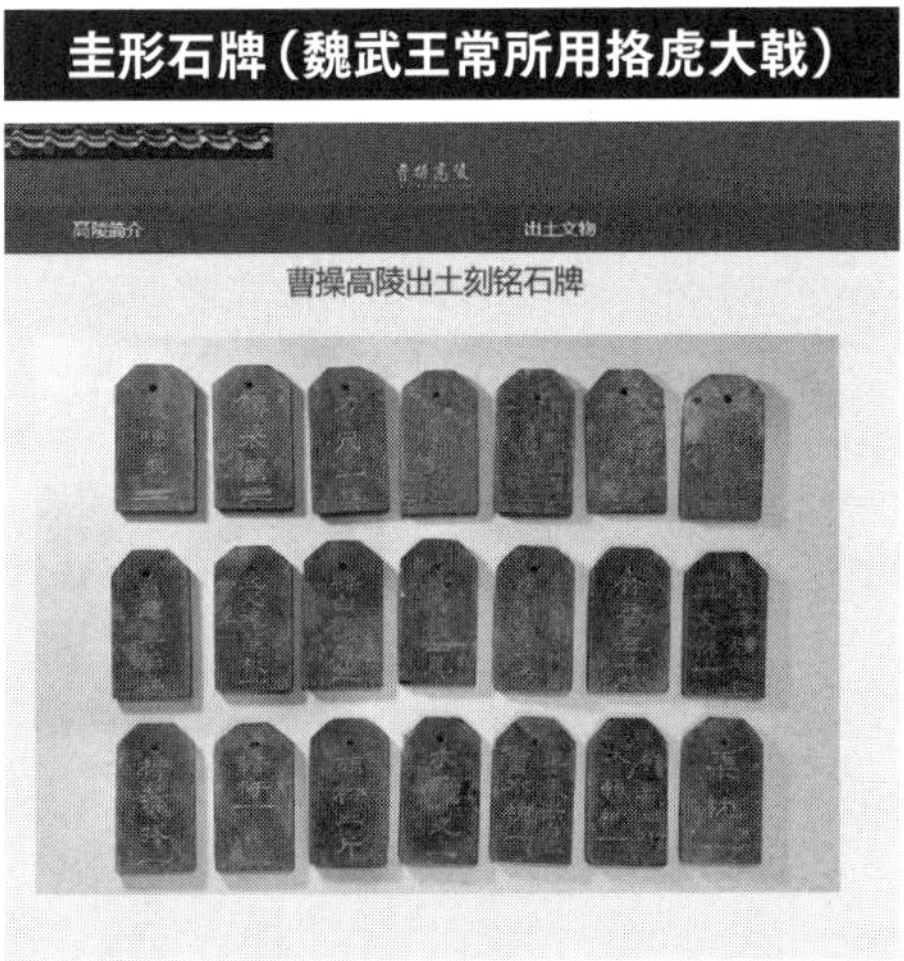

曹操高陵出土刻銘石牌 曹操高陵ホームページより
（http://ayglmp.qftouch.com/index.php?d=13228&t=132&c=）

卑弥呼の時代、倭国が使者を出したのは、魏国である。そして使者は、魏国より様々な財宝を下賜されている。この時、その目録として『刻銘石牌』が財宝に付されていたと、そんな想像もできてしまうが、これは飛躍しすぎであろうか。宝物の目録に五角形の石牌を用いる文化が仏教寺院に残り、これが将棋の駒の形状に影響を与えた可能性はゼロではない。

新常識35
平安時代
Heian Period

六連銭は三途の川の渡し賃ではない

真田の家紋の六連銭は、六曜紋の変形である可能性がもっとも高い

真田家の家紋としてもっとも知られているのは六連銭であろう。しかし、真田家はほかに「結び雁金《かりがね》」、「州浜」、「三ツ割り洲浜」の3つの家紋を、時や場所に応じて用いている。

さて、この六連銭であるが、実は、その意味も由来もわかってはいない。巷間いわれているのは、地蔵尊信仰の六道銭《ろくどうせん》に由来するというもの。六道とは「地獄、餓鬼、畜生、修羅、人間、天上」を指し、人が死んで後の行き先を示すという。転じて、三途の川の渡し賃が6文とされたのだが、これを軍旗として描くことで、死を恐れない覚悟を示したのだという。

もう一つの有力な説は、6つの星、つまりは六曜紋の変形というものだ。真田と同族の海野三家のうちの禰津《ねづ》氏の家紋は、丸に月、または九曜である。望月氏は九曜、または七曜か八曜に月。海野氏は月輪七曜と、どの家も曜紋を用いている。

六曜の家紋でよく知られているものは、梅鉢に近い形で、中央に一つ、その周囲に5つの丸を配しているものだが、これの変形が六連銭と考えられる。

そしてもう一つ。海野幸廣の時代の故事に基づくというもの。幸廣は寿永2年（1183）、木曽義仲軍の侍大将として備中に赴き、平家との海戦で討ち死にしている。この時、海面に六連銭の形が現れたため、これを定紋としたのだという。この伝承は、海野氏に伝わる家系図に記されており、だとすれば、これは根拠のある唯一の説ということになる。山国の海野一門が、瀬戸内海ではじめて渦潮を見たとすれば、そのインパクトはいかばかりであっただろう。

三途の川の六道銭、六曜の変形、海野幸廣討ち死にの時の海面の渦と、それぞれの説にある程度の説得力があり、面白い。なお、六道銭の風習は室町以降との話もあり、その場合、鎌倉時代から存在する真田の家紋は、六道銭ではないということになってしまう。

真田の家紋

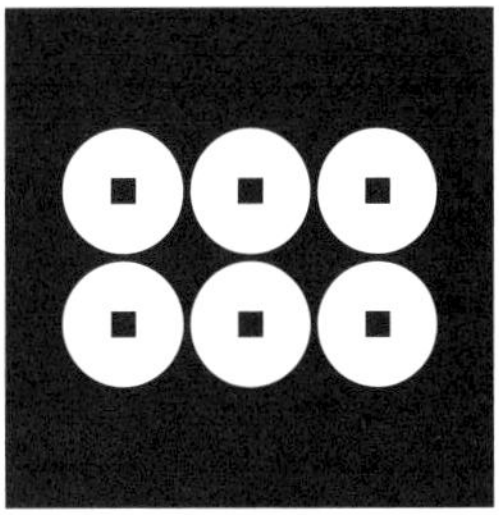
六連銭

結び雁金

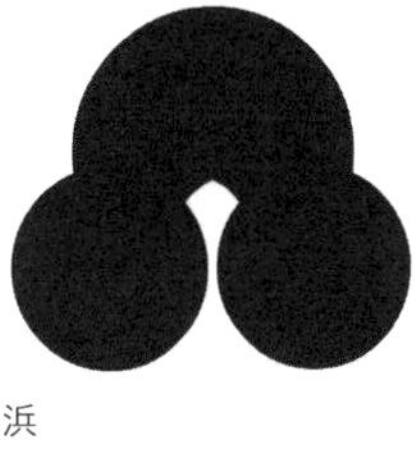
州浜

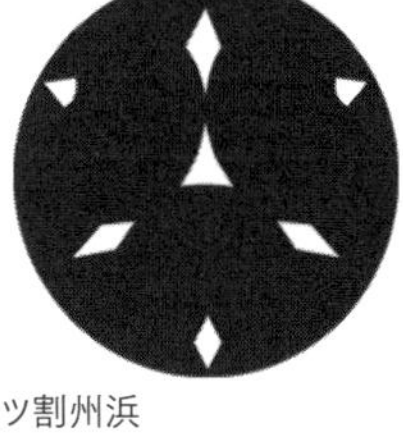
三ツ割州浜

新常識36
平安時代
Heian Period

海中に消えた三種の神器

源平争乱で、三種の神器は安徳天皇とともに海中に没している

平成の御代は30年で区切りとなり、皇太子殿下が三種の神器を受け継ぎ、新帝として新しい御代を知ろしめすことになられる。

さて、この三種の神器だが、天皇家に古代から伝わる、天皇の正統性を証明する3つの宝物のことで、八咫鏡《やたのかがみ》・八尺瓊勾玉《やさかにのまがたま》・草薙剣（天叢雲剣）を指す。

なお、八咫鏡は伊勢神宮の皇大神宮に、草薙剣は熱田神宮に奉斎され、八尺瓊勾玉と草薙剣の形代《かたしろ》（複製品で、神霊が依り憑く依り代）が皇居・吹上御所の「剣璽《けんじ》の間」に安置されている。また、宮中三殿の賢所《かしこどころ》には八咫鏡の形代が安置されている。

八咫鏡はアマテラスが岩屋に隠れた時、外に誘い出すために用いられた鏡で垂仁天皇の時代に伊勢に安置されたとされる。八尺瓊勾玉もこの時に作られ、後に、ニニギが天孫降臨する時に授けられたという。草薙剣はヤマタノオロチをスサノオが退治した時に尾から現れた剣で、後にヤマトタケルノミコトが譲り受け危地を脱する時に用いられた。

さて、問題は、これらが果たして本当に古代より、正しく継承されてきたかということ

壇ノ浦で三種の神器は海中に没した

『大日本歴史錦繪』より 壇ノ浦（国立国会図書館蔵）

だ。

源（木曽）義仲が平氏追討のため挙兵し都に攻め上ると、平氏は安徳天皇を連れて都落ちし、三種の神器も宮中より持ち出している。そして壇ノ浦の戦いで安徳天皇が入水した時、三種の神器もともに海中に没している。『平家物語』などによると、八咫鏡と八尺瓊勾玉は箱ごと浮かんでいるところを源氏方に拾われ、または網で海中から引きあげたとされる。しかしながら、草薙剣は海中に没し、その後も戻ることはなかった。

後に、伊勢神宮よりあらためて献上された剣を「草薙剣」として三種の神器を揃えているが、この剣が本来の草薙剣でないのは明白である。

さらにいえば、八咫鏡も八尺瓊勾玉も、この時海中に没しており、網で引きあげることなどは不可能であったであろうし、箱ごと浮いていたというのも信用することはできない。

新常識37
平安時代
Heian Period

三種の神器は作り直された

神器の価値は、天皇家が保持していることで担保される

南北朝時代には、南北両朝で神器の争奪戦が行われ、偽物も作られた。三種の神器は誰も現物を見ることが許されていないため、レプリカとすり替えられたとしても誰にもわからないまま、神器は両朝を渡り歩いた。ある時期には、両朝ともが神器を保持していると主張し、ある時期の北朝では、神器不要論まで主張されている。

足利義満の時代に三種の神器は御所に戻ったが、それが果たして真実の神器であったという保証はない。

室町時代の嘉吉3年（1443）、後南朝勢力が後花園天皇の内裏を襲い、八尺瓊勾玉と草薙剣が奪われている。後日、草薙剣は清水寺で発見され朝廷に戻されたが、八尺瓊勾玉はその後15年間後南朝方が保持し、朝廷に戻ったのは、長禄の変で赤松氏の遺臣が南朝方の行宮《あんぐう》を襲って奪還して後である。

八咫鏡については、記録の上で三度焼損している。

天徳4年（960）、内裏が焼亡し、八咫鏡も炎に包まれたが、翌日、小さな傷があっ

ただけでほぼ無傷で発見されたとされる。さらに寛弘2年（１００５）にも火災でダメージを受け、長暦4年（１０４０）の火災では、焼け跡から金属の玉二つが発見され、これが八咫鏡であるとされ作り直された。しかし、そこにあった金属の玉が、本当に八咫鏡であったかはわからない。

このように、三種の神器が古代より連綿と正しく受け継がれているかは微妙なところであるが、そもそも天皇を含め、誰一人本物を目にしたこともなく、その真実は今後も調査確認されることはないだろう。

八咫鏡がどのようなデザインで
あったかはわからない

中国出土の三角縁四神神獣鏡　泉屋博古館蔵（写真　望月昭明）

歴史的に見て、八咫鏡は作り直された過去があり、草薙剣は関門海峡に沈み、伊勢神宮より別の剣が献上され、これを、草薙剣としているのは事実である。ではあるが、これらが神器でないかというと、それは間違った考えである。神器とは、天皇家が保有し、天皇家が神器として扱うからこそ神器なのであって、神器を疑うことに意味はないのである。

図説「日本史」の最新常識 驚きの100

第三章

鎌倉時代から戦国時代まで

新常識38
鎌倉時代
Kamakura Period

源義経は二人いた?

源義経と山本義経、美男子の義経と醜い義経の二人

平家を倒し、鎌倉幕府を開いた源頼朝の弟義経は、謎の多い人物である。義経については諸書に記述があるが、その容貌については、美しいというものと醜いというものと、評価は完全に二分されている。

『源平盛衰記』では、「色白で容貌優美、動作優雅」と絶賛され、『義経記』でも、「眉目秀麗にして世に類いなし」と記されている。さらには、義経を襲った盗賊たちが、「義経を楊貴妃かと思った」とすら書かれ、義経は多くの女性に好意を寄せられ、誰もが彼に恋焦がれるともある。

一方、『平家物語』では「平家の公達《きんだち》と比べれば、その一番の屑より劣る」とされ、チビで出っ歯と手厳しい。『幸若舞《こうわかまい》曲』においても、「猿の眼《まなこ》で反っ歯に赤ひげ」とこき下ろされ、容赦がない。

この、美男子の義経と醜い義経という相反する二つの義経像について、一つの仮説が存在する。それは、源義経とは別人の、山本義経との混同があるというものだ。

山本義経は源義光の系譜の近江源氏で、近江長浜にある山本山城の城主で戦上手として知られた武将である。源氏の血筋であり、姓名は源義経となるが、源頼朝の弟の義経とは全くの別人。

山本義経は、平氏追討を命ずる令旨に応じて挙兵し、木曽義仲の軍勢に加わり、宇治川の戦いでは源義経らと干戈《かんか》を交えている。そして不思議なことに、これ以降記録から彼の姿は消えてしまう。

宇治川の戦いで勝利した後の源義経の活躍はご存じの通りであるが、合戦経験のほとんどない義経が、どうしてあれだけの活躍ができたかは謎である。

ここで一つの仮説が成り立つことになる。山本が源義経の軍勢に加わり、軍師のような存在になったとすれば、屋島や壇ノ浦での義経の見事な指揮ぶりも理解できるものとなる。

琵琶湖で水上戦の経験を持つ山本の力があったからこそ、壇ノ浦での勝利もあったのだろう。

義経

中尊寺所蔵の義経像（部分）

新常識39
鎌倉時代
Kamakura Period

源義経は奥州に逃亡していない

義経は頼朝のための犠牲となり、山本義経は奥州へと逃亡した

兄である源頼朝と溝ができ、奥州の藤原秀衡《ひでひら》のもとにその身を寄せた源義経であったが、秀衡の死後、秀衡の子である泰衡《やすひら》に襲われ、義経は平泉は衣川の館《たち》で自刃《じじん》する。

この時、義経は逃亡し、その後チンギス・ハンになったという説はあまりにも有名であるが、さすがにそこには言語の壁が立ちはだかり、荒唐無稽と言わざるをえない。しかし、壮大なロマンが受けるせいか、大正時代に小谷部《おやべ》全一郎《ぜんいちろう》が『成吉思汗ハ源義経也』を発表して以降、同様の説は度々発表され話題となってきた。

衣川を脱出した義経

義経がチンギス・ハンになったという説はともかく、衣川の館から脱出し北方へ逃げたという話はそれなりに可能性がある。そして、室町期には東北で遊芸人たちが浄瑠璃などで題目としたことで拡散した。江戸時代には様々な義経逃亡譚が誕生し、三河の医師・加

藤謙斎は、『鎌倉実記』で義経が大陸に渡り金に仕えたとして、はじめて義経を大陸にデビューさせている。

江戸時代後期に入り、讃岐の国学者であり多度津藩士の森長見は、『国学忘貝《わすれがい》』で、清の乾隆帝《けんりゅうてい》が自分の祖先は源義経であったと語ったという逸話が、『図書輯勘録』という書にあったと紹介している。しかし、同時代の蘭学者や国学者らにより、作り話であることがすでに確認されている。

東北各地に義経の逃亡先の伝承が残されているのも、遊芸人らが「御曹司島渡り」などの演目で義経が逃亡したという物語を各地で演じたためと思われる。ではあるが、それだけとは思えないリアリティのある伝承もある。

不遇な死を遂げた義経ではあるが、墓も、祟りを鎮めるために祀る神社も存在しておらず、義経の死について疑問視する声は少なくない。古くは水戸藩で徳川光圀が編纂を命じた『大日本史』や、頼山陽《らいさんよう》の『日本外史』で、義経逃亡説は紹介されている。

とはいえ、奥州藤原氏から逃亡したとして、藤原氏滅亡後も義経が逃げ続けることは不可能である。

鎌倉幕府の威令が全国に行き届いて後は、義経を幕府に差し出せば莫大な恩賞にありつける可能性があるわけで、さすがにいつまでも義経を隠し通すことは考えられない。やはり義経は衣川でその命を落としたと考えるべきである。

義経の死は、頼朝のための自己犠牲

様々な新説を発表することで知られる明石散人氏は、この義経の奥州入りを、頼朝のために死を覚悟して実行したものとの説を発表している。

明石氏は鎌倉幕府の大きな謎として、頼朝が一瞬で複雑で精緻な統治機構である幕府を開いた点に注目し、疑問視している。頼朝の開設した幕府は、数百の職制によって成立しているが、その組織の基礎構造を、頼朝はわずか数日で作りあげた。その元となる情報、組織図の青写真は、奥州藤原氏が、藤原政権が中央から独立するために大陸から購入していたものとし、義経は死を賭してこれらを頼朝に献じたと明石氏は推測する。

義経が納得して死んでいるとすれば、頼朝としても義経が祟りをなすと考えることはなく、鎮めるための神社も不要となる。その場合、鎌倉のどこかに、頼朝のみが人知れず義経を弔う廟、または墓があるはずである。父・義朝の菩提寺である勝長寿院、戦没者慰霊のために建立した永福寺《ようふくじ》、繰り返し参拝した伊豆山神社と箱根神社あたりが候補となるが、それらのどこかに、義経の廟または墓が安置されているのかもしれない。

明石説はとても面白いが、しかしこれだけでは東北各地に残る伝承のすべてを説明しているとは言い切れない。前項で義経二人説を紹介しているが、義経が衣川で自刃している

蝦夷へ渡ったとの伝承が残る源義経

『大日本歴史錦繪』より 義経蝦夷へ（国立国会図書館蔵）

時、山本義経が逃亡していたとすれば、どうであろうか。

その後、義経が東北各地に痕跡を残したことも説明が可能となるし、山本義経であれば、実際には源義経ではないため、幕府の探索から逃れることも可能である。何より、山本には東国に、頼れる人物が存在する。

山本義経の父は、源義業《よしなり》の次男の山本義定で、祖父にあたる義業は、佐竹家の始祖。佐竹家は頼朝と対立し、佐竹秀義は城を頼朝に落とされ奥州へと逃亡している。その後、頼朝に許され、源義経の死後に発生した奥州合戦で武功を上げ、秀義はあらためて御家人として認められている。

藤原氏から逃れて奥州に潜んでいた山本義経が、藤原氏追討で奥州に入った佐竹秀義を頼ることは十分に考えられる。弓馬に優れた山本が秀義に迎え入れられた可能性は高い。

新常識40
鎌倉時代
Kamakura Period

文永の役で神風は吹かなかった

元軍を敗北させたのは、台風ではなく御家人の働きだった

元寇といえば、神風によって元軍の船が沈み、全滅、または撤退したといった理解が一般的であるが、実際の戦況は違っていた。

フビライ・ハーンを頂点とする元（モンゴル帝国）が日本侵略の兵を出したのは二度。文永の役（１２７４年）と、弘安の役（１２８１年）であるが、最初の侵攻である文永の役では、神風らしき台風・暴風雨は、記録の上では確認されていない。

そもそも文永の役で神風があったとされているのは新暦では11月の後半。この季節に台風はほとんどなく、船が暴風雨で消滅するほどに急激に荒れるとは、考えられない。

藤原兼仲の日記、『勘仲記《かんちゅうき》』では、逆風が吹いて、本国に帰ったとは書かれているが、そこで被害が出たとは書かれていない。

元寇を語る時の基礎史料の一つ、『八幡大菩薩愚童訓』筑紫本においても、一夜明けたら大艦隊が消えていたと記されているだけで、台風の存在を示す記述はそこにはない。

元・高麗側の史料では、『高麗史』に、夜間の暴風雨で多数の艦船が覆没したとあるが、『元

史』日本伝では軍の統制が取れず、矢も尽きたので撤退するとある。

元軍の強さは、騎馬による機動と、一会戦で百万単位の本数を消費するといわれるその矢の圧倒的な数であった。騎馬戦士が携行する矢の数は、遠射用72本、近接用3本といわれている。この矢の補給が、船による侵攻作戦では限界があり、矢が尽きてしまえば、元軍の継戦能力もそこまでである。

元の侵略図

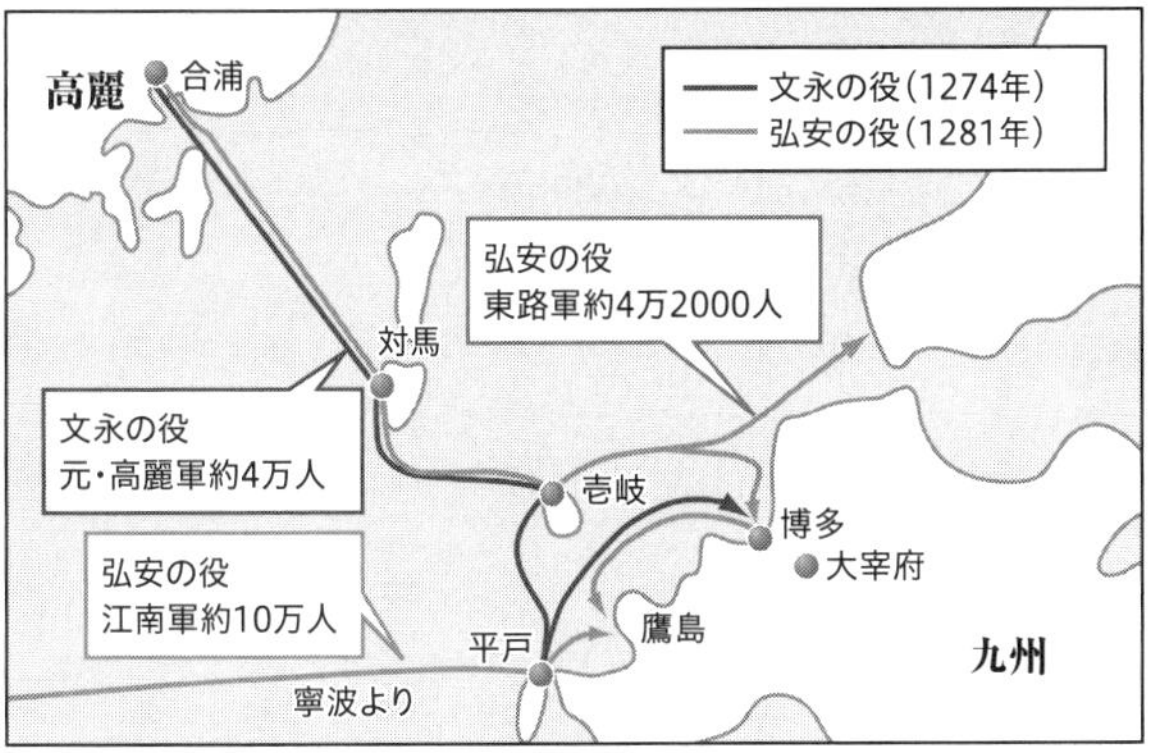

文永の役と弘安の役とでは、元軍の質・量ともに大きな差異がある。文永の役は、脅しと偵察を兼ねた作戦であったと推測される

　鎌倉御家人とて、矢戦《やいくさ》ではそうそう引けを取るものではない。後退時、殿軍《しんがり》として戦った少弐景資が、追撃してきた劉復亨の胸を射抜いている。

　半強制的に出陣させられている高麗兵にとって、矢が尽きたというのは、格好の言い訳である。

　副司令官の劉復亨が討たれたことと、ありもしない暴風雨を付け加えてこれを理由に撤退したというところであろう。

新常識41
鎌倉時代
Kamakura Period

神風を呼び寄せた鎌倉御家人

元軍の上陸を長期間防ぎ続けた御家人の活躍が、神風を呼び寄せた

元による二度目の日本侵攻である弘安の役においては、確かに台風らしき暴風雨があったと思われるが、元軍は、それだけで撤退したわけではない。むしろ、鎌倉幕府勢が、十分な防衛準備をし、上陸を簡単には許さなかったことが勝因である。

5月21日に対馬を攻撃した東路軍（高麗軍が中心で、兵船９００、総勢4万余）と、江南軍（旧南宋軍が中心で、兵船３５００、総勢10万余）とが平戸で合流したのが7月2日。そのまま激戦を繰り広げ、元軍が閏8月1日に総攻撃をかけようとしたその前日、暴風雨が発生し、連合軍に大打撃を与えている。

幕府軍の執拗な攻撃

文永の役とは違い、この季節に二か月も本格上陸を阻止し続けていれば、当然ながら、台風の一つや二つはやってくる。これを神風と呼んでしまっていいのだろうか。九州の御

蒙古襲来

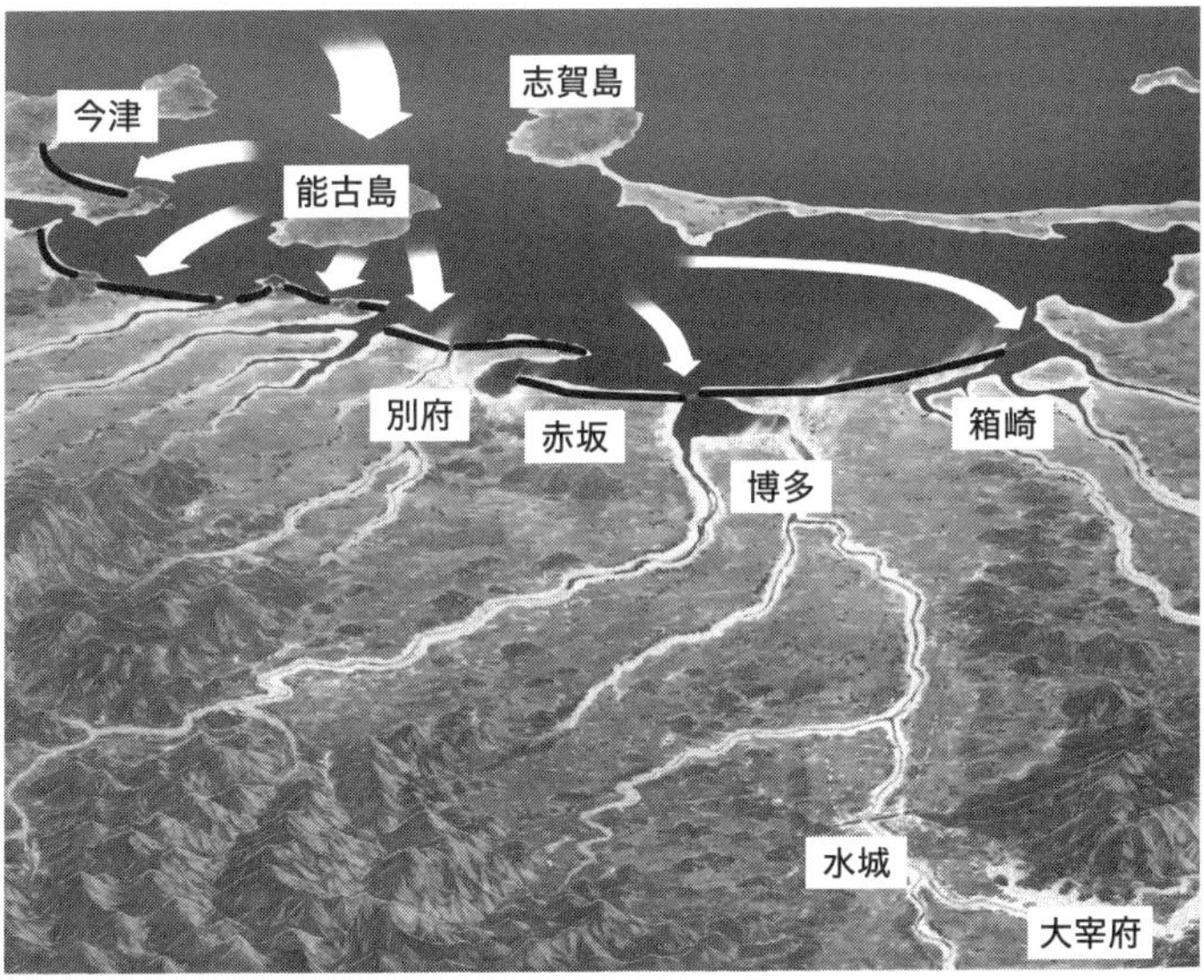

南から博多付近を見下ろしている。矢印は最初の元軍の進路。太い線は文永の役の後、造られた石築地の場所を示している（香川元太郎画・今治市村上水軍博物館提供）

家人たちの奮闘努力が、それで薄れてしまうように思えてしまい、残念ですらある。

この暴風雨で元軍の船舶の多くが沈み、また残ったものも被害を受けた。これに御家人たちは小船で乗りつけ攻撃を加え、多いに戦果を上げている。

世界最大の帝国、元による日本侵略を失敗させたものは何であろうか。そこにはいくつかの理由がある。文永の役は、兵力も少なく、ある種、元軍（高麗軍中心）は威力偵察として攻め寄せた感がある。

元軍を圧倒した御家人たちの白兵戦

弘安の役では、集団戦にも慣れ、正確な弓射で敵を討ち、また騎馬で小船で突撃する幕府軍の勇猛果敢さに、動員され戦意の決して高くない高麗兵や南宋兵は苦戦した。事前に構築した塁も、大いに効果を発揮している。また、南宋の兵は、慣れぬ長期航海において体力を失っており、10万の兵力も、その実力を出し切れていなかったはずである。

小船で元軍の大船に乗り移り、白兵戦を挑んだ御家人たちのその胆力。海岸に橋頭堡を築かれた後は、これを強襲し、また各地で上陸を防ぎ、元軍に安全な拠点を作らせることなく彼らは戦い続けた。

元軍は長門をはじめ、各地での上陸を拒まれ、博多湾に艦隊を集結させた。そして総攻撃を翌日に控えた7月30日、後に神風と呼ばれる暴風雨を受け、彼ら元軍は大打撃を受けることになる。

しかし、上陸もできずにあちこちをうろうろとしていた、弱体化している元の連合軍10万が、塁を築き、待ち構えている士気旺盛な幕府軍4万と博多湾で決戦をしたとしても、幕府軍が圧倒していた可能性は非常に高い。

世界最強の元軍の侵略を、北条得宗家率いる幕府軍は、その実力で打ち払った。

が、この勝利は、国内の防衛戦であったがため、新しい領地を得られたわけでもなく、命がけで働いた御家人たちに、十分な恩賞を与えることはできなかった。

ここで生まれた北条得宗家への不満は、後に倒幕の動きへとつながっていく。

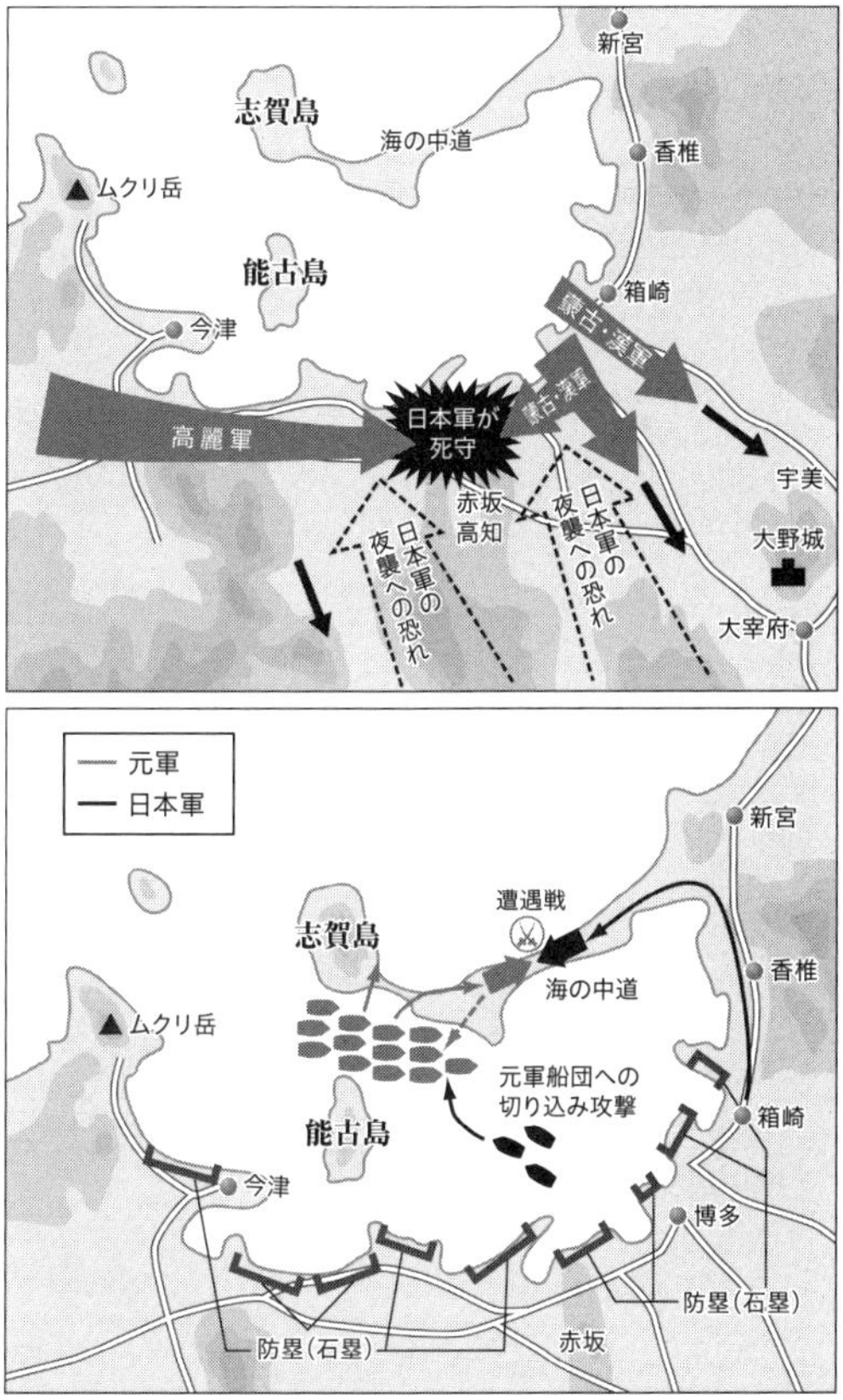

上図・文永の役の勝因
文永の役では、元軍の上陸を一旦は許したが、戦術的に重要な赤坂高地を確保し、夜襲を含む有効な反撃でこれを撃退している
下図・弘安の役の勝因
弘安の役では、石塁が効果を発揮し、元軍の侵出を防いでいる。志賀島・海の中道方面から上陸した部隊も幕府軍の反撃により侵出できず、元軍は船上で台風を受け大打撃を受けることになる

新常識 42
鎌倉時代
Kamakura Period

元寇を頓挫させたベトナムとアイヌ

三度目の元寇がなかったのは、アイヌとベトナムの抵抗による

二度の日本侵攻・元寇に敗れた元（モンゴル帝国）であったが、彼らはまだ日本侵攻をあきらめてはいなかった。

元の勃興当時、ベトナム北部を支配していた陳朝は１２５７年、元による最初の侵略を受けている。この時は元軍の準備不足もあり、彼らは早々に撤退した。元が完全に中国を制圧し大元が成立すると、彼らは二度目のベトナム侵攻を実行した。当時、陳朝の南隣はチャンパー国の領域であった。文化も民族も全く異なるチャンパーと陳は、建国以来小競り合いを繰り返していたが、元という共通の大敵を前に共闘し、これを撃退している。

しかし3年後、元軍は大船団をもって三度目の侵攻を開始する。迎え撃つベトナムの名将・陳興道は、元との国境地帯を流れる白藤江《はくとうこう》（バクダン川）の川底に、満潮時は水中に隠れるように大量の杭を打ち込んだ。そして元の大船団を誘い込み、元の船団は干潮とともに次々と座礁し、火攻めを受けて大敗した。

一方、アジアの東北の果てにも元の勢力は及んでいた。

モンゴル帝国の東アジア支配

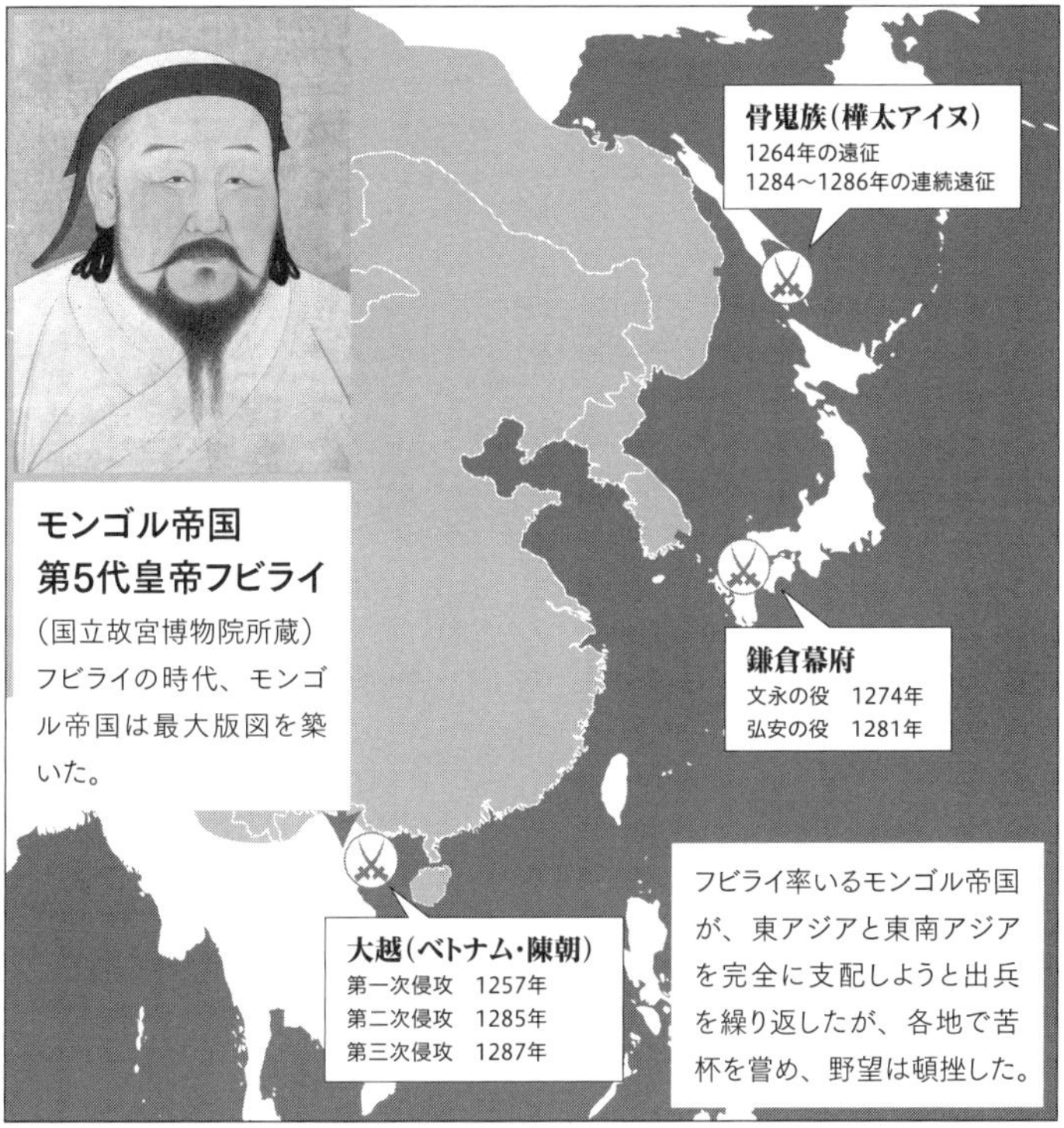

モンゴル帝国
第5代皇帝フビライ
（国立故宮博物院所蔵）
フビライの時代、モンゴル帝国は最大版図を築いた。

１２６４年以降、モンゴル軍はアイヌを繰り返し攻めたが、アイヌは地の利を活かして善戦し、元軍は１２８７年までアイヌを完全に攻略することはできなかった。

　こうして、元軍がベトナムと東北アジアで疲弊した結果、計画されていた日本への第三次侵攻は延期され、最終的には中止が決定されることになる。

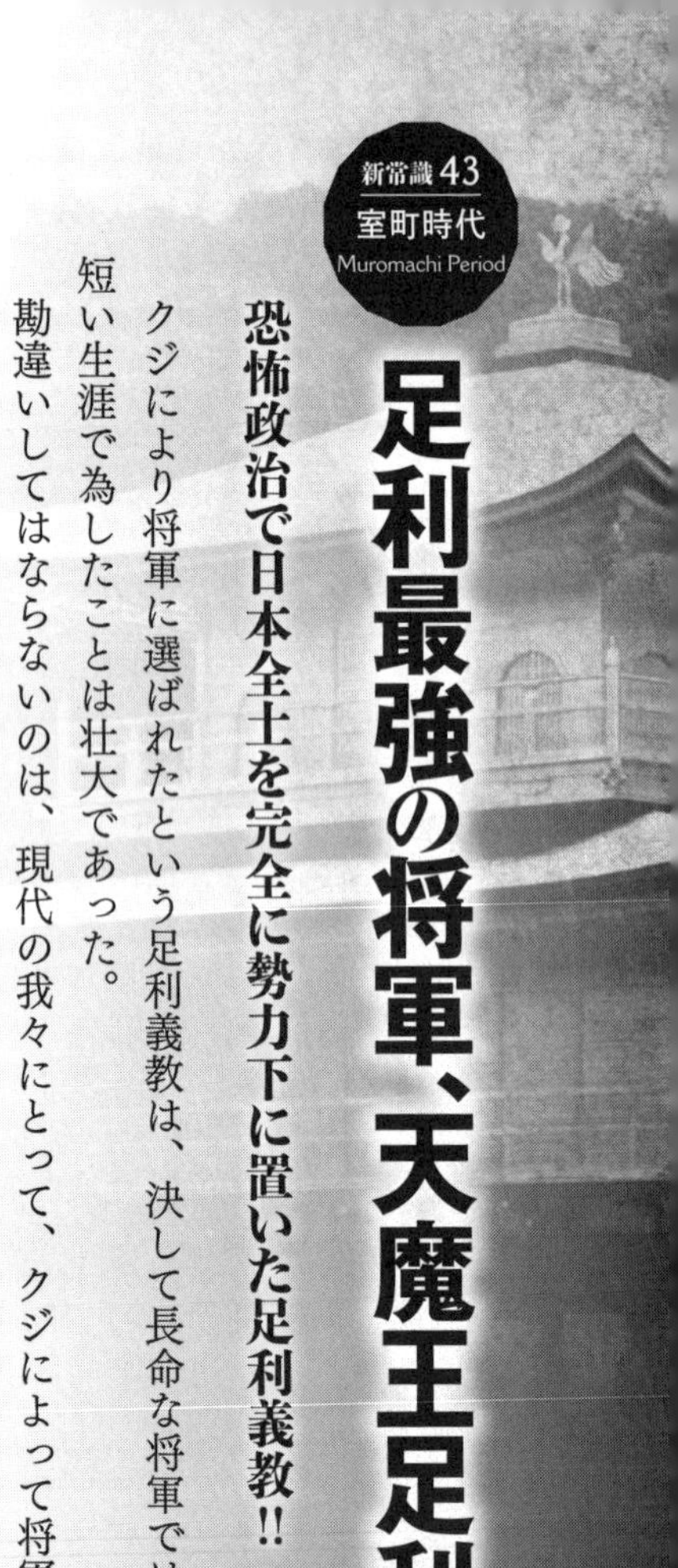

新常識43
室町時代
Muromachi Period

足利最強の将軍、天魔王足利義教

恐怖政治で日本全土を完全に勢力下に置いた足利義教!!

クジにより将軍に選ばれたという足利義教は、決して長命な将軍ではなかったが、その短い生涯で為したことは壮大であった。

勘違いしてはならないのは、現代の我々にとって、クジによって将軍職を決定することはナンセンスに感じられ、将軍が軽んじられているかに思えてしまうが、中世の人々にとって、神・石清水八幡宮に選ばれたということはむしろ神聖で絶対的な意味を持ち、義教の権威付けに大きなプラスとなっていたということだ。

義教は、幕府内において権力を肥大化させていた管領の権限を抑制し、さらには勘合貿易を再開させて財政基盤を強化した。

軍事面では将軍直轄の奉公衆の整備により独自の軍事力を握り、将軍となった年からわずか13年で関東、九州を平定。北は奥州から南は琉球までを勢力範囲とし、さらには比叡山を攻め、これも屈服させた。

義教が恐れられたのは、その決定権をすべて自分に集中し、また些細なことで厳しい処断を行ったからである。儀式の最中にニコリとしたことで所領を没収された者もいれば、比叡山の焼き討ちについて噂をしただけで斬首された商人もいた。義教は、関白・近衛忠《ただ》嗣《ひろ》をはじめ、公家、神官、僧侶の別なく、数百人を処分しているが、その罪状のほとんどは些細なものであった。

側室・日野重子に子ができた時、重子の兄である謹慎中の義資《よしすけ》のもとに祝賀の客が訪れた。これを不快とし、義教はその客全員を処罰し、義資も何者かに斬首されている。この件について噂をした公家が、硫黄島に流されるということもあった。

伏見宮貞成《さだふさ》親王は『看聞日記《かんもんにっき》』で義教の行いを「万人恐怖」と書き残している。

義教の最期はとてもあっけないものであった。赤松満祐が将軍に討たれるという噂がある時流れた。これに恐怖した満祐は義教を自邸に招き、祝宴の最中に暗殺。これ以降、足利将軍家は天下人としての力を二度と握ることはなく、天下は戦乱の世へと向うことになる。

歴代足利将軍と、その在位期間

第一代	足利尊氏	1338 - 1358
第二代	足利義詮	1358 - 1367
第三代	足利義満	1368 - 1394
第四代	足利義持	1394 - 1423
第五代	足利義量	1423 - 1425
第六代	**足利義教**	1429 - 1441
第七代	足利義勝	1442 - 1443
第八代	足利義政	1449 - 1473
第九代	足利義尚	1473 - 1489
第十代	足利義材	1490 - 1493
第十一代	足利義澄	1494 - 1508
再任	足利義稙（義材）	1508 - 1521
第十二代	足利義晴	1521 - 1546
第十三代	足利義輝	1546 - 1565
第十四代	足利義栄	1568
第十五代	足利義昭	1568 - 1573

新常識44
室町時代
Muromachi Period

本当に空を飛んだ細川政元!?

室町幕府最大の実力者の細川政元は魔法修行に明け暮れた

室町幕府の重鎮細川勝元は、将軍以上の権力を持つとまで言われ、応仁の乱では東軍の総大将として西軍の山名宗全と戦った。宿敵宗全が陣中で病死し、東軍が圧倒的優位に立ったその直後、今度は勝元も病に倒れ、文明5年（１４７３）、44歳でその波乱の生涯を閉じている。

細川家はわずか8歳の聡明丸が継ぎ、聡明丸は13歳で元服すると政元と名乗り、管領に就任する。なお、政元は管領の辞職と再任を繰り返し、生涯で都合4度管領に就任している。

丹波、摂津、土佐の守護であり、大陸との密貿易を行なっていたことで巨大な財力を持つ政元は、明応2年（１４９３）、第十代将軍足利義材を解任のうえ追放し、第十一代将軍に義澄を据えて傀儡とした。将軍を挿げ替えるほどの力を持った政元であったが、政元は政治よりも、飯綱や愛宕の魔法を極めること、修験道の修行を優先して生きた。

政元が修験道に傾倒していたことは諸書に記され、『足利季世記』では「政元魔法ヲ行ヒ給ヒ空エ飛上リ空中ニ立ナトシテ不思議ヲ顕シ後ニハ御心モ乱ウツ、ナキ事ナト宣ヒケル」と、空を飛んだとすら書かれている。

時には天狗の扮装をし、時には遠国に修行の旅に出てしまう政元は、42歳で死ぬ直前、奥州への廻国修行を実行しようとしていたという。彼の死は、魔法を修する前に身を清めようと湯殿に入ったところを家臣によって暗殺されたというもの。しかし一説に、暗殺されたことにして、自身は奥州に向かったともされる。

政元は、魔法のために女人を近づけなかったため実子がなく、3人の養子を迎えていた。政元の死後は、彼らが家督を争い、内紛により家臣たちは分裂し、領国経営も混乱した。足利幕府の中枢が崩壊したことで、幕府権力そのものが弱体化し、世の中は本格的な戦国時代へと突入する。

細川政元

新常識45
室町時代
Muromachi Period

北条早雲は実は名門の出であった

素浪人とされてきた北条早雲は、幕府の有能な奉公衆であった

下克上の代名詞とされる北条早雲。一介の浪人であった早雲が、一国の主、戦国大名にまで上り詰めたその時を、戦国時代の幕開けとする考えもある。

しかし、近年では北条早雲に関する研究も進み、早雲は身分卑しき浪人ではなく、室町幕府の政所《まんどころ》執事を勤めた伊勢氏の一門で、実は幕府中枢に太いパイプを持つ有力な人物であったことがわかってきた。なお、彼が出家するまでに北条早雲と名乗った記録はないが、ここでは早雲として表記を統一させていただく。

なお、早雲は伊勢宗端とも呼ばれるが、定説では伊勢盛時の名が有力である。

駿河の今川氏の家督相続に関する調停のため、早雲は幕府の命で駿河に下向し、早雲の甥にあたる龍王丸に家督を相続させることを今川家の家臣団に約束させた。その後は一旦京に戻り、将軍に仕えて奉公衆となっている。

しかし、将軍・義政が龍王丸への家督相続を認めているにもかかわらずこれが実行されなかったため、早雲は再び幕府の意向で駿河に入り、兵を集めて実力行使で今川家の家督

北条早雲（伊勢氏）の略系図
（『戦国北条氏五代』をもとに作成）

を龍王丸へと継がせている。これが、今川家の当主、今川氏親である。

この時、早雲が今川家の家督相続に口を出したのは、龍王丸の母、北川殿が早雲の妹であったからとされる。なお、近年では妹ではなく姉であったと考えられている。早雲は、この功で駿河と伊豆の国境に近い興国寺城に所領を与えられ、守護代に近い立場となる。

その後、早雲は、いわゆる伊豆討ち入りで足利茶々丸（将軍・足利義澄の異母兄）を襲撃して伊豆国を強奪したとされているが、これもどうやら幕府の指示のもとでの行動であったようだ。

伝承では、わずか一月で成したとされる伊豆の奪取も、実際には５年かけての攻略戦の結果であった。

これと同時に、早雲は今川家の武将としても各地に転戦しているが、その姿はみすぼらしい浪人というものではなく、足利将軍家の意向に沿って行動する、有能な幕府奉公衆といったものであった。

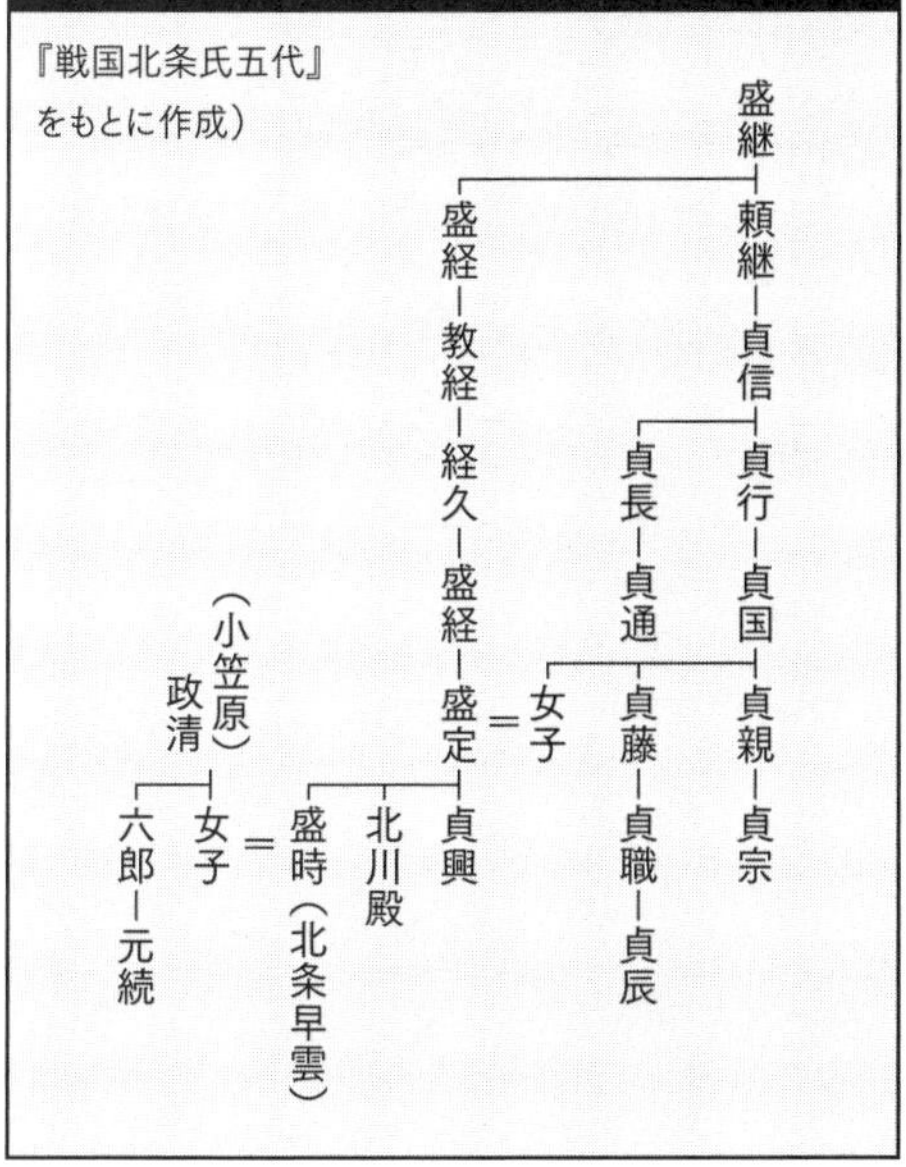

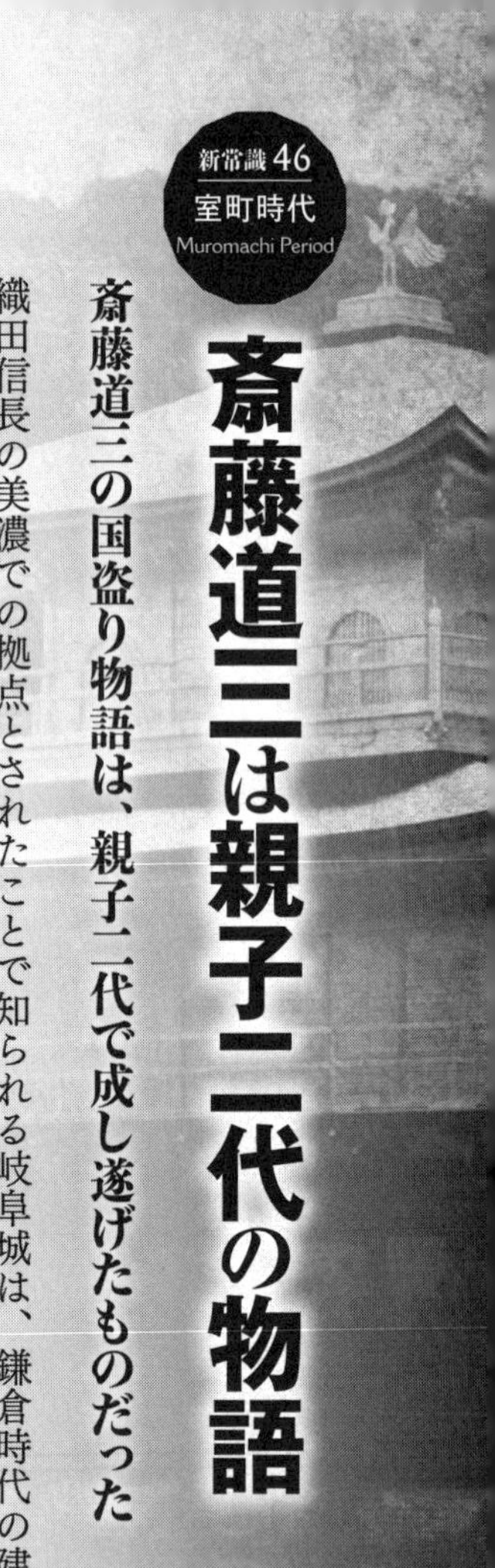

新常識46
室町時代
Muromachi Period

斎藤道三は親子二代の物語

斎藤道三の国盗り物語は、親子二代で成し遂げたものだった

織田信長の美濃での拠点とされたことで知られる岐阜城は、鎌倉時代の建仁元年（１２０１）に二階堂行政がはじめて築城したとされている。

室町時代に入ると、美濃の守護・土岐氏の守護代である斎藤氏が入り、それまで廃城となり荒れていた稲葉山城を修築し、居城とする。その後は斎藤氏の家老の長井氏が城主として入っている。

この長井氏を殺して稲葉山を手に入れたのが、美濃の蝮《まむし》と恐れられた斎藤道三である。京都山崎の油売りから身をおこし、一代で美濃一国を手にいれ、下克上の代名詞とすらされる道三であるが、近年、この有名な国盗り物語が、実は親子二代によるものとの研究が注目され、これが現在では定説になりつつある。

道三の父親は、松波左近将監基宗という北面の武士の家に生まれ、12歳で京都妙覚寺に入り、20歳頃に還俗して松波庄五郎を名乗った。

その後、油商人の奈良屋の娘婿になり、油の販売を通して美濃の斎藤氏に出入りするよ

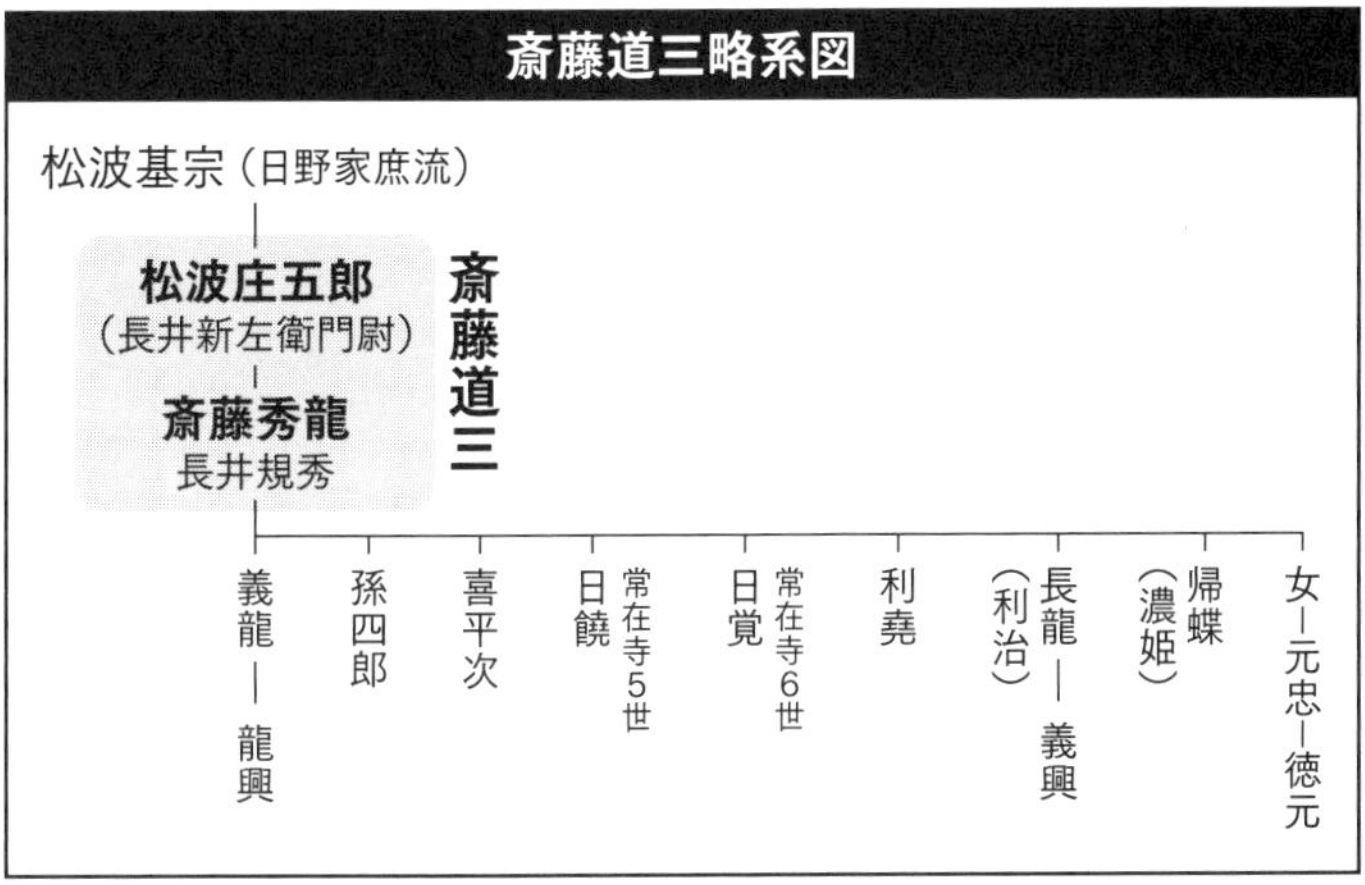

うになり、斎藤氏の家臣の長井秀弘と懇意となった。秀弘は庄五郎を気に入り、家臣の西村三郎左衛門の養子として家名を継がせ、武士として取り立て、庄五郎は西村勘九郎を名乗るようになる。

ある合戦で秀弘が討ち死にすると長井家は長弘が継ぎ、しばらくは勘九郎も家臣として真面目に尽くしていた。しかし、斎藤家の内紛に乗じて長弘を勘九郎が討ち、長井家は景弘が継いだもののまもなく景弘は死に、長井家は勘九郎が支配することになる。景弘は病死とも暗殺されたともされるが、おそらくは勘九郎による謀殺であろう。こうして、勘九郎とその子の長井規秀《のりひで》（後の道三）が長井家を乗っ取り、ここから先はよく知られた道三の国盗り物語が始まることになる。

油売りの行商が、たった二代で一国の国主となったのだから、やはり斎藤道三が下克上の権化であることに違いはないだろう。

新常識47
室町時代
Muromachi Period

足利義輝は第十四代将軍だった

足利家では、足利義栄を将軍としては認めていなかった

足利将軍家の菩提寺である京都等持院には、歴代の足利将軍の木像が安置されている。木像の数は13体で、本来あるべき数より2体少ないことになる。

足利家に認められていない将軍

安置されていないのは、第五代の義量《よしかず》と、第十四代の義栄《よしひで》。その理由について等持院では公式な見解を発表してはいないようであるが、推測するに、足利家として義量と義栄は、正統な将軍として認めていなかったものと思われる。

義量は、父である義持が隠居した後も大御所として政務を執っており、義持が源氏の氏の長者（一族の長）であり続けた。そのため、義量は幕府の長である「室町殿」にはなれないまま、満年齢でわずか17歳で死亡している。そのため、等持院では足利将軍としては義量の存在を認めているものの、木造を安置するほどにはその立場と存在を評価していな

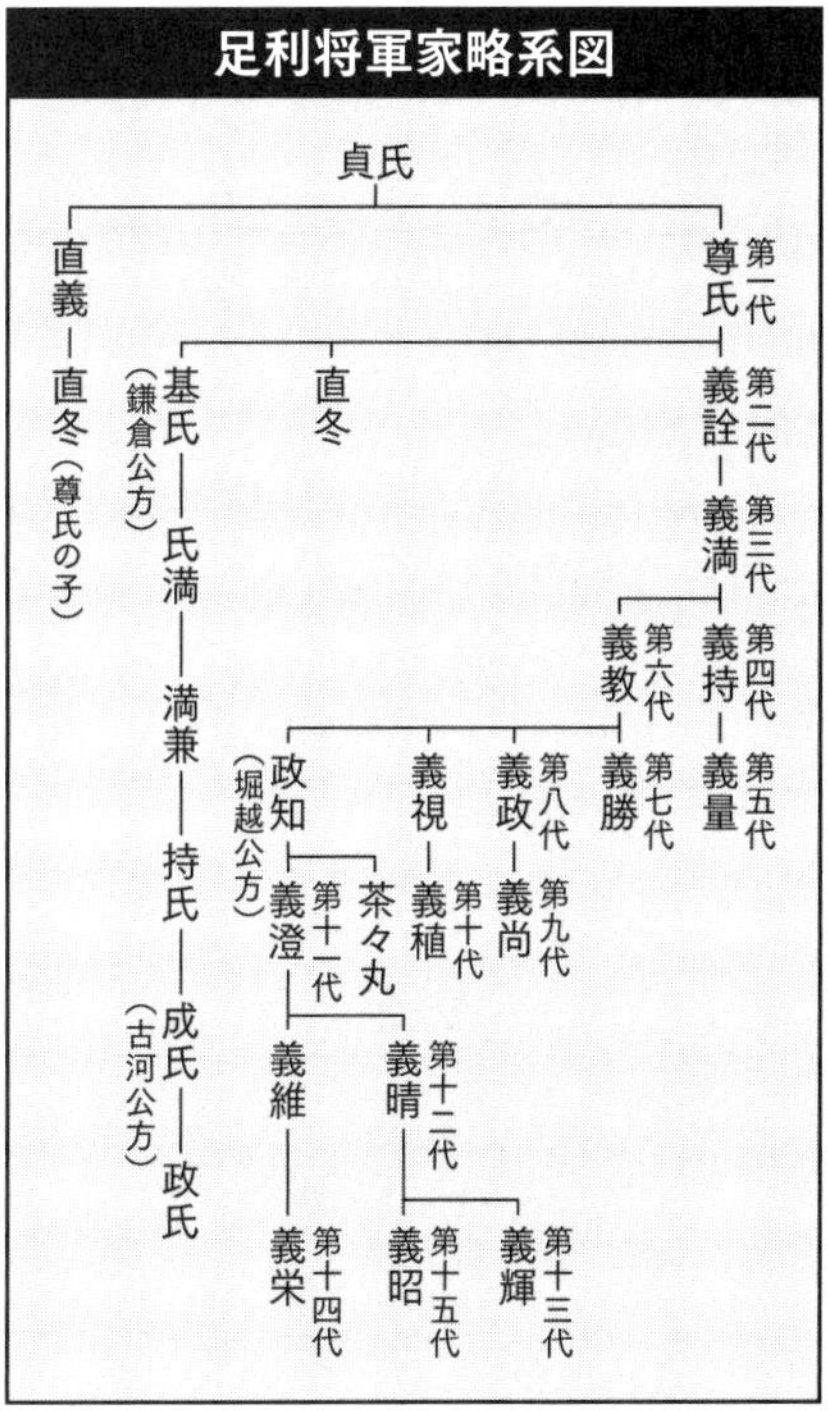

い、そう考えるとつじつまが合う。ちなみに、足利将軍家で源氏の氏の長者になっているのは、義満・義持・義教・義政・義稙と、両院別当となっている義尚（長者の宣旨を受けてはいないが事実上の長者として扱われた）のみである。これは、清和源氏の足利家と、村上源氏の久我家とが、交代で氏の長者になっているためである。

義栄については、三好三人衆の傀儡将軍であり、十五代将軍となった義昭が義栄の正統性を否定していたこともあり、等持院としては義栄を将軍と認めていないということなのだろう。

なお『等持院小史』（明治35年初版発行、二階堂竺源著）では足利将軍について

第一世　尊氏公　　第五世　義量公　　第九世　義尚公　　第十四世　義輝公
第二世　義詮公　　第六世　義教公　　第十一世　義稙公　　第十五世　義昭公
第三世　義満公　　第七世　義勝公　　第十二世　義澄公
第四世　義持公　　第八世　義政公　　第十三世　義晴公

とし、将軍の代数として第十代（第十世）を抜いている。

幻の第十代将軍は誰？

抜かれている第十代についてはいくつかの可能性が考えられる。一つの考えとしては、第十代の足利義材が第十一代の足利義澄の死後、再び足利義稙として将軍となっているため、将軍の代としてこれをカウントしているものと思われる。

第九代の義尚が早世した後、義政が「室町殿」の地位をあらためて引き継ぎ、将軍代理として政務を執っている。これを第十代として扱っている可能性もある。

もっとも可能性が高いのは、義稙（義材）の父であり、大御所として政務を執った足利義視を将軍として扱っているという考えであろう。

なお、足利義満開基の相国寺も足利家の菩提寺であるが、同寺には足利将軍の菩提を弔う塔頭・御影堂が置かれているのだが、ここでも義栄の塔頭はなく、足利将軍家として義

足利義輝木造　等持院蔵（写真　望月昭明）

栄は認められていないということを確認することができる。また、相国寺には足利義視の塔頭《たっちゅう》が存在し、義視を将軍同等に扱っており、義視が幻の第十代将軍であるという説を裏付けている。

等持院境内には、歴代将軍の供養遺髪塔が置かれているのだが、ここに歴代将軍の義視の戒名《かいみょう》が刻まれている。これを確認すると、そこに「大智院殿准三宮一品久山大居士」という戒名が存在する。

これは、足利将軍家が義視を室町殿として認め、朝廷の宣旨がなくとも義視を第十代将軍として扱っていたことの証拠と考えていいだろう。なお、当然のようにそこには義栄の戒名は刻まれておらず、義栄が将軍としては認められていないことも同時に証明されている。

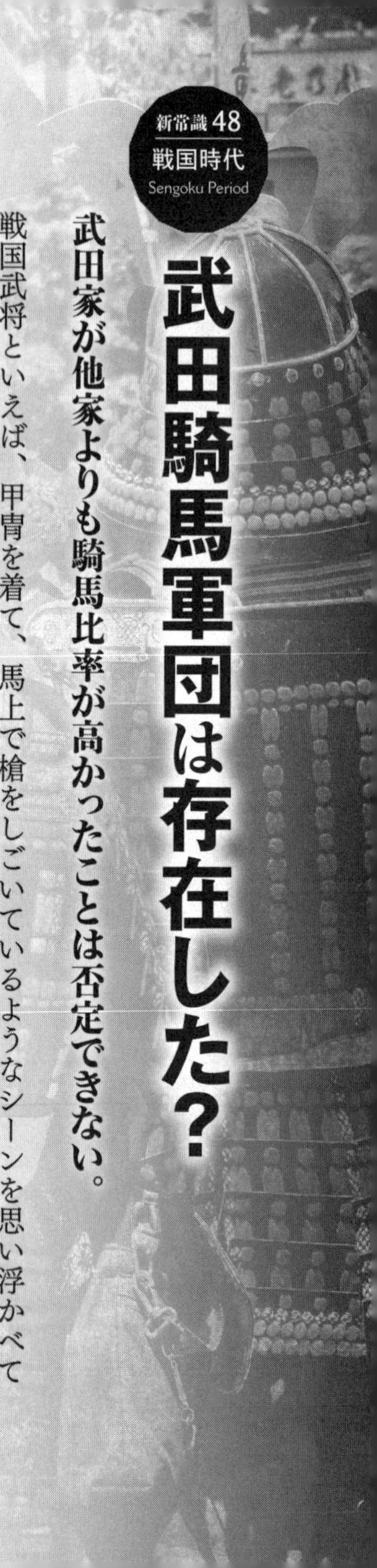

新常識48
戦国時代
Sengoku Period

武田騎馬軍団は存在した？

武田家が他家よりも騎馬比率が高かったことは否定できない。

戦国武将といえば、甲冑を着て、馬上で槍をしごいているようなシーンを思い浮かべてしまうが、実際の彼らは、我々が想像するほどには格好の良いものではなかったようだ。

さて、一般に、我々が目にする馬は、競馬のための競走馬、サラブレッドということになる。洋種であるサラブレッドは、平均体高（肩までの高さ）で１６０㎝ほどもあり、その体重も４００㎏前後とかなり巨大である。

しかし、戦国時代に日本にいた馬はというと、平均体高で４尺程度、１３３㎝ほどで、いわゆるポニーレベル（体高１４７㎝以下の馬）であり、そのため騎乗のままの戦闘はほぼなかったのではないかと、近年ではいわれ始めている。

しかし、日本の在来馬は小型で骨太なずんぐりした馬で、かなり頑強であり、十分に乗馬したまま戦闘することは可能であった。江戸時代の労働馬は、１５０㎏ほどの荷物を背負って25㎞～40㎞もの距離を移動していたという。

戦国期の小柄な日本人が甲冑とともに乗った場合、その重量は80㎏ほど。これであれば、

武田家の支配勢力の変遷

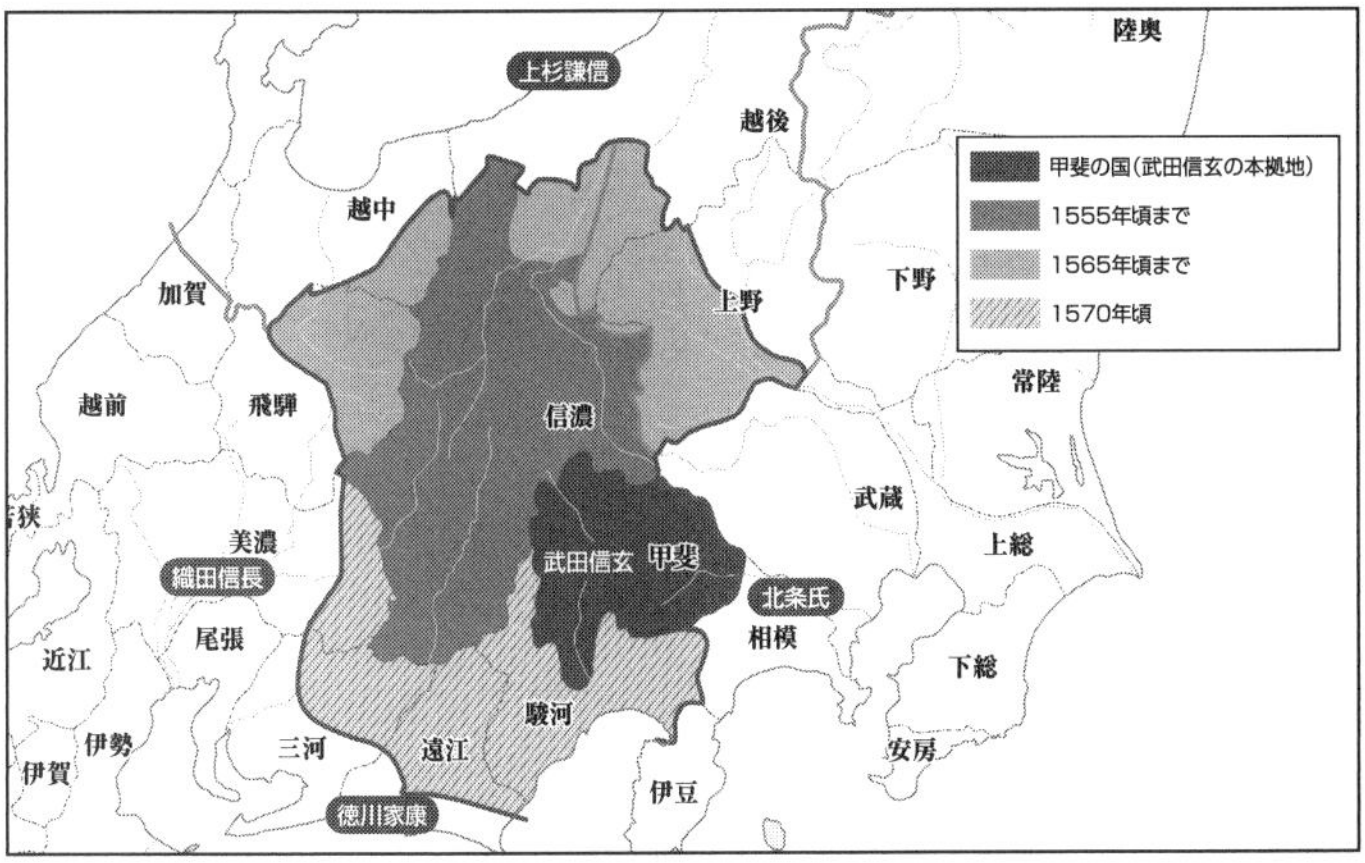

武田の支配地域には牧場の多い信濃・甲斐が含まれる
『真実の「日本戦史」』より

十分に騎乗戦闘ができたであろう。これが長篠の戦いを書き記した『覚書故水野左近物語』にあるように、「五十騎、三十騎づつかけ来り」した時の迫力は、想像以上であったと思われる。

　また、武田家の騎馬隊は講談などで有名であるが、これについても近年は否定的な見解が多い。しかし、甲斐や信濃は平安時代から多くの牧場《まきば》が存在し、武田家に多くの馬を供給していたことは容易に推測できる。

　ナポレオン時代の騎兵隊のような騎馬の集団部隊は確かに存在しなかったであろうが、武田家が他国よりも優秀な馬を揃え、多少は騎馬の保有比率が高かったということまでは十分にありえたものと思われる。

新常識49
戦国時代
Sengoku Period

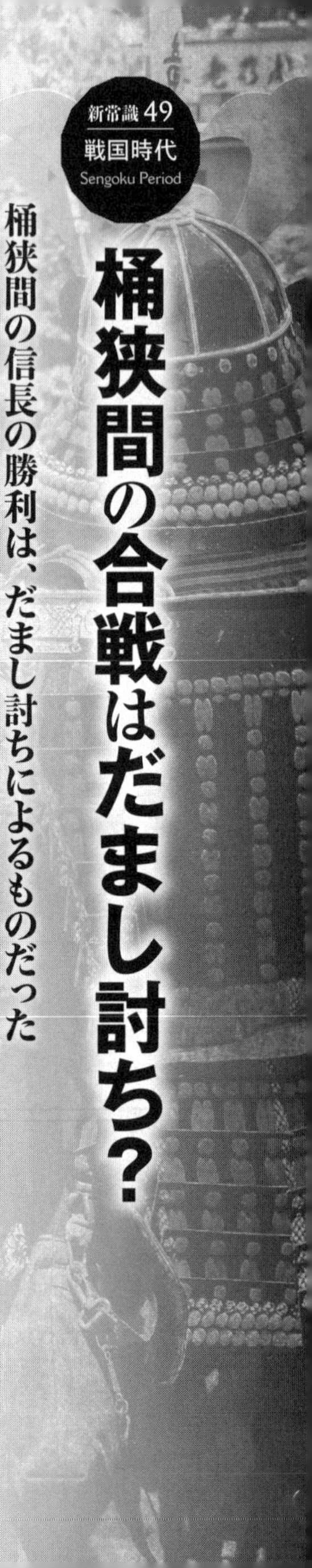

桶狭間の合戦はだまし討ち？

桶狭間の信長の勝利は、だまし討ちによるものだった

わずか２０００ほどの兵力の織田信長が、今川義元の２万５０００の大軍を撃破した桶狭間の合戦。戦国の歴史が、もっとも大きく動いた瞬間である。

桶狭間の合戦当時の今川義元を冷静に評価すれば、その領国の安定性、兵力、文化と、すべての面で他国を圧していた最強の大名ということになる。

まず国力。駿河、遠江、三河の三国を領有し、領内各地に存在する金山からの収入と、京より京らしいといわれた豊かな駿府の町を育て、その国力は他を圧していた。

太閤検地の時点での石高は、駿河15万石、遠江25万石、三河29万石とされる。合計で69万石。これに金山やその他の収入を考えると、実収は概ね百万石ほどとなろう。尾張が57万石であるので、69万石の今川と、さほどに差はないと主張する向きもあるが、見当違いもはなはだしい。

確かに尾張は肥沃ではある。が、織田家内部の闘争が終結し、信長が尾張の支配権を確立したのは桶狭間のわずか1年前。いったい、どれだけ所領と国人を把握しているか、怪しいものである。信長が桶狭間の合戦の時点で用意できた兵が5000ほどとされているが、まさにそれが当時の信長の限界であった。

永禄3年（1560）今川による尾張侵攻作戦が開始された。兵力2万5000を擁し、尾張を併呑しようとの義元に、信長はなす術《すべ》を持たなかった。桶狭間の合戦前日、信長は軍議を開かず、雑談のみをしていたと伝えられるが、勝ち目がないのだから、戦略の練りようがないのもある意味当然である。

信長の奇襲で混乱する今川本陣
『日本歴史錦繪』より 桶狭間合戦（国立国会図書館蔵）

この点から、作家の明石散人氏は、信長は義元に極秘で降伏を申し込んだと推測し、降伏のための会合場所・桶狭間で、信長は義元をだまし討ちにより強襲したとの論を展開をしている。長島の一向一揆との戦いでは、一揆の降伏を受け入れ、投降してきたところを銃撃するというだまし討ちをし、家督争いにおいても、だまし討ちを多用している信長であれば、その可能性はゼロではない。

新常識50
戦国時代
Sengoku Period

妻女山に布陣していなかった上杉謙信

川中島の戦いでは、謙信は妻女山ではなく西条山に布陣した！

永禄4年（1561）9月10日、戦国を代表する二人の武将、甲斐の武田信玄と、越後の上杉謙信が、信濃川中島で戦った。

上杉謙信は妻女山には布陣していない

この「川中島の戦い」について、研究者によりある疑義が呈されている。謙信が陣を敷いたとする妻女山は、別の場所ではないかというものだ。

実は、『甲陽軍鑑』では、謙信が布陣していた地は、「西条山」と書かれている。果たして、この西条山は本当に妻女山なのであろうか。戦術的に見た場合、妻女山は確かに海津城への圧力となる位置ではあるが、背後を武田側の砦に囲まれており、正面は千曲川である。渡河可能な地点を武田勢に押さえられてしまえば、まさに袋の鼠。兵糧の搬入が困難な地であるだけに、かなりリスクのある布陣といえるだろう。

この西条山を、善光寺東の浅川西条とする説（三池純正氏）がある。信濃において、地名の西条は、多くの場合「にしじょう」と呼び、「さいじょう」とは呼ばない。「さいじょう」と読むからこそ妻女山とされているのだが、そこに疑問が投げかけられると、根本的な根拠が揺らいでしまう。

また、当の妻女山だが、そこには防御陣地、野戦築城の形跡が、現在のところ確認できていない。一万を超える軍勢が10日以上敵地ともいえる地に布陣し、防御陣地を築かないなどありえないと考えるのが普通であろう。浅川西条の背後、西条城とも呼ばれた若槻山城を、『甲陽軍鑑』にある西条山とするのは、あながち無理がある話ではない。そうなると、キツツキの戦法というものも、はなからなかったということになってしまう。

戦術的にありえない

戦術的に考えてみたい。10日ほども布陣し続けている山上の陣地に、敵が攻め寄せてくるのが想定できたとする。通説では、謙信はそれを察知し、妻女山を下りる。攻め寄せる武田勢の裏をかいたというが、信玄の本陣が八幡原に陣を敷いていなければ、謙信は単に平地に下りただけになり、残された道は戦場離脱のみ。たまたま信玄が少数の兵で八幡原にいたからそれを強襲できたのだが、そこに信玄がいる可能性は、通常はない。

むしろ、信玄の立場であれば、千曲川の川岸に陣を張り、渡河する上杉勢を待ち受ける。謙信が妻女山を下り、撤退すると考えたなら、北国街道方面こそが主たるルートと考える。その場合、八幡原に布陣したのでは、上杉勢を取り逃がす可能性が出てしまう。

謙信の立場であれば、武田勢が、兵を二手に分けているのがわかっているとしたら、むしろこれを、有利な位置である妻女山の自陣で待ち受け、伏兵なども用意して逆襲する。武田軍が全力で攻めてきたとしても、有利な防御戦闘でこれを撃退するだけである。

この第四次の戦いでは、両軍ともかなりの損害を出したとされ、書状などでは、互いに敵を数千ほど討ち取ったとしているが、その2か月後、武田勢は西上野《こうずけ》を攻め、上杉勢も武蔵に兵を出し、北条と戦っている。これは、両軍の損害が、致命傷ではなかったことを示している。それを裏付けるかのように、この第四次での戦いにおいての、両軍から出された感状の現存数は、他の合戦に比して、大変に少ない。しかし、信玄の弟、典厩《てんきゅう》信繁が討ち死にしているほどであるので、混戦となったことは間違いがない。

これらから、一つのモデルが想定できてしまう。謙信の布陣した地は、三池純正氏の説を採り、西条城・若槻山城に想定する。

それは、濃い霧の中での遭遇戦であった。西条山・若槻山城に布陣していた上杉勢が、海津城に朝駆けをすべく兵を前夜から動かした。翌早朝、武田勢は、妻女山の背後の城塞群より、雨宮の渡しから高坂昌信らの軍勢を川中島に進出させる。海津城からは信玄率い

川中島の合戦図

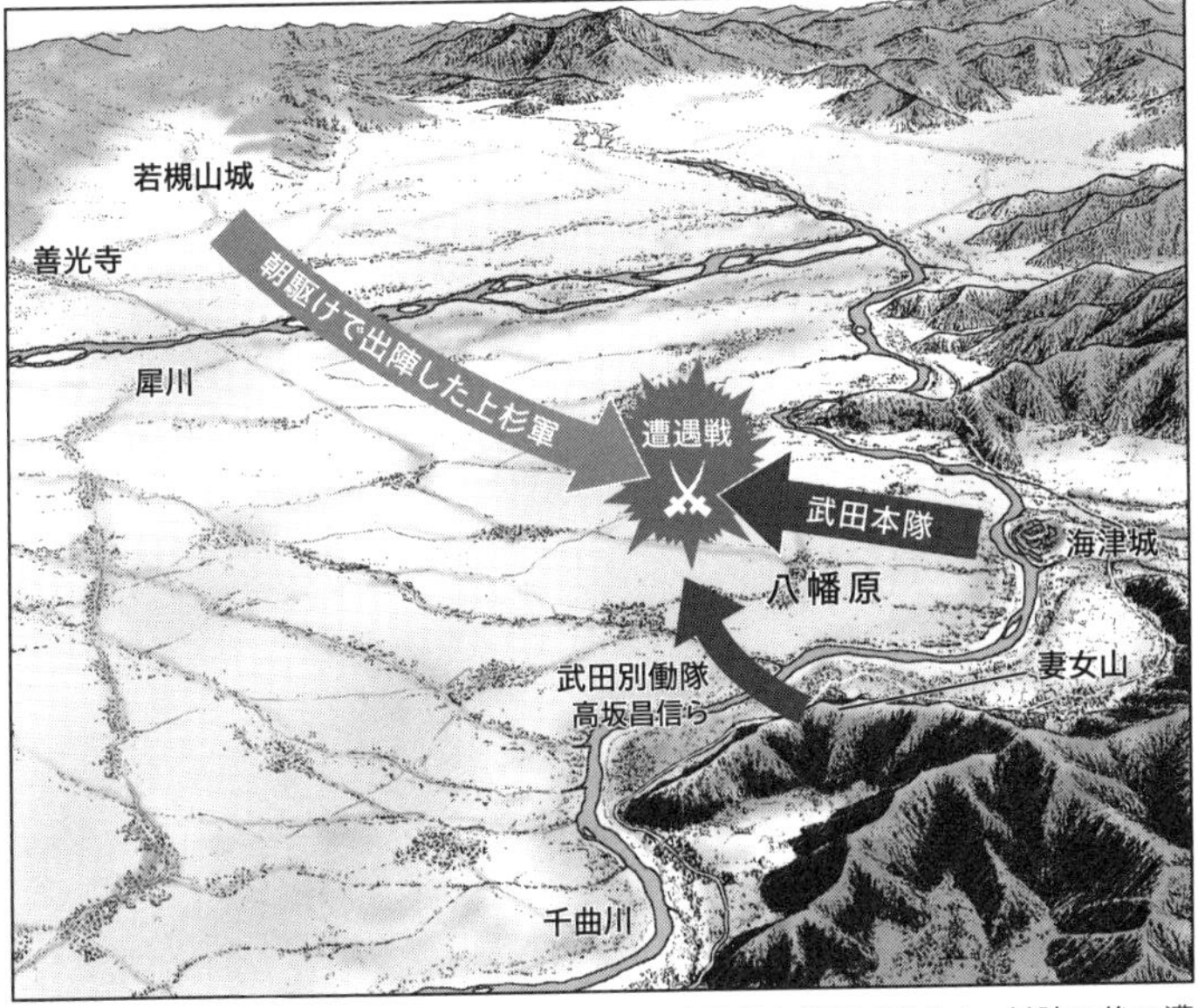

第四次川中島の合戦は、巷間伝えられているような複雑な戦闘ではなく、対陣の後の遭遇戦であった可能性がある（イラスト　下条よしあき）

る本隊が広瀬の渡しより千曲川を渡る。渡った先は八幡原。善光寺の北方、西条山にいるはずの謙信を叩くための軍勢である。

霧の中、武田勢と上杉勢が八幡原で予期せぬ衝突。乱戦の中、典厩信繁が討ち取られる。そこに高坂昌信らの軍勢が合流し、上杉勢は後退。武田勢も態勢を整えるために海津城へと戻った。おそらくは、こんなところが実体だったのではないだろうか。

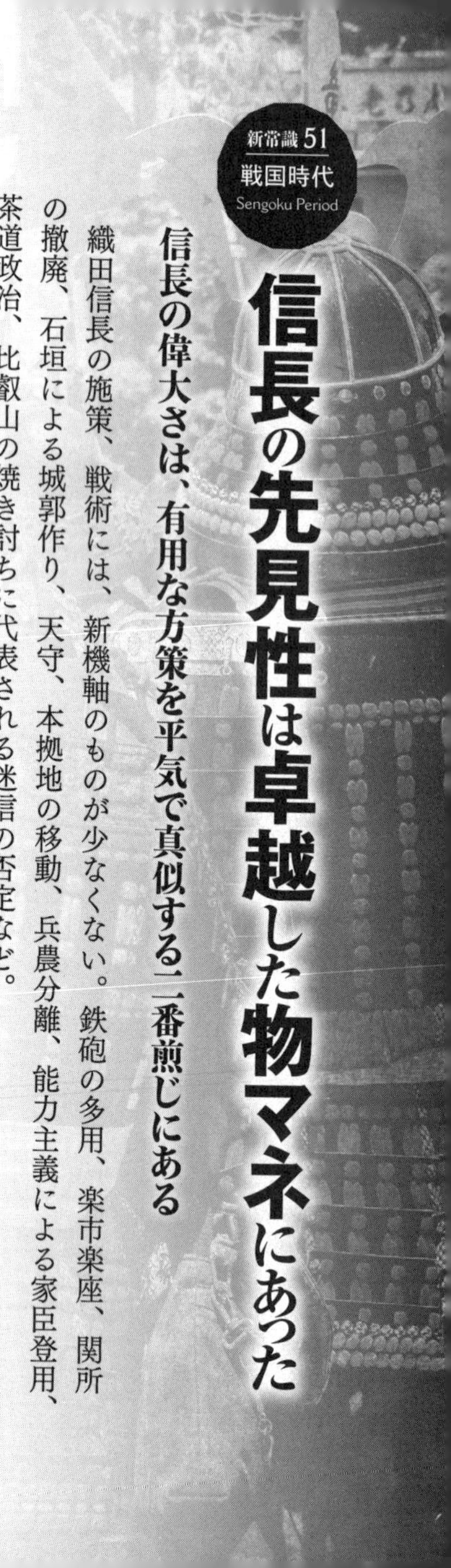

新常識51
戦国時代
Sengoku Period

信長の先見性は卓越した物マネにあった

信長の偉大さは、有用な方策を平気で真似する二番煎じにある

織田信長の施策、戦術には、新機軸のものが少なくない。鉄砲の多用、楽市楽座、関所の撤廃、石垣による城郭作り、天守、本拠地の移動、兵農分離、能力主義による家臣登用、茶道政治、比叡山の焼き討ちに代表される迷信の否定など。

どれも二番煎じの信長の施策

これらはどれも時代を先取りしたものとして評価されているが、実はそのどれもが他の大名が先んじて行っているものばかりである。

確かに織田家では早い時期に鉄砲を装備しているが、それが特別に早かったというわけではない。たとえば、鉄砲のイメージのあまり無い武田信玄であるが、『妙法寺記』の天文24年（１５５５）※の項に「旭の要害（旭山城）へも武田晴信公人数三千人（中略）鉄砲三百挺入候」とある。１５５５年の段階で鉄砲３００を国境の城に装備したとすれば、武田家の鉄砲保有量は、早い時期からかなりなものであったことになる。

信長といえば天守と石垣の美しい安土城がイメージされるが、その天守の原型は松永久秀の信貴山《しぎさん》城や多聞山《たもんやま》城の櫓とされる。

石垣による城作りは、近江の六角定頼・義賢《よしかた》父子の居城である観音寺《かんのんじ》城が始まりとされる。観音寺城では、街道から見える方向は石垣で、見えない場所は土盛りというケースが多々あり、石垣は、城主の権威付けの意味合いとして用いられたことが理解できる。

安土城もまた、直線的な階段など、視覚的に他者にアピールする構造から、城主である信長の権威付けとしての意味合いが大きい城だと考えられる。

茶道政治とも呼ばれる茶道への入れ込みも、久秀の専売特許である。久秀から献上された九十九髪茄子《つくもかみなす》の茶入れを最上とランク付けし、久秀の持つ平蜘蛛《ひらぐも》の茶釜を欲していた信長の姿からは、久秀への憧れすら感じられてしまう。久秀は茶道によって堺や京の商人らと交際し、情報交換をしていたが、信長の茶道政治もそこにルーツがある。

比叡山焼き討ちにイメージされる、信長の宗教に対する強圧政策もまた、根底に久秀の影響があるように思えてならない。大和国平定のため久秀が戦った大和国人衆は、仏徒集団であった。彼らと戦うということは、常に仏教勢力との戦いということになる。

なお、信長が仏教勢力を全否定していたかというとそのようなことはなく、敵対した場合にのみ彼らと戦ったのであり、敵対しない限り、仏教勢力を攻撃することはなかった。

　※長篠の戦いは1575年

楽市楽座という経済政策も、六角定頼に一日《いちじつ》の長《ちょう》があり、さらには今川家においても楽市楽座は行われていた。なお、関所の撤廃も含め、信長も完全実施したわけではなく、冥《みょう》加金《がきん》（営業税）を取って許していたケースが少なくない。琵琶湖畔の堅田《かたた》衆の関所による通行料徴収は、秀吉の代まで許されていたことがわかっている。

本拠地の移転は、領地が拡大さえすれば、他の大名も行う可能性はある。北条家は、興国寺城、韮山城、小田原城と、領地を広げるたびに拠点を移している。

兵農分離も信長だけではない。経済力がある大名は自然と傭兵が増え、また本拠地近くに家臣を集めることになる。越前の朝倉家や近畿の三好家などは、金銭で雇った兵も多く、主要な家臣は本拠地に集めて生活させていた。

能力主義による登用は、小さな家が急激に拡大した結果でしかないだろう。北条家も、北条早雲の代だけで見れば新規召抱えがかなりな比率であり、中国の毛利家も同様である。

信長は徹底することで効果を最大にした

と、そのどれもが他者の真似である信長の施策であるが、信長の非凡なるところは、他者が行っていて良いと思ったものはすぐに取り入れ、それらを貪欲に吸収し、なおかつ徹底して行う点である。

能力主義による登用と簡単にいってしまうが、明智光秀、羽柴秀吉のように、重臣にまで新参者を出世させる家は他にはない。城にしても、安土城の天守と石垣は他を圧しており、これほどに石垣で山を囲った城は、同時代には他にはない。

楽市楽座はというと、領地の広い信長が行ったからこそ効果が大きいのであるし、関所の撤廃による流通の簡素化も、狭い範囲では意味がなく、広大な領地を持つ信長だからこそ意味があったのである。

安土城古図

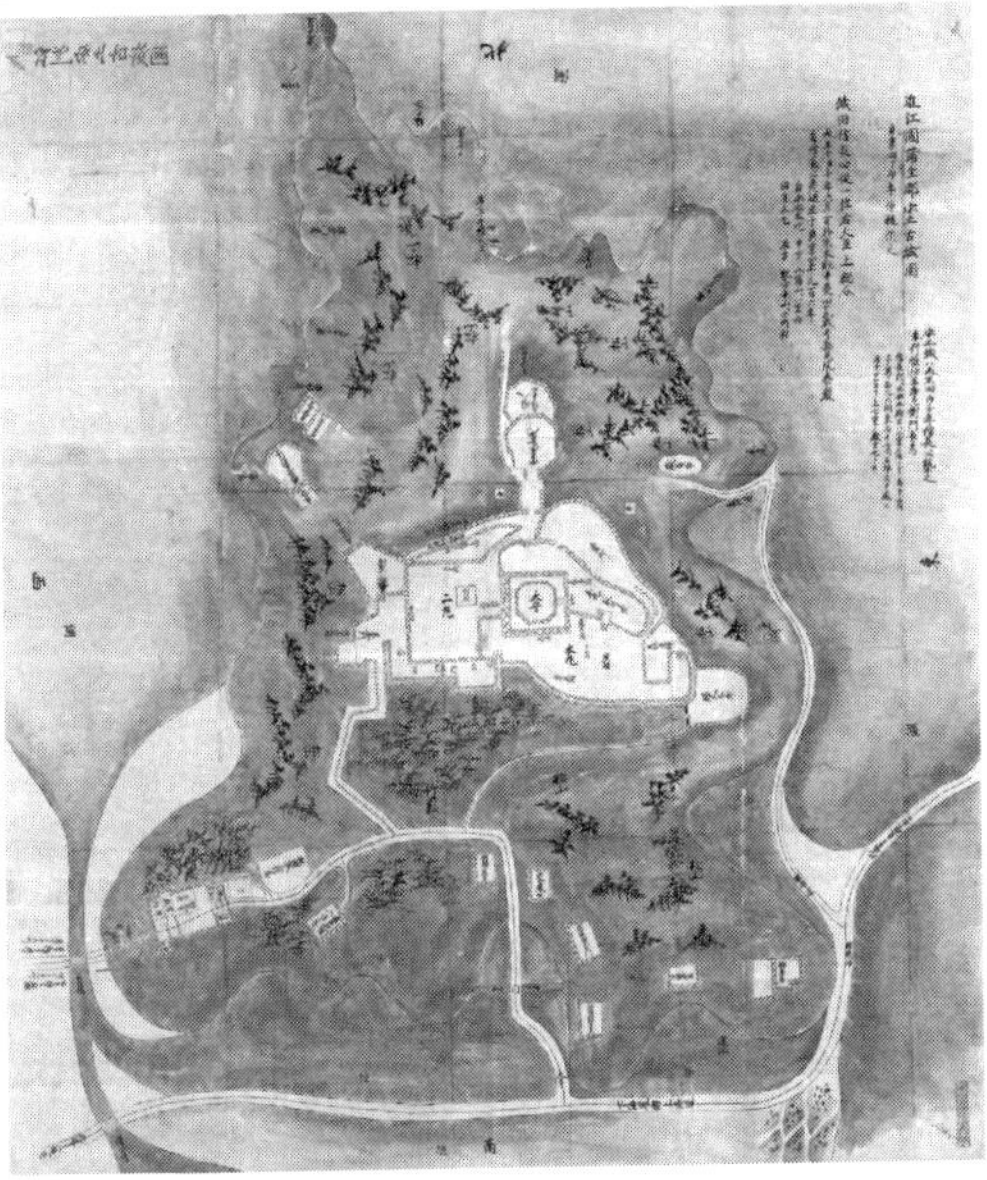

琵琶湖の湖上交通と街道を扼する位置に築かれていた安土城。
『日本古城絵図』より　江州安土古城図（国立国会図書館蔵）

このように、どれを取っても、信長ほどに柔軟に新しいことを取り入れ、さらに徹底している大名はいない。織田信長は、偉大なる二番煎じの使い手だったのだ。

新常識52
戦国時代
Sengoku Period

織田信長の家紋・旗印の秘密

信長の家紋には、将軍、帝から下賜された家紋も少なくない

織田信長の家紋は、織田木瓜《もっこう》、五つ葉木瓜とも呼ばれる紋である。神社の御簾《みす》の帽額《もこう》に用いられていた模様であるため、「もこう」が転じて「もっこう」となり、木瓜の字があてられるようになったとされる。なお、八坂神社の神紋もほぼ同じ紋である。

織田家が織田木瓜を用いているのは、織田家がもとは織田剣神社の流れであることが理由とされる。また、織田家が篤く信仰した津島神社の神紋であるからともされるが、織田家が神官の家であったことから、近い系統の津島神社を信仰したとも考えられる。

信長が用いた家紋としては、ほかに揚羽蝶、二つ引両、桐紋、十六枚菊、無の字などがある。揚羽蝶は平氏の家紋であるが、信長は平氏の流れなのでこれを用いていた。

二つ引両、桐紋は、ともに足利義昭より拝領したもので、信長の肖像画には桐紋が描かれている。十六枚菊は皇室より拝領したものであるが、信長は城の瓦に菊紋飾りの金箔瓦を用いるなど、自身の権威付けにこれを利用している。

無の字紋は、禅の教えをデザインしたものである。信長は妙心寺派の僧・沢彦宗恩《たくげんそうおん》を師

織田信長は複数の家紋を使用していた

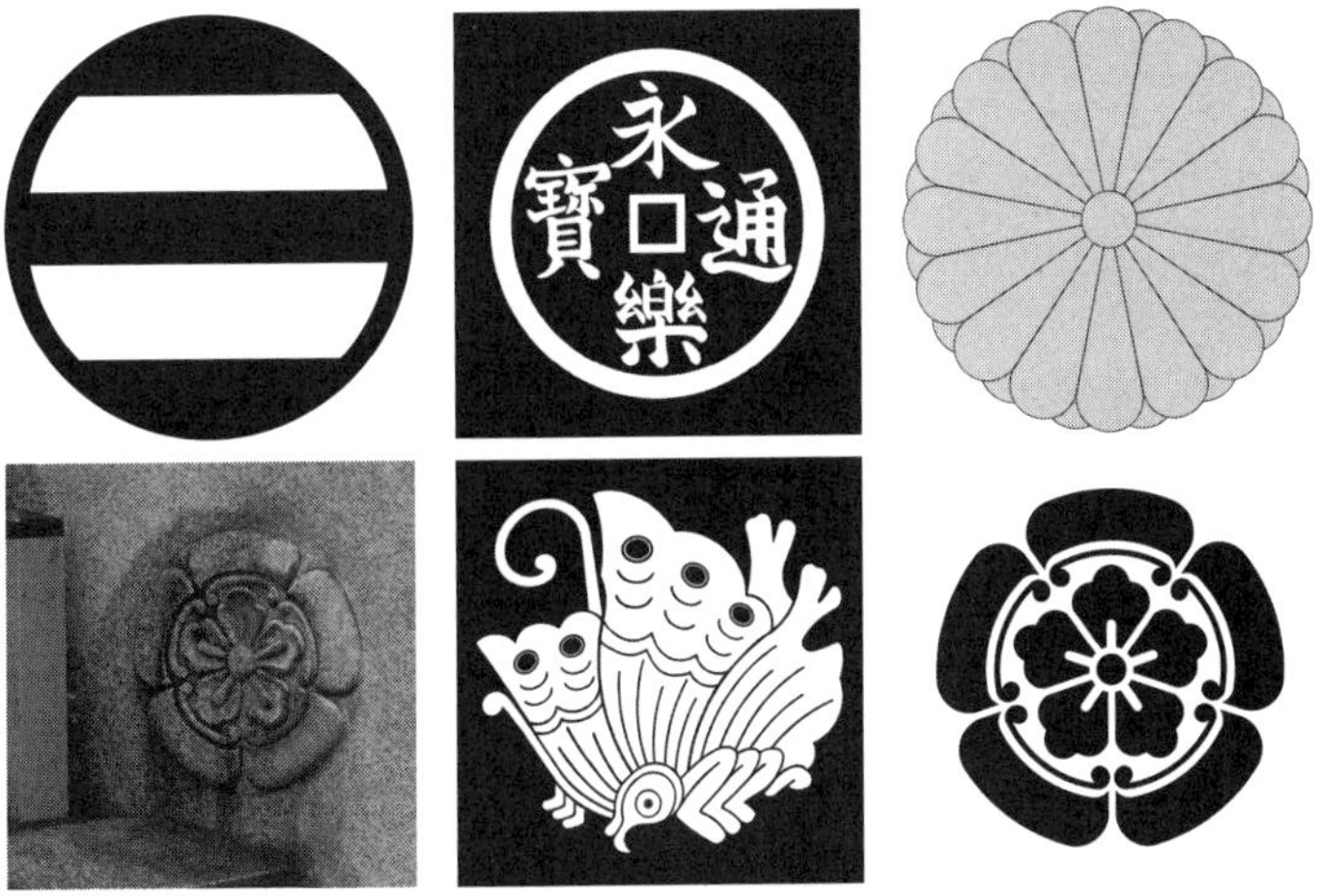

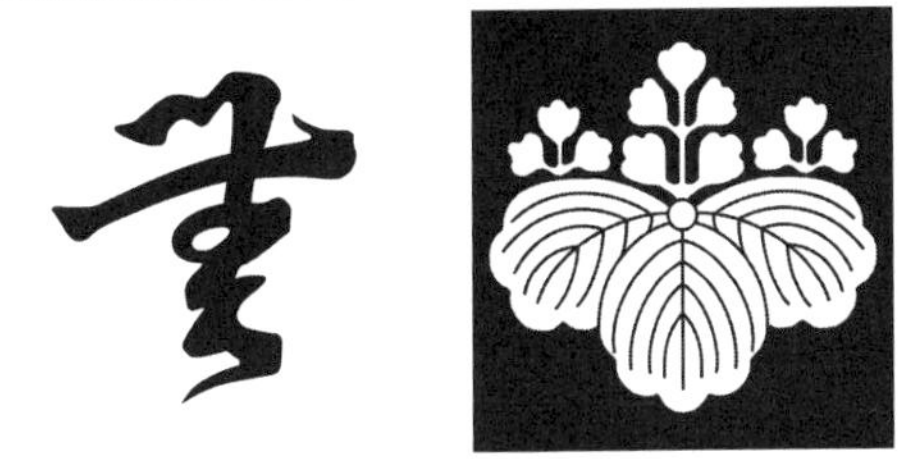

右上／十六枚菊　右中央／織田木瓜　中央上／永楽銭　中央／揚羽蝶　中央下／桐　左上／二つ引両　左中央／八坂神社の木瓜　左下／無の字

とするなど、禅宗には好意を持っていたようで、この家紋を用いたのも、禅への傾倒があるためであろう。

さて、家紋とともに、戦場でその家を示すものに軍旗がある。信長の場合は銭をモチーフにした永楽銭・永楽通宝を用いている。一説に、経済・金の力をよく理解している信長が、力の根源としての銭をそこに表現していると説明されることがあるが、定説はない。

新常識53
戦国時代
Sengoku Period

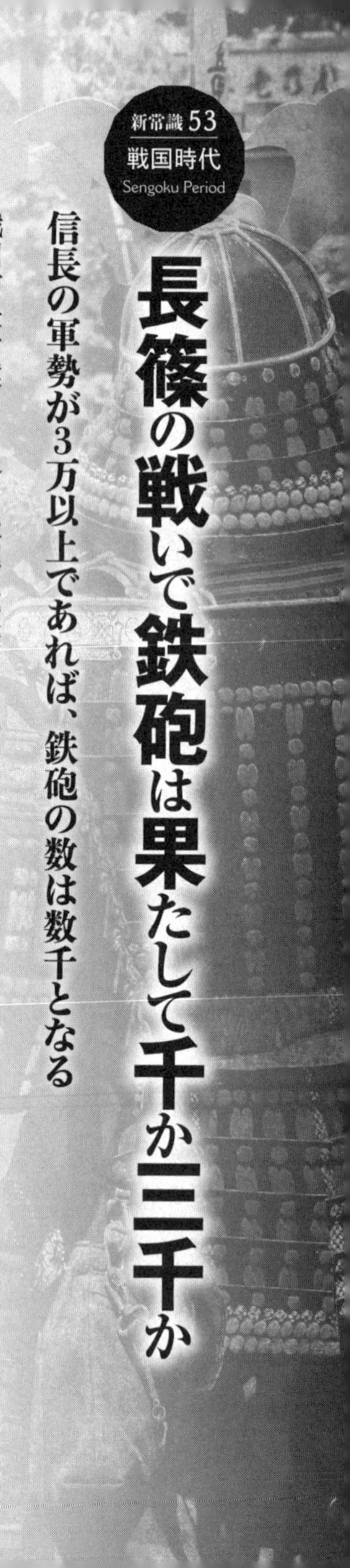

長篠の戦いで鉄砲は果たして千か三千か

信長の軍勢が3万以上であれば、鉄砲の数は数千となる

織田信長考案とされる鉄砲三段撃ちは、近年ではその存在が否定され、長篠の戦いでの織田方の鉄砲の数は、１０００ばかりであったとする説が有力になりつつあるが、これはむしろ数が少なすぎて正しいとは思えない。

織田軍３万に鉄砲は数千挺は存在する

長篠の戦いでの織田軍は、尾張、美濃、伊勢の兵を中心に約3万。信長はこれに加え、近畿勢から鉄砲衆のみを抽出して出陣させている。細川が１００人、筒井が50人といったように、本軍を出陣させていない部隊からも鉄砲衆のみが参陣することで、織田の鉄砲数は通常編成よりも濃密なものとなっていた。通常の軍役で出陣している鉄砲衆を合わせて考えると、やはり最低でも３０００という数の鉄砲はあったと考えるべきである。

鉄砲の数を１０００とする説は、池田家本の『信長公記』に、千挺ばかりと書かれているその「千」という文字の右上に、「三」と後から書き足して「三千」としていることが根拠となっている。これは、小瀬甫庵《おぜほあん》の『信長記』の三千挺にひきずられて訂正されたと推測、実際は千であったとの考えらしいが、これでは論拠があまりにも弱すぎる。

長篠の戦いでの織田方の勝利は、長篠城を攻囲する武田軍の鳶ノ巣山砦に対し、別動隊を送って攻撃したことが最大の要因とされている。

この時の別動隊は４０００ほどの軍勢であったが、信長はここに旗本鉄砲組５００を付けている。鉄砲組以外の兵も多少は鉄砲を装備しているはずであるので、この別動隊のみで６００～８００の鉄砲を装備していることになる。これと比較して考えれば、織田軍本隊の鉄砲数が千という推測は、正しくないことが理解できるだろう。

天正９年（１５８１）の明智光秀家中の軍法では千石取りで軍役32人、そのうち鉄砲５挺とされている。単純に、３万の軍勢であれば、この比率で考えると鉄砲は５０００という計算になる。これは６年後の軍役の数字であるので、これよりも鉄砲の比率は少なかったとは推測できるが、３万の織田軍で３０００の鉄砲という数はおおむね妥当であろう。

千という数字に強いて意味を持たせるのならば、近畿勢から動員した鉄砲衆を中心に臨時編成し、鉄砲に特化した火力部隊を組んだ、その数と考えることはできそうだ。『信長公記』では、「信長は家康陣所に高松山とて小高き山御座侯に取り上げられ敵の働きを御覧し御下知次第働くべきの旨兼てより仰せ含まれ鉄砲千挺ばかり　佐々藏介　前田又左衛門　野々村三十郎　福富平左衛門　塙九郎左衛門　御奉行として近く〳〵と足軽を懸かけられ御覧侯　前後より攻められ御敵も人數を出し候」とある。佐々成政、前田利家、野々村正成、福富秀勝、塙直政の5人を鉄砲奉行としているが、近畿勢の鉄砲衆には大名が出陣しているわけではないので、奉行を置いて指揮を取らせたのであろう。この千の鉄砲とは、全軍の総数ではなく、近畿勢を集めた千の鉄砲を持つ軍勢の指揮下の鉄砲数とは考えられないだろうか。

物理的に三段撃ちはありえない

長篠の戦いでは、織田の鉄砲三段撃ちが有名であるが、これについても疑義がある。戦術的思考、効率という面で考えると、三段撃ちはあまり効率的ではない。

射手が一人、あと二人が弾込めをして射手に渡すとしたら、こちらのほうが圧倒的に効率的である。鉄砲を二挺一セットにして射手と弾込め係にしたら、全体的な効率はもっと高い可能性もある。射撃センスのある人間により多く射撃させたほうがいいというのも当然のことであるし、また、弾込めならば、射手としてよりも簡単で誰でも習熟できる。ちなみに、紀州の根来《ねごろ》・雑賀《さいか》では、撃ち手の背後で複数の鉄砲を用いて弾込めをし、次々と

長篠城と1570年当時の主な城

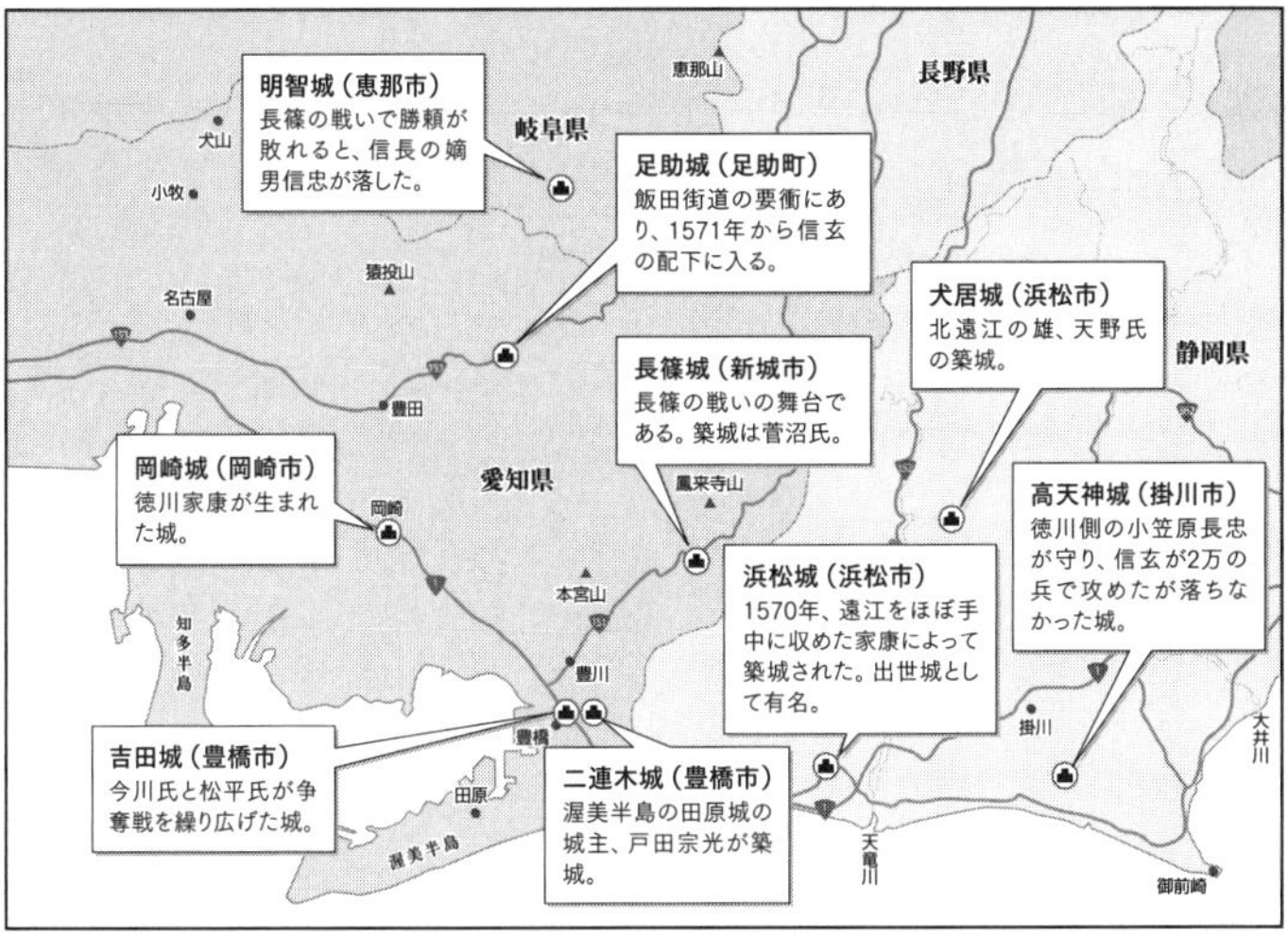
明智城（恵那市）
長篠の戦いで勝頼が敗れると、信長の嫡男信忠が落とした。
足助城（足助町）
飯田街道の要衝にあり、1571年から信玄の配下に入る。
犬居城（浜松市）
北遠江の雄、天野氏の築城。
長篠城（新城市）
長篠の戦いの舞台である。築城は菅沼氏。
岡崎城（岡崎市）
徳川家康が生まれた城。
高天神城（掛川市）
徳川側の小笠原長忠が守り、信玄が2万の兵で攻めたが落ちなかった城。
浜松城（浜松市）
1570年、遠江をほぼ手中に収めた家康によって築城された。出世城として有名。
吉田城（豊橋市）
今川氏と松平氏が争奪戦を繰り広げた城。
二連木城（豊橋市）
渥美半島の田原城の城主、戸田宗光が築城。
恵那山
長野県
岐阜県
犬山
小牧
猿投山
名古屋
静岡県
豊田
愛知県
鳳来寺山
岡崎
本宮山
知多半島
豊川
掛川
大井川
豊橋
田原
渥美半島
天竜川
御前崎

撃ち手に手渡して連続で射撃するというテクニックが用いられていた。

長篠の戦いでは、織田勢は連吾川を外堀に見立て、斜面を曲輪状にし、土塁・空堀を備えた野戦築城を施していた。２kmほどのこの陣城で、１０００人ずつの一斉射撃というのは無理がある。武田勢も一斉に全軍で突撃するわけではなく、戦線のそれぞれでの判断で射撃を行わねば、非効率的である。そもそも当時は一斉射撃という概念がなく、そのような訓練も行われてはいなかった。

若き日の信長は、斎藤道三との会見に、弓・鉄砲隊５００挺を引き連れたという。織田軍３万に鉄砲が１０００挺では、少なすぎると考えるべきであろう。

新常識54
戦国時代
Sengoku Period

本当は家臣に愛された荒木村重

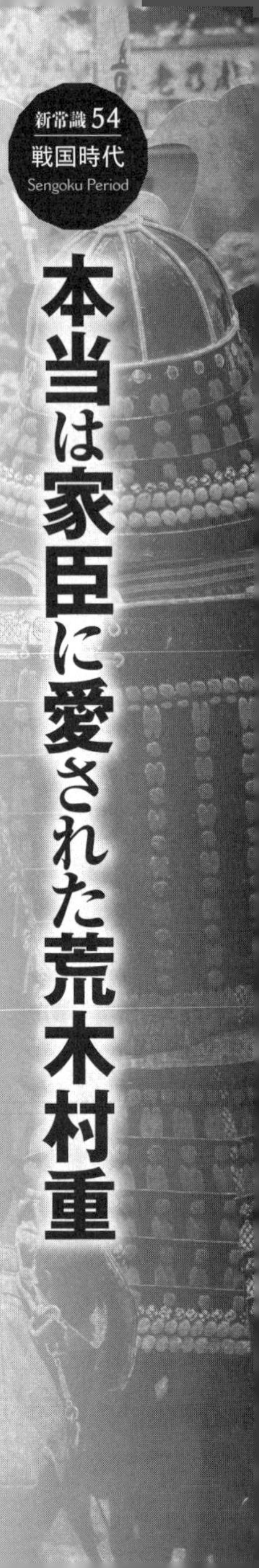

家臣も家族も捨てて逃げた村重の本質は、名君だった

織田信長より摂津一国を与えられ、越前一向一揆討伐、本願寺攻め、紀州征伐と八面六臂の働きを見せた荒木村重。後に謀反を起こし、織田軍に居城を包囲され、城も家族も家臣も捨て、ただ茶器のみを持って逃げたことで武将としての評価はあまり高くはない。

確かに、『信長公記』や『太閤記』に描かれた村重は、身勝手で無能な軟弱大名である。しかし、これは勝者である信長や秀吉を褒め称えるためにそう描かれているだけであって、その実像は大きく異なったものである。実際の村重は、有能で、なおかつ領民・家臣に愛された良き主君であった。

荒木村重は、藤原秀郷の流れの名門の出で、摂津の国人である池田家に仕え、池田家の姫を迎えて、一門扱いを受ける身分であった。永禄11年（１５６８）、足利義昭を擁して上洛した織田信長に池田家は降《くだ》り、村重もまた、池田家とともに織田信長の配下に属することになる。

この後、村重は主家である池田勝正を高野山に追い、勝正の異父弟の知正を担いで傀儡とした。池田家の実権を掌握した村重は、信長と直接交渉する立場となり、池田家を捨てて信長の直臣となり、摂津一円の切り取りを許された。

村重はわずか3年で摂津を統一し、国主大名としてあらためて信長に仕えている。

天正6年（1578）、村重は突如有岡城（伊丹城）に籠もり、信長に反旗を翻した。一向宗門徒の家臣が本願寺に兵糧を運び入れ、これが信長に知られ、謀反の嫌疑をかけられたという説が知られているが、その実態は不明のままである。

村重が信長に背いた後、村重の有力な配下である高山右近、中川清秀は、信長の脅しに屈して寝返り、信長に従っている。村重はこの時、人質であった彼らの妻子を殺すことなく解放している。部下であった両名の、その立場を理解しての温情である。また、秀吉が説得のために有岡城に入っているが、村重は秀吉を丁寧に遇して送り返している。

村重の謀反は絶好のタイミング

次ページの図は、村重が謀反を起こしたタイミングでの大名配置である。この時代の信長の勢力は強大である。しかし、このタイミングでの信長は、決して余裕のある状況ではなかった。上杉景勝、武田勝頼が同盟を組んで東方に存在し、西国では、石山本願寺、毛利輝元と敵対。羽柴秀吉が播磨の別所長治を攻めていたが、村重の謀反により、羽柴軍は逆に包囲された形となり、死地に陥っている。播磨の国人領主たちも、このままであれば、毛利、本願寺に従う可能性は高く、毛利、宇喜多らが播磨に攻め寄せれば、秀吉の敗北は確定的である。

そうなれば、毛利の援軍が摂津の荒木と合流するのもたやすく、本願寺にも補給が可能となり、勢力バランスは大きく崩れることになる。

家臣の信頼を得ていた村重

信長は、高山、中川を寝返らせた後、5万を超える軍勢で有岡城を囲むも、案に相違して、有岡城は一年を超えて籠城に耐えている。

城内の兵糧が乏しくなり始めた頃、村重は一人城を抜け、尼崎城へと入っている。世間では、この時村重が城を捨てて逃げたとしているが、これは毛利家と直接交渉するために、海路で毛利と連絡の取れる尼崎城へ移ったと考えるべきものである。村重が尼崎城へ移った後も有岡城は抵抗を続けており、それは城主が逃げた後の城の姿ではない。

信長は、落城寸前に追い込んだ有岡城の城兵に、村重の説得を助命の条件とし、降将たちを尼崎城へと向かわせた。驚くべきことに、この村重の家臣たちは尼崎城に入り、村重と合流して信長に再び刃を向けてしまう。これに信長は激怒し、村重とその家臣の妻子を

荒木村重謀反時の勢力図

荒木村重が謀反を起こしたタイミングでは、羽柴秀吉は織田の勢力範囲から離れ、完全に孤立している

見せしめとして処刑することを指示。磔122人、500人あまりを焼き殺すという凄惨な大量処刑は、こうして行われた。

村重の家臣は、自身や妻子の命より、主君である村重を選んだということになる。村重は、その身可愛さに人質や妻子を捨てたのではなく、家臣たちが村重への忠義を果たしたことで、人質たちは殺されたのだ。

この後も村重は抵抗を続け、尼崎城から花隈城に移り、その後は毛利家を頼って落ちている。信長の死後、村重は秀吉のもとに出頭し、老後を茶人として過ごす。己を通して生きた、清々しい男の姿がそこにはあった。

新常識55
戦国時代
Sengoku Period

織田信長は神を信じていた

信長は無神論者ではなく、魔の系譜の神を信奉していた

織田信長がもっとも恐れた大名は、甲斐信濃の武田信玄であった。信玄の生前、つねに信長は信玄に気を使い、多くの贈答品を贈り、敵となることを避け続けた。信玄が三河の家康と敵対してもなお、信長は信玄との同盟関係を守ろうとした。これは信玄の側も同様で、当初は信長に対しては宥和政策に徹していた面がある。

第六天魔王　信長

信玄の西上作戦は、三方ヶ原で家康があっけなく破れたことで勢いがつくに思われたが、その侵攻は野田城攻略の直後に停止し、武田軍は本拠地である甲斐へと撤収してしまう。信長としては、もう少し三河の家康が時間稼ぎをするものと期待していたらしく、家康の惨敗に対して「体たらく」と手紙の中で酷評している。

信長にとって幸運であったのは、信長と対峙していた朝倉が兵を引きあげたことである。

これにより信玄の侵攻が鈍り、さらにはその間に信玄が病に倒れ、信長は九死に一生を得ることができた。

そのまま信玄が侵攻を続けていた場合、家康をはじめとする信長配下の大名・国人領主が、雪崩現象を起こして信玄に降っていたことも考えられ、織田政権が崩壊した可能性は十分にあった。三方ヶ原から信玄撤退までの数か月は、信長にとって、生涯最大のピンチであり、これを救ったのは、朝倉義景の軟弱さ以外の何ものでもなかった。

この信玄の西上作戦の直前、信玄と信長はある書状のやり取りをしていたことが、宣教師のフロイスの報告により確認することができる。

〝信玄が遠江及び三河の国に侵入せし前、面白き事起りたり。即ち信長に一書を贈りし時、其名を揚げんとの慢心より封筒の上に次の如く認めたり。

「テンダイノザス・シャモン・シンゲン（天台座主　沙門　信玄）」

其意は天台宗の教の最高の家および教師信玄といふことなり。信長は之に対して
「ドイロクテンノ・マウォ・ノブナガ（第六天魔王　信長）」

其意は悪魔の王にして諸宗の敵なる信長といふことにして、堤婆（ダイバダッタ）が釈迦に対し其宗旨の弘布を妨げしが如く、信長は今日まで日本の諸々の偶像の尊敬及び崇拝を妨害せるが故なり。〟

（異国叢書『耶蘇會士日本通信　下巻』ルイスフロイスの書簡より抜粋）

といったものである。信玄が天台座主《ざす》となった記録はないが、信長が比叡山を焼き討ちした後、天台座主の覚恕《かくじょ》法親王（正親町天皇の弟宮）が信玄のもとに亡命していたことを考えると、覚恕法親王より天台座主に任じられている可能性があり、あながちデタラメとも言えず、ある程度の信頼性はあるものと考えられる。

信玄が天台座主を名乗ったことに対し、信長はそれと対抗できるものとして仏教破壊の神である第六天魔王の名を出したのである。

戦国時代最強とされた大名、信玄と信長は、実は宗教レベルにおいても、それぞれが頂点に立って戦っていたということになる。

魔の系譜の神々を信長は信仰した

信長の代名詞である第六天魔王という言葉は、実はこの書簡にのみ現れるものなのだが、信長が「愛宕権現」「白山権現」「牛頭《ごず》天王」「弁財天」といった、鬼神・天魔・天狗といった異形《いぎょう》の神への信仰があったことは、書状や行動によって確認することが可能である。

信長の起請文《きしょうもん》には、「愛宕権現（天狗）」「白山権現」「牛頭天王」といった神々の名が記され、フロイスの『日本史』には、信長と信忠が愛宕権現を信仰していたことが記されている。

信長が琵琶湖の竹生島で弁財天を参拝し、安土に帰った直後、女房衆多数の怠慢な態度に彼女たちを成敗したという話も『信長公記』にはある。

それら鬼神に連なる神々への信長の信仰は、別項で紹介した細川政元の異常性にも通じるが、『信長記』においても「鬼神を敬ひ社稷の神を祭り給はざりしに依つて、終に天神地祇の守りなく、早く滅び給ふ者歟」と、本能寺での信長の横死も、その鬼神への傾倒によるものと評されている。

フロイスの『日本史』によると、「彼、すなわち信長以外に礼拝に価する者は誰もいないと言うに至った」とあるように、信長は自身を神と同等の存在と考え、ついには安土に自身を祀る寺を建立し、人々に崇めさせようとした。

信長について無神論者と評するファンもいるが、むしろ彼は自分という神を信じて生きたのであり、それ故命を落としたのである。

信長はこの異形の神を崇拝した

牛頭天王像　埼玉県竹寺（写真　望月昭明）

新常識56
戦国時代
Sengoku Period

松平信康の死は信長の命ではない

家康派家臣団と信康派家臣団の派閥抗争が悲劇を生んだ

天下人となった後、家康は生まれ故郷の岡崎ではなく、人質時代に過ごした駿府を隠居地としている。人は、いやな思いをした場所で隠居しようなどと思うことはなく、家康が駿府で老後を過ごしたということは、今川家の人質時代が、家康にとっては心地良いものであったということを示している。

人質時代にことさら苦労し、今川家より過酷な扱いを受けていたかのイメージは、今川家を裏切り、後に築山殿を処断していることを正当化するため、江戸期に、捏造された伝承を流布したためである。

元亀元年（１５７０）、家康は浜松に拠点を移し、岡崎城は嫡子の松平信康に与えられた。岡崎城主となった信康は、祖父と同じく、松平家の嫡統であることを示す岡崎三郎を名乗った。信康は武勇に優れ、家臣からも慕われていたようであるが、天正7年（１５７９）に、母である築山殿とともに、武田家への内通を理由に処断されている。

通説では、織田信長が信康の優秀さを嫌い、信長の嫡男である信忠の将来の禍根を絶つために殺されたとされていたが、近年では、徳川家内部の派閥争いの結果という見方が有力視されている。

信康をかつぐ岡崎派の家臣と、家康を中心とする浜松派との対立が激化し、家中が分裂する直前に、これを防ぐために信康を処罰したという考え方だ。

徳川の家臣には一向宗徒も多く、本願寺と敵対することへの不満も、一部家臣にはあったであろう。若殿信康をかつぎ家康を引退させようという動きは、この段階であれば十分可能性のあるものと考えられる。家康追放の動きすらあったともいわれているが、信康の処罰後には、岡崎派の家臣の粛清が行われており、その説の補強材料となっている。

この時期の信長は周囲を敵に囲まれ、同盟者である家康に、無理難題を押し付けることのできる状況ではなかった、信長が命じたとの説はありえないと考えてよいだろう。

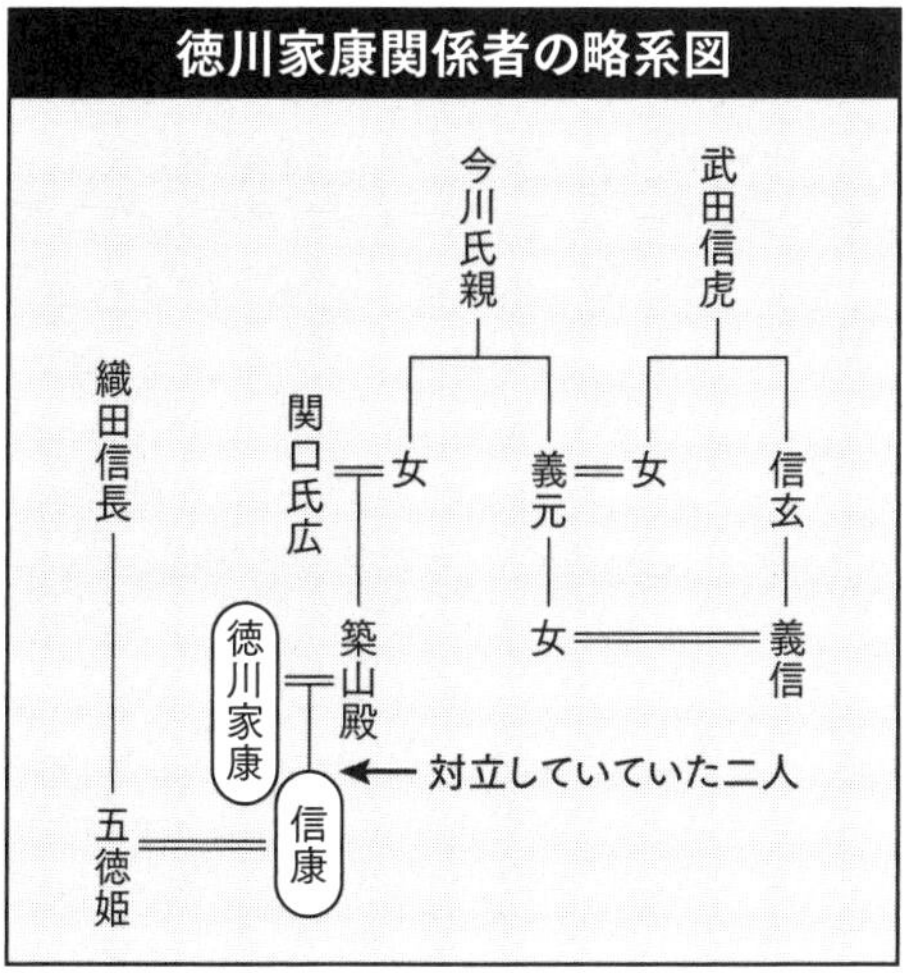

『徳川家康秘聞　消された後継者』（典厩五郎著）をもとに作成

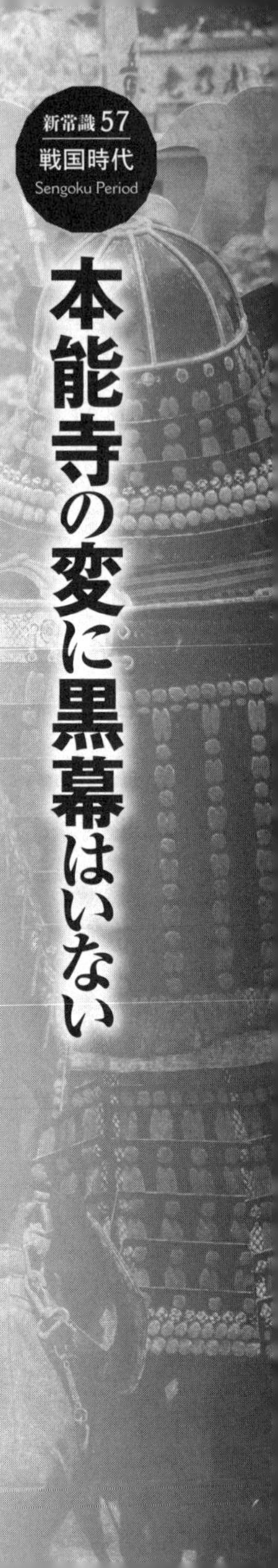

新常識57
戦国時代
Sengoku Period

本能寺の変に黒幕はいない

明智光秀に協力者はなく、本能寺の変は単独犯行だった

天正8年(1580)8月、織田信長はその筆頭家老、佐久間信盛・信栄《のぶひで》親子を追放した。その折、19か条からなる折檻状を信長は自筆で記したのだが、その折檻状には、このような文言がある。

『丹波国の日向守が働き、天下の面目をほどこし候』(明智光秀の働きはめざましく、天下に面目をほどこした。)

その2年後の天正10年(1582)6月2日、京都・本能寺に織田信長を襲ったのは、その明智光秀であった。世にいう、本能寺の変である。

諸説飛び交う本能寺の変

光秀が信長に謀反を起こしたその理由は、江戸時代から様々な説がいわれているが、現在まで定説となっているものはない。

中でも、怨恨説は江戸時代より繰り返しいわれているが、実はそこに根拠らしいものは何一つとして存在していない。

徳川家康を光秀が安土で饗応した折、信長にきつく叱責されたであるとか、八上城攻略において、光秀の母を見殺しにされたであるとか。これらの話には全く裏付けがなく、江戸時代に流布されただけのものであって、史実としては認められていない。

イエズス会黒幕説というものもある。信長の勢力伸張はイエズス会の援助によるもので、信長がイエズス会のコントロールから離れようとしたため、光秀が刺客として選ばれたという説だ。

イエズス会の年間予算は、天正9年で8000クルザードほどという研究がある。これは、わずか2000両ほどの金額であって、織田家の財政に比較した場合、非常に小さなものでしかなく、信長にとって、イエズス会の協力などはほとんど意味のないものであった。多少意味があるとすれば、火薬の輸入にプラスとなる程度であるが、それも結局のところ金次第でどうにでもなるものといえた。

なにより、光秀とイエズス会とにつながりが確認できず、むしろイエズス会は光秀には反発していたようで、報告書に書かれた光秀への評価はとても厳しい。

最近では、足利義昭黒幕説が取り沙汰されているが、これもありえないだろう。毛利家と非常に近い義昭が裏で光秀を操っていたとすれば、本能寺の変後の毛利家の動きが説明

本能寺の変における諸説一覧

×	1	信長への怨恨が原因
△	2	天下取りの野望
×	3	羽柴秀吉が黒幕
×	4	徳川家康が黒幕
×	5	足利義昭が黒幕
×	6	長宗我部元親が黒幕
×	7	イエズス会が黒幕
×	8	公家・朝廷が黒幕
×	9	千利休が黒幕
△	10	将来を危惧した保身目的
△	11	計画性のない、発作的なもの

できない。

中央を光秀が押さえ、同時に毛利が協力すれば、短期的には毛利・明智・義昭・四国の長宗我部が組むことで、織田家に打撃を与えられる可能性はあるが、実際は義昭の動きは鈍く、毛利は傍観している。なにより、光秀の諸大名への書状において、将軍家の命令とは書かれていない。

謀反であることを否定し、その行動を肯定できるのが、将軍家の命令というカードである。これを用いていないということは、つまりはそのカードを光秀は手にしていなかったということである。

同様に、朝廷が黒幕であった可能性も否定されてしまう。勅が下っての行動であったならば、光秀がこれを宣伝材料にしないわけがないからである。

羽柴秀吉、徳川家康黒幕説も、やはり否定すべきであろう。そのどちらかと組んでのものであったとするならば、やはり有力な協力者がいることを諸大名に対し宣伝材料として使うはずだからである。が、現状、そのような書状は一切発見されていない。長宗我部元親との共謀も可能性としては低いだろう。元親との協力は光秀も想定していたであろうが、共謀するには地理的に距離がありすぎるため、事前に密接な連絡が取れず、黒幕にはなりえない。

千利休にいたっては、話としては面白いが、本能寺の変の時点での利休では、影響力が弱すぎて、光秀のパートナーにはなりえない。

つまり、他に有力な協力者がいるという説は、どれもほぼ否定されてしまうのである。

黒幕説否定の後に残るもの

残るは、天下取りの野望説と、計画性のない発作的なものといった考えであるが、野望説は非常にわかりやすいだけに魅力的で、完全に否定はできない。

が、当時一流の知識人であった光秀が、謀反という形で天下を取れたと思うかという点において、大きな疑問が残ってしまう。

非道を否定し、旧来型の価値観を持つ光秀であれば、家臣が主君を襲って殺したとして、それで天下を取れるとは思わないだろう。大義名分のない行動は否定され、諸大名の支持を得ることは難しいからである。

新常識58
戦国時代
Sengoku Period

明智光秀の目標は信長一人

織田信忠を狙っていない光秀に、天下の野望はなかった

本能寺の変の時点において、すでに織田家の家督は信忠に譲られていた。もちろん、実質的には信長が支配者であり続けていたが、名目上の当主は信忠になっていたのである。であるならば、明智光秀が天下を欲して謀反する場合、信長と同時に信忠をも同時に討たねば織田家は揺るぎもしないし、光秀が逆賊として討たれるのは時間の問題ということになる。

光秀は信忠を狙っていなかった

史実において、信忠は信長と同日に討たれている。が、これはまさにたまたまであり、信忠が京から脱出することは、十分に可能であった。

妙覚寺を宿舎としていた信忠は、一旦は本能寺に向かい信長救出を画策しているが、信長自害の報を受けると救出はあきらめ、あらためて守備能力の高い二条御所へと入った。

この時、家臣より逃げるべく進言があったが、「雑兵の手にかかりて候ては後難無念なり」（『信長公記』）・「屍を路径にさらさんよりは、唯是にて腹掻切り…」（『信長記』）と逃げることを否定し、結局は討ち取られてしまうことになる。織田長益《ながます》や前田玄以が逃げおおせている事実から、この判断は誤りであり、逃げられた可能性は十分に高かったし、そうすべきであったと考えられる。

ここで、明智光秀は明らかな戦術的ミスを犯している。それは、本能寺の変において、初期段階では、信忠を討ち取るべく何らの手当てもしていないということである。本来であれば、貴人・織田派の有力人物の脱出を防ぐべく京を封鎖し、本能寺襲撃と同時に妙覚寺の信忠をも同時に討たねばならなかったのだが、信忠へのケアを怠っている光秀の行動からは、信長を討つことのみしか見えていなかったことが理解できる。

光秀が天下を欲して謀反を起こしたのであるならば、信長亡き後の最大の障害である信忠を討つために、本能寺と同時に妙覚寺をも攻めるはずである。ところが、実際のところ光秀は妙覚寺に兵を配しておらず、信忠には逃げ出す余裕が存在した。このことから、事前に周到な用意をしたうえでの野望説は否定されてしまうことになる。

と、同時に、信長を討つことが何よりも最優先されたということがわかるわけである。つまりは、信長を討つことそのものが、光秀にとっての唯一の目的であったということである。それがなぜかを考えると、一つの仮説に行き当たる。

信長を討ち取る理由

本能寺の変の4年前。信長は右大臣、右近衛大将両官を辞任し、朝廷が征夷大将軍・太政大臣・関白のいずれかを与えるとしても、これへの答えを保留していた。

京都御馬揃えについては、朝廷に圧力をかけ正親町《おおぎまち》天皇に譲位を迫ったとの見方もある。

また、安土城には、天皇を迎える「御幸《みゆき》の御間《おんま》」と呼ばれる建物があって、その中に「皇居の間」があったとされている。近年の発掘調査によると、本丸に、御所の内裏「清涼殿」にかなり近い構造の建物があったことがわかっている。これが、「皇居の間」のあった建物であろうと推測されているが、この建物は、信長の居室であった天主から見下ろせる位置に建てられていた。これが意味するところは、信長は天皇より上の存在であることを誇示しようとしていたということである。

武田攻めの直後、信長は恵林寺焼き討ちとともに妙心寺派の長老快川紹喜《かいせんじょうき》を焼き殺させている。快川紹喜は正親町天皇より国師号を授かった高僧であり、光秀と同族の土岐氏の出で、光秀にとっては一族の誇りともいえる存在であった。なお、光秀は変後、妙心寺に銀を献じている。この快川焼殺は、秀光にとって決して小さな事ではなかったはずである。

光秀の謀反に計画性が見えないという点は、たまたま信長が討てる状態となったことか

滋賀県西教寺　明智光秀墓所（写真　望月昭明）

ら、発作的に行動に移ったと考えれば理解できるだろう。天皇への不遜と、快川紹喜を殺したことへの怒りから、信長を許せないという想いがつのり、そんな折、たまたま信長を確実に討てる状況が現出した。

本能寺の変直後の光秀と朝廷との関係を見ると、朝廷は光秀の行動を追認する形となっている。少なくとも、朝廷は光秀が信長を討ったことを、肯定している。

状況証拠のみであり、光秀の気持ちの問題とすらいえる推測であるので、証明は難しい。ただ、光秀が犯した致命的な戦術ミスである、初期段階での信忠の放置は、天下への野望という説を否定するに十分な論拠となる。怨恨説が否定され、野望による行動ではなく、黒幕がいるわけでもない。

しかし、そこには、光秀にとっての絶対的な何かがあった。それは朝廷の護持であったと想像する。

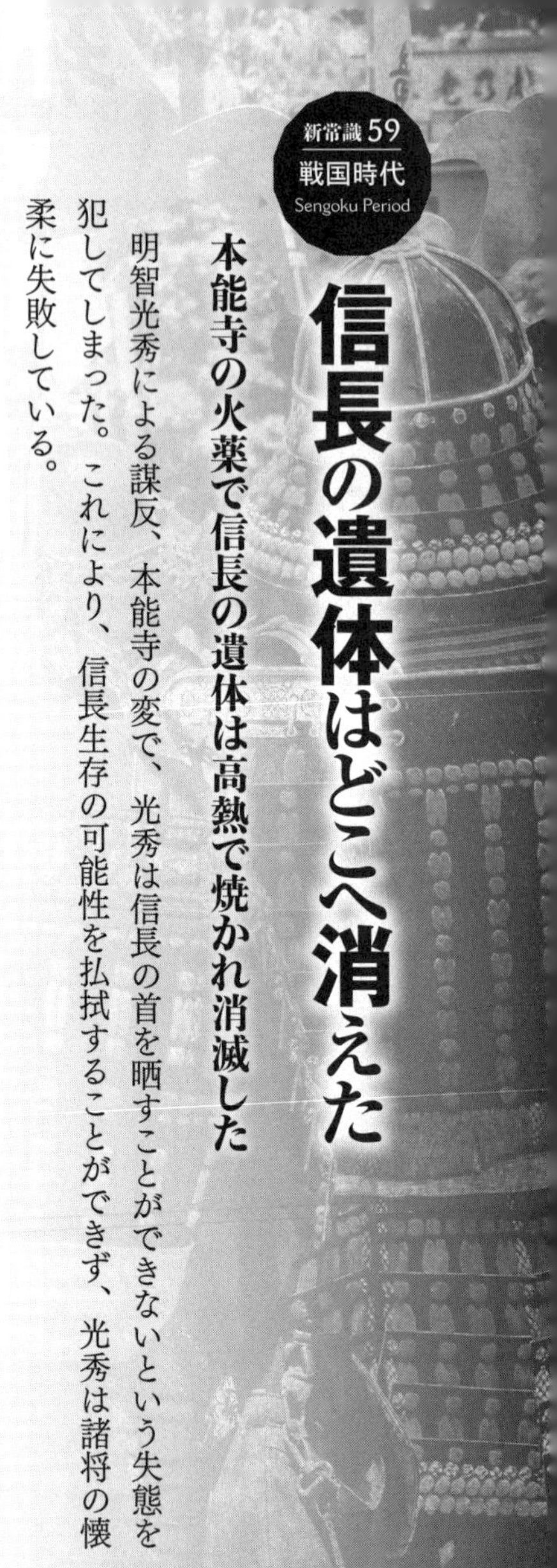

新常識59
戦国時代
Sengoku Period

信長の遺体はどこへ消えた

本能寺の火薬で信長の遺体は高熱で焼かれ消滅した

明智光秀による謀反、本能寺の変で、光秀は信長の首を晒すことができないという失態を犯してしまった。これにより、信長生存の可能性を払拭することができず、光秀は諸将の懐柔に失敗している。

消滅した信長の遺体

『信長記』に、「かくて奥深く引入り給へば、やがて御座所に火かかり御殿一時の灰燼とぞ成りたりける。其の後御首を求めけれども更に見えざりければ、光秀深く怪しみ、最も其の恐れ甚だしく、士卒に命じて事の外尋ねさせけれども何とかならせ給ひけん、骸骨と思しきさへ見えざりつるとなり。」と書かれているように、信長の遺体は、それらしい遺骨すら発見することはできなかったという。

ルイス・フロイスの『日本史』においても、「その声だけでなく、その名だけで万人を戦慄せしめていた人間が、毛髪といわず骨といわず灰燼に帰さざるものは一つもなくなり、彼のものとしては地上になんら残存しなかったことである。」（中公文庫『完訳フロイス日本史3』より）と、やはり信長の遺体は確認できなかったことが記されている。

一説に、阿弥陀寺の僧が本能寺から遺骸を持ち出したとされるが、これはありえないだろう。明智の軍勢が最優先で捜索していた信長の遺骸を、外に持ち出すなどは状況から考えて不可能である。

小説などでは、本能寺に地下道があり、そこから逃げた、または地下道から逃げ出せずにそこで死んだというものがあるが、話としては面白いが信憑性はない。

新説を小説で発表していたことで知られる作家の矢切止夫は、遺体が残らないほどの高熱で信長が燃焼したという前提で、火薬による燃焼と推測し、南蛮人がコムンバンド（火裂弾）で攻撃したと想像している。

これも小説のストーリーとしては確かに面白いものではあるが、少しばかり荒唐無稽すぎるきらいがある。なにより、そこに根拠らしきものは存在せず、仮説としては弱い。

本能寺には火薬があった

しかし、火薬と本能寺には深いつながりがあり、本能寺に火薬が備蓄されていた可能性はとても高い。

日本に最初に鉄砲が伝わったとする種子島は、法華宗の信徒が多い島であったが、これは本能寺が精力的に布教をしていたためで、領主の種子島氏も熱心な本能寺の信徒であった。鉄砲が種子島に伝来すると、本能寺の僧はいち早く火薬の製法を学び、堺の商人とともに積極的に鉄砲と火薬の製造販売に参加した。

鉄砲の国産化に成功した種子島時尭《ときたか》が将軍や有力大名に鉄砲を献上した時も、京の本能寺を通してであり、京ではじめて鉄砲を手にしたと考えられている細川晴元の入手ルートも、「種子が嶋より鉄放馳走し候て此方へ到来す。誠に悦悦せしむるの由彼嶋へも書状を以て申し候。御届けあるべく候。なほ古津修理進申すべく候、恐々謹言。四月十八日　（細川）晴元（花押）　本能寺」（『本能寺文書』）。と、本能寺を通してのものであった。

若き頃より鉄砲を高く評価した信長は、鉄砲をどの大名よりも多用していたが、鉄砲と火薬を入手するルートの一つとして、本能寺との関係もあったのだろう。

信長は、明智の兵と直接干戈《かんか》を交え、槍傷を受けている。いかに本能寺が広大であろうと、信長の御殿の広さには限界があり、信長に残された時間はわずかなものであった。

信長が自身の首を光秀に渡さないと決意したとすれば、本能寺に備蓄されていた火薬を用いようと考えたとしてもおかしくはない。しかし、信長の遺体が火薬の燃焼で消えたとする説には欠点がある。それは、そこに何らの証拠もないという致命的なものである。

織田信長、濃姫ら織田一族の7基の五輪石や墓が並ぶ

京都大徳寺の織田信長の墓（写真　望月昭明）

信長の首を明智方に渡さないためだけであれば、完全に遺体を燃焼させずとも、衣類を剥いで複数の遺体とともに油をかけて燃やしてしまえばそれでいい。DNA鑑定もできない戦国時代であれば、すぐに区別のできない状況となってしまうだろう。

また、意図的に建物に火をつけてしまえば、建物の内部に兵が捜索に入ることは難しくなり、遺体の捜索も困難となる。この時、備蓄された黒色火薬があれば、これを建物にまき散らすことで火勢を強めることは可能である。火薬が関連するとすれば、その程度のものと思われる。

こうして、織田信長の49年の生涯は幕を閉じ、羽柴秀吉の時代が到来することになる。

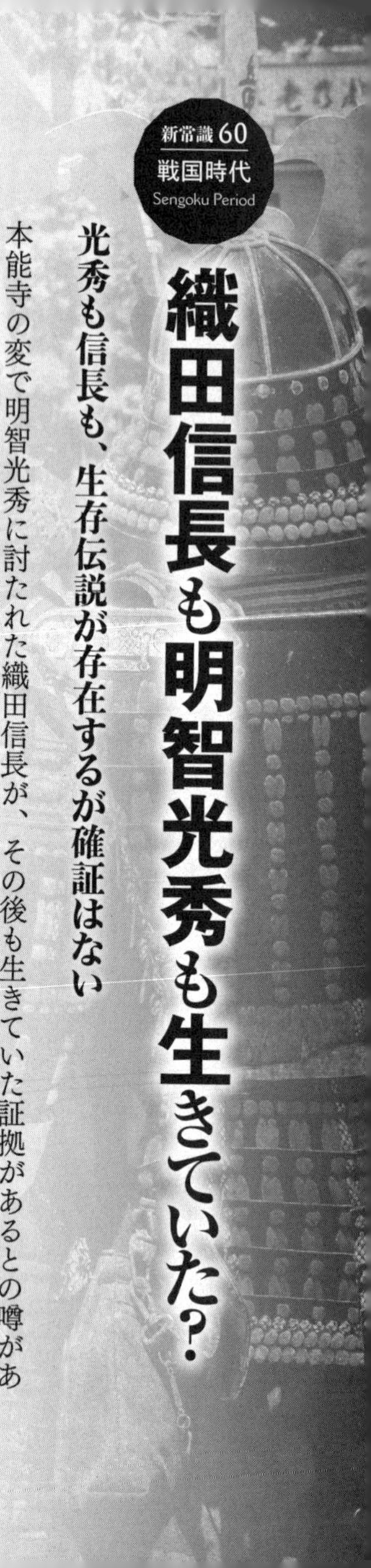

新常識60
戦国時代
Sengoku Period

織田信長も明智光秀も生きていた？

光秀も信長も、生存伝説が存在するが確証はない

本能寺の変で明智光秀に討たれた織田信長が、その後も生きていた証拠があるとの噂がある。それは、滋賀県大津市坂本の滋賀院門跡で展示されている大型の磬子《けいす》に、本能寺の変の2年後の、「天正十二年信長寄進」との刻銘があるというもので、確かに展示されている大磬子にそのような文字が刻まれている。

磬子とは、読経の時などに鳴らす、銅または青銅製で大型の鉢の形をした鐘のこと。高価であり、少なくともある程度の力・財力を持った人物が、強い思い入れをもって寄進したものと思われる。

天正12年は信長の三回忌にあたり、普通に考えれば、織田家の誰かが信長の名で寄進したとも思われ、信長の名があるからと信長が生きていたとは考えられない。しかし、信長が焼き討ちをした延暦寺に寄進されている点からは、何か特殊な思いが込められているようにも感じられる。が、そのあたりは結局のところ謎である。

信長を討った明智光秀にも、実は生存伝承が存在する。

光秀が天海であったという俗説もあるが、これはまったくありえない話であり、別項で否定させていただくことにする。

ここで紹介させていただくのは、山崎の合戦で光秀が破れ、逃亡途中の小栗栖《おぐるす》で落武者狩りに遭遇して負傷した後、一時的に妙心寺で匿われ、1年後に死亡したという話である。

『妙心寺史』には、「明智日向守光秀、法名明叟玄智、天正十一年（１５８３）六月十四日死、

信長寄進と刻まれている大磬子

大磬子　滋賀院門跡展示　延暦寺蔵（写真　望月昭明）

当文禄三年十三回忌」とある。妙心寺と光秀には生前より深い関係があり、今も光秀を供養するための「明智風呂」が残っている。この明智風呂は、光秀の叔父の密宗《みっしゅう》和尚が創建したと伝わっている。

なお、光秀の長男である十五郎光慶《みつよし》は、妙心寺で出家し住職玄琳になったという伝承がある。大阪府岸和田市にある妙心寺派の本徳寺には、明智光秀の肖像画が残されているが、同寺開基の南国梵桂《なんごくぼんけい》は、実は光慶（明智光秀の長男）であるとされている。南国梵桂と玄琳は同一人物なのか、どちらかが光慶で、もう一方は光慶以外の光秀の子なのか、それとも光秀とは関係がないのか、確定は難しい。

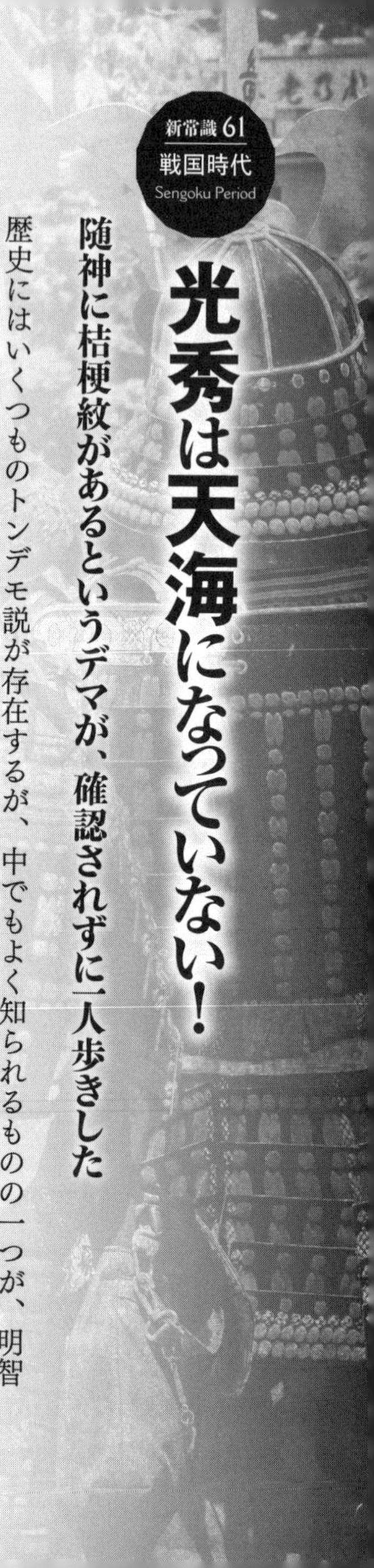

新常識61
戦国時代
Sengoku Period

光秀は天海になっていない!

随神に桔梗紋があるというデマが、確認されずに一人歩きした

歴史にはいくつものトンデモ説が存在するが、中でもよく知られるものの一つが、明智光秀が後に南光坊天海になったというものである。

天海は、徳川家康、秀忠、家光に仕え、家康の死後は家康を日光東照宮に祀り、寛永寺を創建するなど、徳川家の宗教政策に大きく関与した人物である。

光秀＝天海説ではその根拠として、日光東照宮陽明門の随神のひざに、桔梗紋がデザインされているというものがある。これは、天海が自身を光秀であることを示したのだとオカルト論者は主張する。

しかし、随神のまとっている紋を観察すると、そこにあるのは桔梗ではなく木瓜紋である。木瓜紋は八坂神社などでも用いている神紋であり、神社を守護する随神がこれを身に着けていたとしても、そこに何一つ不自然なことは存在しない。他の神社の随神が木瓜紋をまとっているケースも多く、これを根拠に天海＝光秀とするのはあまりにも思慮が足りない行為といえよう。

天海ゆかりの品々

日光東照宮随神に描かれた木瓜紋
日光東照宮（写真　望月昭明）

東照宮の軒下を飾る唐花模様
日光東照宮（写真　望月昭明）

非常に軽い天海の金箔張りの甲冑
天海所用の甲冑　滋賀院門跡蔵（写真　望月昭明）

なお、木瓜紋の中の花は、唐花といって現世にはない架空の花で、花弁に窪みがあるのが特徴で、桔梗とは全く異なる存在である。

日光に、明智平という地名があることも理由とされるが、天海が光秀であることを隠しているとしたら、自身が関係する土地に「明智」と名付けるのはあまりにも愚かすぎる行為である。

これは余談であるが、神社のおみくじを現在の形にしたのは、誰あろう天海である。庶民を迷いから救いたいと願っていた天海のその夢に、比叡山の十八代座主の元三大師《がんざんだいし》良源が現れ、天海に、戸隠山明神の御宝前に籤《くじ》があると教え、これをベースとして現在のおみくじが生まれたのだという。

図説「日本史」の最新常識
驚きの100

第四章

桃山時代

新常識62
桃山時代
Momoyama Period

初花以上の天下一の茶器があった

天下の豪商大文字屋が織田信長から隠し守った疋田筒

織田信長の革新的な施策の一つに、茶道政治というものがある。家臣の茶の湯を許可制にし、茶器を収集してそれらに価値を付加し、これを恩賞の道具とした。

茶道政治の本質は経済政策

茶器が尊ばれた結果、大名は領地よりも茶器を恩賞として求め、武田攻めで軍功著しかった滝川一益などは、上野一国と信濃二郡を加増され、東国取次（関東管領）を命じられているが、所領よりも、茶入れの珠光《じゅこう》小茄子《こなすび》が欲しかったと悔しがったという。

この人工の茶道バブルとも呼べるシステムで、信長は単なる焼き物の価値を、国一つと同等にまで押し上げたことになる。

さて、信長の茶器収集は「名物狩り」と呼ばれ、名物茶器を所持する豪商は、否《いや》も応もなく家宝の茶器を取り上げられた。

この名物狩りで最初に狙われたのが、京の商人大文字屋の疋田（比喜多）宗観である。彼は、天下の大名物、「初花」を信長に召し上げられ、その名を歴史に残している。この初花は天下三肩衝《かたつき》のうちの一つで一国ほどの価値があるとされ、信長が家督を嫡男信忠に譲った時には、家督の象徴としてこの初花も与えられている。

この疋田家、豊臣家臣の大名、特に石川貞清と懇意で、後に当主となった宗味は貞清の妹を妻に迎え、次代の当主の宗種は貞清の娘を妻としている。なお、宗観の妻は廃絶した大名の娘とされている。

石川家、疋田家ともに直接武野紹鷗より茶を学んだようであるが、彼らの所持していた茶器コレクションには驚くべきものがある。

石川家では、太閤銘の肩衝「鎗の鞘」をはじめとする逸品を多数保持し、関ヶ原で失領したが商人として成功した。後に大名への貸付金が焦げ付いて没落するのだが、この時「京で出回っているめぼしい茶器は、すべて石川家が手放したもの」と噂されたほどである。ちなみに鎗の鞘については、大名茶人・小堀遠州が、「京へ上る楽しみは鎗の鞘を目にすること」と称賛したほどの茶器である。

ほか、家康と貞清が秀吉の面前で囲碁で勝負し、勝った貞清が褒美として与えられた古銅の花入れ「杵のをれ」というものもある。これは、関ヶ原で西軍敗北の後、貞清の助命を願い出るため大文字屋が家康に贈り、現在は徳川美術館が所蔵している。

大名並の存在であった疋田家

驚かされるのは疋田家のコレクションである。この疋田家には、信長に奪われた初花だけではなく、国宝とされた二つの和物茶碗のうちの一つ本阿弥光悦作白楽茶碗「不二山」、初花に並ぶとされる肩衝の「日野」、後に松平不昧が所持し、自慢の逸品とされた「大文字屋文琳」など、天下に名高い名物茶器がいくつも秘蔵されていた。中でも、高麗茶碗の「疋田筒（大文字屋筒）」は別格で、これだけは信長からも隠し通し、献上を拒んだと伝わっている。

疋田家は、石川家だけではなく、古田織部、牧村兵部、伊達政宗、蜂須賀正勝、黒田長政、森長可《ながよし》といった大名とも懇意であった。また、本阿弥光悦、藤村傭軒、田屋、松屋、桔梗屋といった茶人・豪商と縁戚関係を結び、江戸時代に入って後も、大商人として栄華を極めた。

この疋田家、諸大名に軍資金を援助しており、伊達家に対しては、二代の伊達忠宗の頃で貸付金は8万7000両に達していた。後に、伊達家は返済の代わりに疋田家より二名を家中に加え、それぞれ1000石を与えたという。

黒田長政が、虚堂墨跡か日野肩衝のどちらかを譲ってくれと申し入れたという逸話も残され、意外と長政も茶器に執心であったことがわかり面白い。

森家と大文字屋のつながりも深い。森長可が小牧・長久手の戦いで討ち死にする直前、長可は遺言を下臣の尾藤甚右衛門に預けている。


疋田家が織田信長から隠して守り通した疋田筒

北村美術館蔵（写真　望月昭明）

その中に、自分に万一のことがあった時は、娘の「おこう」を、京の町人に嫁がせてくれという一文があるが、この「京の町人」とは、疋田家の者との説もある。

ちなみにこの尾藤甚右衛門は秀吉家臣として5万石の大名となった。後に失脚するのだが、弟の宇多頼忠は、娘を石田三成、真田昌幸、石川一宗（貞清の弟）に嫁がせており、石川家と石田家のネットワークの要の一つとなっている。

新常識63
桃山時代
Momoyama Period

三法師の後見にはなっていない秀吉

清洲会議で秀吉は、三法師の後見にならないことで織田家を分裂させた

明智光秀を山崎の合戦で羽柴秀吉が破った後、当主不在となった織田家の今後について、織田家の有力諸将が清洲城に集まり話し合いを行った。いわゆる清洲会議である。織田家の家督は、本能寺の変以前にすでに嫡男の信忠が受け継いでおり、信忠が生きていれば家督争いは存在しなかったのだが、信忠も信長とともに光秀に討たれた結果、織田家次男の信雄《のぶかつ》と、三男の信孝が後継を争うことになった。

会議に参加したのは柴田勝家、丹羽長秀、羽柴秀吉、池田恒興の4名。

一般に、清洲会議では織田家筆頭家老の勝家が信孝を推し、秀吉は当初は信雄を推そうとしたが、信雄の愚鈍さを嫌い、信忠の子の三法師を推して会議をまとめたとされる。

映画や小説では、三法師を抱いた秀吉が、三法師を織田家の後継者とすべきと主張するシーンが描かれることが多いが、実際は四者で事前に三法師を立てるという形で合意されていた可能性が高い。また、様々な作品で、この会議で秀吉が三法師の後見となることを認めさせ、その権威を利用して織田家の実権を握ったかの表現がされているが、実際は三

信長の葬儀で三法師を肩に乗せて登場する秀吉

『大日本歴史錦繪』より 三法師 大徳寺（国立国会図書館蔵）

法師の後見は信雄と信孝であり、堀秀政が傅役《もりやく》に決まっている。

会議後は、信孝が三法師を岐阜城に留め置き、これが原因となり信孝と秀吉は対立。秀吉は信孝と勝家が謀反を起こしたとして、織田信雄を三法師奪還までの一時的な当主代理に立て、信孝、勝家を攻めてこれを降している。

三法師の後見として織田家の家督代理となった信雄は、やはり秀吉と対立して小牧・長久手の戦いで干戈を交え、その後和睦して秀吉に臣従している。

このように、実は秀吉は、三法師の後見として織田家を支配してはいないのである。秀吉が三法師を織田家の当主としたのは、自分が後見して織田家を乗っ取るためではなく、信雄と信孝を対立させて、漁夫の利を得るための、長期的展望による策略だったと考えられる。

新常識64
桃山時代
Momoyama Period

千利休はキリシタンだった

利休が切腹した本当の理由

千利休の切腹には、謎が多い。公式には、利休の罪状ははっきりしている。

1　大徳寺山門に、自身の木像を置いた。
2　価値の低い茶器を高値で売った（売僧の行為）。

秀吉が利休に科した最初の刑は、京からの追放と閉門である。徳川時代の刑罰で見ると、閉門とは門扉を閉じて出入りを禁じたもので、逼塞より重いが、蟄居より軽く、50日か100日で解かれる軽い刑である。

処罰の理由がはっきりしない利休の死

処罰の理由のひとつ。山門については、利休がその修築を助力した礼として大徳寺側が礼の意味で木像を設置したのであって利休の罪ではない。山門の改修は2年も前のことであり、木像も昨日今日そこに置かれたわけではなく、あまりにも突然であり不自然である。

また、茶器の売買についてであるが、新しいものであろうと、そこに美が見出せれば価値があるのであり、高値にもなる。利休以後も、古田織部などは新しい茶器を用い、そこにはやはり値が付いている。そもそも商人である利休は、信長時代から茶器の売買をしており、それを咎めるというのもおかしなものである。

他、利休の娘を秀吉が欲したがそれを断ったためであるとか、利休と秀吉の芸術性の差という説もある。さらに、秀吉が堺商人から博多商人に乗り換えるためであるとか、利休が朝鮮出兵に反対したというものもあるが、それらに根拠は見当たらない。

利休が秀吉の飲む茶に毒を仕込んだとの説もあるが、これはありえない。そうであれば、切腹ではなく、打ち首とされたはずだからである。

坂内直頼により正徳元年（１７１１）に書かれた『山州名跡誌』には、利休が船岡山にある五輪の石塔を取って、自身の墓として大徳寺塔頭の聚光院《じゅこういん》に立てたことが書かれている。また、同地から石を運んで茶亭の庭石や手水鉢《ちょうず》に使ったともあるが、この場所は二條院の陵、つまり二条天皇の墓である。朝廷を崇拝していた秀吉であれば、これを理由に利休に切腹を申し付けた可能性

キリシタンの疑いがある千利休

千利休像・堺市博物館（写真　望月昭明）

は高い。また、大徳寺の木像を処罰理由にしたのも、このことを示しつつ、天皇の名を貶めないために事実を伏せたとすればわかりやすい。

キリシタンであった利休

千利休はキリシタンであったという説があり、その傍証は多い。

利休の弟子にはキリシタンが多く、高弟として知られる利休七哲も、みなキリシタンか、キリシタンの疑いのある者ばかりである。

また、利休が始めた茶の所作には、キリスト教の礼拝の動作と重なるものが少なくない。一つの茶碗を回し飲みするというのは、聖餐式の聖杯の中の葡萄酒（キリストの血に見立てた）を回し飲みする行為に似ており、利休考案のにじり口も、キリスト教の「狭き門より入れ」の言葉に重ねることができる。

「りきゅう」の名は、「ルカ」に通じ、養子の少庵も、ジョアンに通じる音である。

利休の名は正親町天皇から与えられたとされるが、選定は大徳寺の住持と考えられる。大徳寺には大友宗麟の塔頭や細川忠興の妻・ガラシャの墓があるように、キリシタンには寛大である。

その大徳寺の住持がルカに通ずる利休の名を選定したとすれば、どのような意味であるかは明白である。そして「千利休」の3文字にはすべて十字が含まれている。

ちなみに、大徳寺にあるガラシャの墓に、利休が愛用した灯籠が置かれている。ある時秀吉はこの灯籠を献ずるように命じたが、利休は灯籠の一部を故意に破損させ、破損を理由に献上を断ったとの伝承がある。このような利休の振る舞いが、秀吉の逆鱗に触れた可能性もあるだろう。利休は灯籠を弟子である忠興に譲り、後年、忠興はガラシャの墓にこれを安置した。

利休の実家の屋号の「魚屋《ととや》」も、キリストに通じる言葉である。キリスト教徒は、イエス、キリスト、神、息子、救い主のギリシア語での頭文字を取ったΙΧΘΥΣ（イクスース）を信仰告白の言葉としているが、その意味は「魚」である。利休の実家の商売は、納屋衆（倉庫業）で、魚を扱っているわけではないが、父祖の代からキリシタンであったとすれば、その屋号も理解できる。

ガラシャの墓に置かれている欠けた灯籠

大徳寺高桐院（写真　望月昭明）

このように、利休とキリスト教に数々の符号の一致が存在するのだが、もし利休がキリシタンであれば、それが処罰の理由の一つとされたとしても不思議はない。

新常識65
桃山時代
Momoyama Period

奴隷解放の父、豊臣秀吉

武将の多くが民衆を奴隷として売ったが、秀吉のみこれを否定した

戦国時代、戦争に負けた側の人間は収奪の対象とされ、財産は奪われ、反抗すれば殺され、そして奴隷として売られていた。たった数百年前、それはごく普通の風景だった。

足軽は、戦場で戦ったところで所領をもらえるわけでもなく、特別なことがない限り褒美をもらえるのはその主である侍身分の者だけである。しかしその分、足軽たちには乱暴狼藉、乱取りが許されていた。敵地の村落の財物を奪い、そして人々を狩り出して奴隷として売ることで、彼らは個人的利益としていたのである。

信玄・謙信も奴隷売買をしていた

武田信玄が信濃志賀城を攻めた時、敵兵は皆殺しにし、そうでない者はすべて金山での坑夫や娼婦、奴婢として売るなどしたという記録がある。

そのような信玄ではあるが、信玄は最終的には自身の領土とするつもりで戦っているため、基本的には占領地の民を取り込むべく穏やかな統治を行った。志賀城での行為は見せしめのためのもので、これは信玄にとっては例外的なものである。

しかし、上杉謙信は違っていた。連年、関東へ出兵していた謙信は、戦に勝ちはするが領地化はせず、すぐに越後へと戻っていた。

これは、そもそも謙信による関東攻めが、領土化を目的とした侵攻ではなく、越後の農民の農閑期の経済対策、出稼ぎのような出兵であったためであり、だからこそ、その地を放棄して国許へと戻っていたのだ。

下野の小田城を謙信が攻め落とした後、謙信の命令により奴隷売買のための市が立ち、そこでは20文から32文で人が売買されていたという。室町時代の奴婢の値段は2貫文（2000文）ほどであったようだが、それだけ売られる奴隷が多く、需給バランスが崩れて値下がりしていたということである。なお、不作の年には、奴隷に食べさせるものが確保できないため、奴隷の値はさらに下がり、売れずに解放されることすらあったという。

農村から農民を奪い、奴隷として売るという行為であるが、日本各地で行われていたこの蛮行の存在を、我々はあまり知らないでいる。これはなぜか。

それは、戦国時代後半、秀吉の天下統一の過程において奴隷売買が否定され、法令により禁止されたからである。

信玄のように、領土化したい土地であれば、その土地の民をいつくしむのは当然である。

天下を平らげる秀吉にとっては、敵地もまた将来的な自領であり、その地の民を売るという行為にメリットが見出せなかったのだろう。

キリシタンは奴隷商人

秀吉が九州を制圧した時、そこで見たものは、宣教師たちが奴隷を買い、異国に連れて行く、そのおぞましき姿であった。鉄鎖で手足をつなぎ、船底に荷物のように押し込められた農民たち。

秀吉はすぐさまイエズス会の宣教師コエリョに対し詰問した。奴隷を異国に連れ出すのは何故だと。これに対し、コエリョは臆面もなく、日本人が売るから買うのだと回答したと伝わっている。

農民出身の秀吉にとって、売られていく者たちの姿は自分の姿でもあった。すぐさま秀吉はこれを禁じるべく強く宣教師に申し渡すと同時に、報復としてバテレン追放令を布告した。また、外国へ売ることのみでなく、国内での売買も今まで以上に強く禁止し、日本は他国に先駆けて人身売買を禁止した国となった。

秀吉は宣教師らに、過去に日本から売られた日本人を連れ戻すように指示し、それができないのなら、せめてポルトガル人らに売られたものの、まだ日本にいる者たちを解放しろと命じた。さらに、必要ならその代金を支払うとまで宣教師らに申し入れ、日本人の保護に心を砕いた。

日本ではじめて本格的な奴隷解放を実行した豊臣秀吉

奴隷を
許さなかった
秀吉
奴隷商人の
宣教師を
追放

豊臣秀吉肖像　方広寺蔵（写真　望月昭明）

イエズス会も、それ以降、奴隷貿易者への破門令を何度も出しているが、何度も出されたということは、なかなかやめなかったということでもある。

秀吉のバテレン追放、キリシタン禁教は、このような経緯で出されたものであり、単なる宗教弾圧ではなかった。秀吉は日本における奴隷解放の父とも言える存在であり、彼の功績としてこの事実は忘れてはならないことの一つである。

秀吉は天下を統一した。そのすべての地域に、人身売買を禁ずるお触れを出し、世界に先駆けて奴隷売買のない国家を誕生させたのである。

新常識66
桃山時代
Momoyama Period

豊臣家を支えていた石川一族

大坂城内で石田三成・正澄兄弟とともに秀頼を補佐した石川家

豊臣秀吉の家臣団に、要職に就きながらあまり注目されていない石川《いしこ》という一族が存在する。石川家は、もとは美濃の斎藤家に仕える鏡島《かがしま》城の城主で、一説に12万石ほどの所領を持っていたとされる。石川光延の時代に織田家に仕え、その子光政、光重兄弟の代で秀吉の家臣となる。兄光政は特に秀吉に信頼され、長浜城の城代を務めたともされるが、光政が天正11年（１５８３）に没すると、家督は弟の光重が継ぐことになる。

秀吉に嫡男・鶴松が生まれると光重は傅役を任され、鶴松が早世すると、その葬儀は石川家と関係の深い妙心寺で執り行われた。光重は秀吉側近の一人に数えられ、その子である光元（後に播磨龍野城主5万３０００石）、貞清（光吉・後に犬山城主、信濃総代官）、兵助（一光・賤ヶ岳で討ち死に）、一宗（頼明・播磨、丹波のうち1万２０００石）と、みな秀吉に仕えて出世している。

光重は、若き日の石田三成を自身の後継者として指導し、三成はこれに応えて頭角を現し、光重の死後は、石川家の三兄弟の後ろ楯となった。貞清の正室は、三成の娘、または

血縁関係で一大勢力を築いていた石田三成

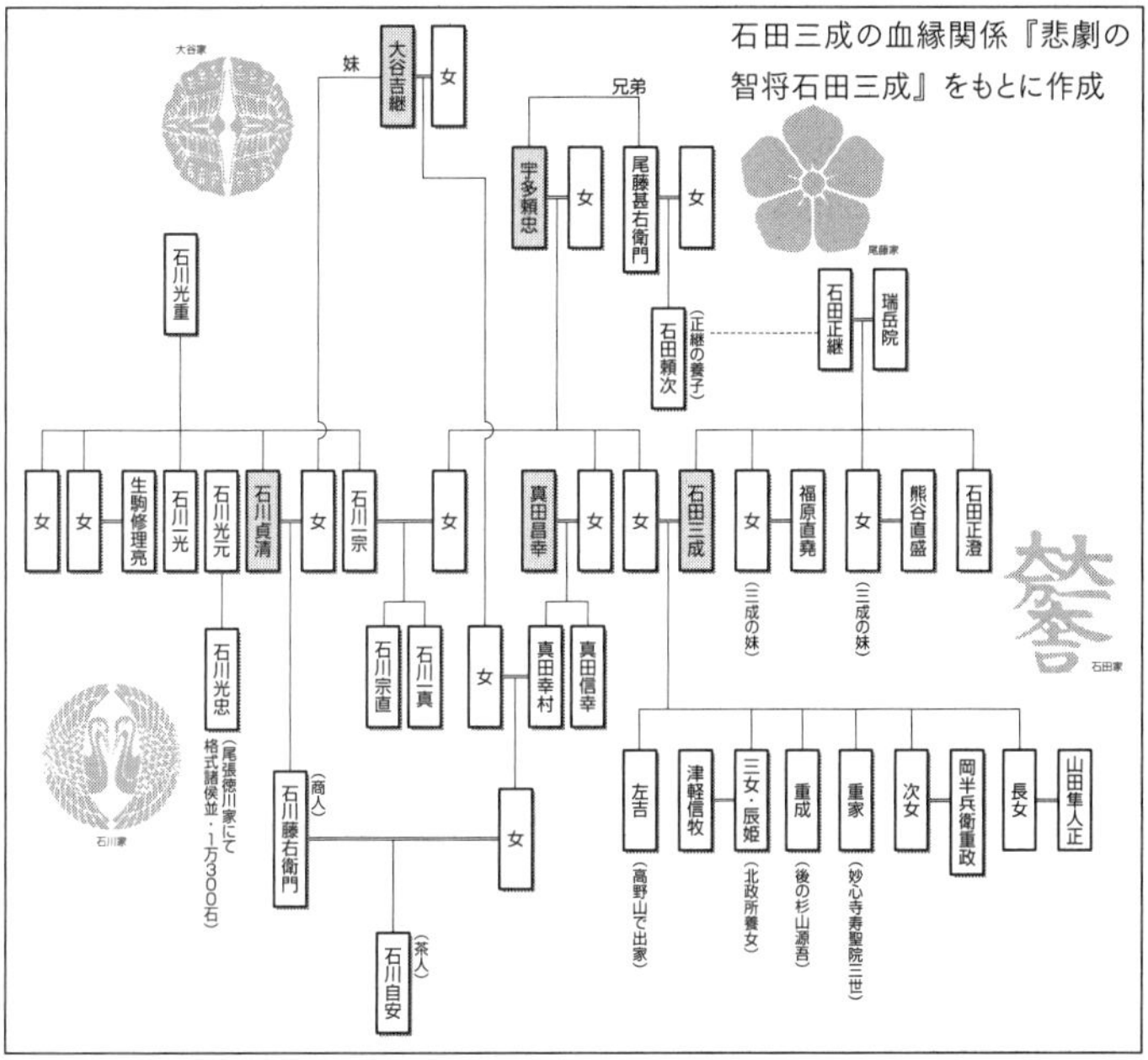

石田三成の血縁関係『悲劇の智将石田三成』をもとに作成

大谷吉継の妹と記録にある。

　豊臣家の数少ない譜代家臣の石川家は秀吉の死後も重用され、貞清と頼明は秀頼側近の奏者番とされている。なお、奏者番《そうじゃばん》はほかに、石田正澄・片桐且元も任じられている。秀頼に直接面会できるのは、五大老、五奉行と、徳川秀忠、前田利長、そして奏者番の合計16名とされたが、いかに石川家が重く用いられていたかが、ここからも理解できる。なお、大坂城大広間（千畳敷）の警護担当は光元であった。

新常識67
桃山時代
Momoyama Period

大坂城は政治の中心ではなかった

豊臣秀吉の時代、大坂城で政務を執ったのはわずかな期間であった

清洲会議直後の秀吉は、長浜を柴田勝家に明け渡してしまい、一時的に拠点は京・山崎に移された。

秀吉の天下統一事業が進む中、あらためて本拠として選ばれたのは、かつて石山本願寺が建っていた摂津石山であった。

信長の夢を引き継ぐかのように、秀吉が石山の地での築城を開始したのは天正11年（1583）である。この大坂城築城は日に2、3万人もの工事関係者が動員される大規模なもので、2年後には大坂城はほぼ完成している。

秀吉が築いた天守は外観5層の7階建てで、居住用ではなく主に武具や宝物などの蔵として使用されていたという。ただし例外的に2階は座敷となっており、接客の場として使われたと推測されている。天下を平定した者にふさわしいこの巨城は、秀吉にとっても自慢だったようで、来客時には自ら率先して内部を案内したと伝えられている。

秀吉は、柴田勝家を賤ヶ岳で破った後、しばらくは大坂で政務を執っていたが、天正15

豊臣政権は、聚楽第や伏見を政庁としていた

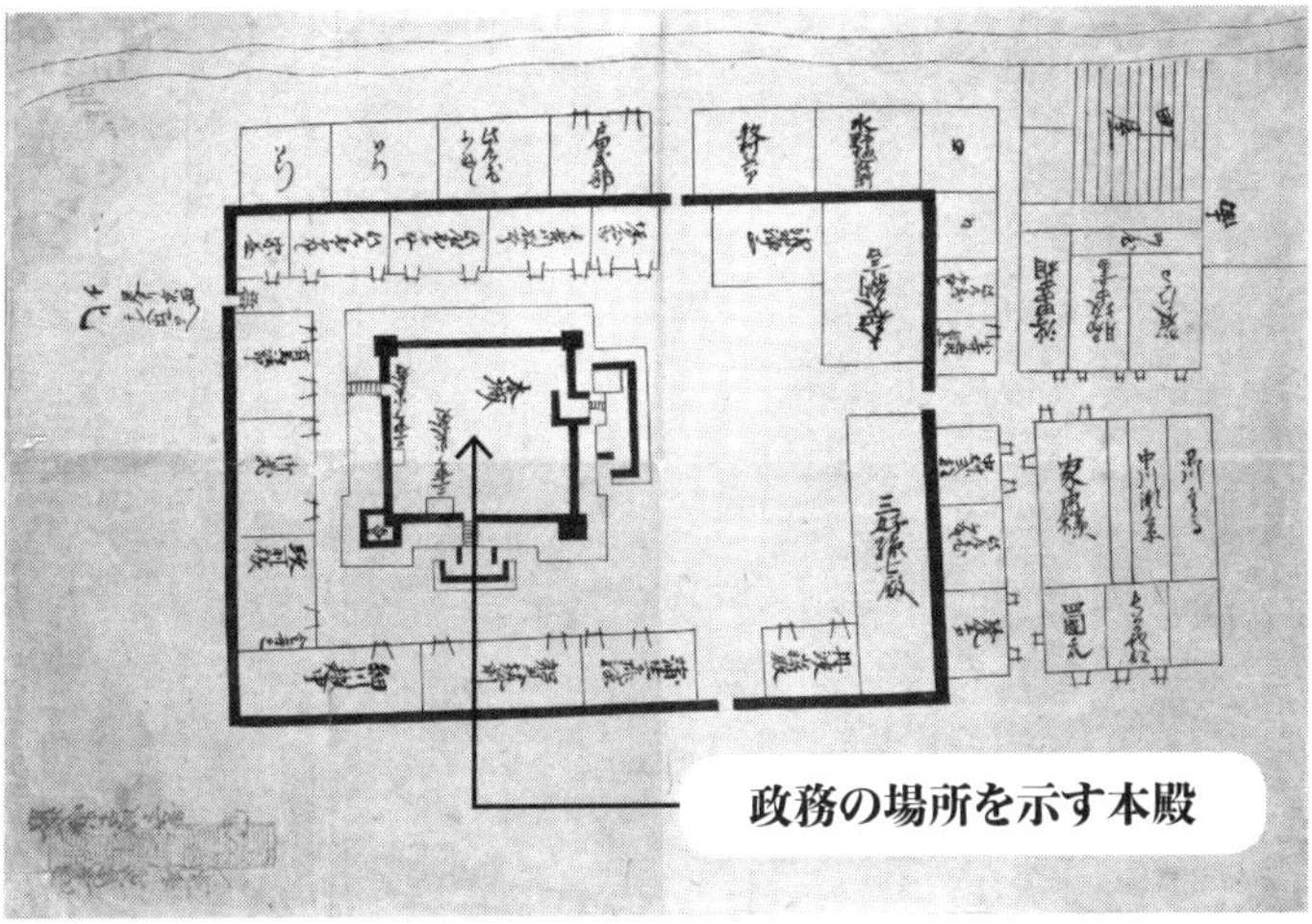

『日本古城絵図』より　聚楽古城之図　（国立国会図書館蔵）

年（1587）、京に聚楽第を築くとここを本拠とし、大坂と京を行来きした。これ以降、大坂は豊臣家の私的な城、プライベート空間といった扱いになり、聚楽第、伏見、名護屋と、大坂以外が政治の場となった。

関ヶ原の戦いの後も慶長11年（1606）に徳川家康が駿府城に移るまでは、伏見が政治の場であった。

このように、大坂城が政治の場であったのはわずかで、とても短い期間であった。

なお、家康が幕府を開いて後は、秀頼の支配地域の中枢として大坂城は機能。しかし、大坂城は二度と天下の中枢に復帰することなく、大坂の陣で燃え落ちている。

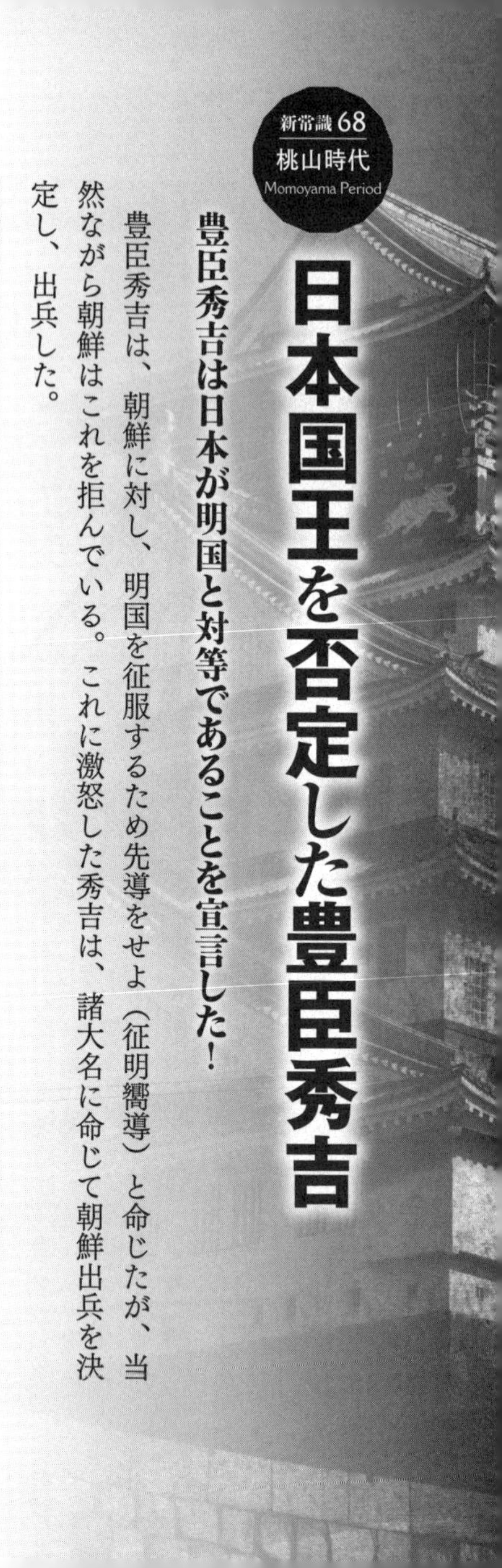

新常識68
桃山時代
Momoyama Period

日本国王を否定した豊臣秀吉

豊臣秀吉は日本が明国と対等であることを宣言した！

豊臣秀吉は、朝鮮に対し、明国を征服するため先導をせよ（征明嚮導）と命じたが、当然ながら朝鮮はこれを拒んでいる。これに激怒した秀吉は、諸大名に命じて朝鮮出兵を決定し、出兵した。

外地での戦闘に苦戦し、講和を決定

当初は戦いを有利に進めていた日本側遠征軍だが、明国の援軍と、朝鮮半島の寒気の強さ、兵糧や武器補給の困難さ、義兵の激しい反抗に苦しみ、兵に厭戦気分が蔓延したこともあり、遠征軍は、ともかくも明国との講和交渉を進めることになる。

慶長元年（１５９６）、北京からの明国の使者に朝鮮通信使を加え、大坂城に向かった使者一行は、９月１日、秀吉との謁見に臨むこととなった。

秀吉は、明国が降伏したものと思い込んでいたところ、明国皇帝からの「封爾為日本国

王」（なんじをもって日本国王となす）との言葉に激怒し、再出兵が決定された。

一介の農民出身の秀吉が、中華皇帝から「日本国王」に任じられたと考えれば、これはたいそうな出世ではある。が、自分の力で天下を統一した秀吉にしてみれば、明国皇帝に身分を授けられる理由はない。

明皇帝神宗勅諭

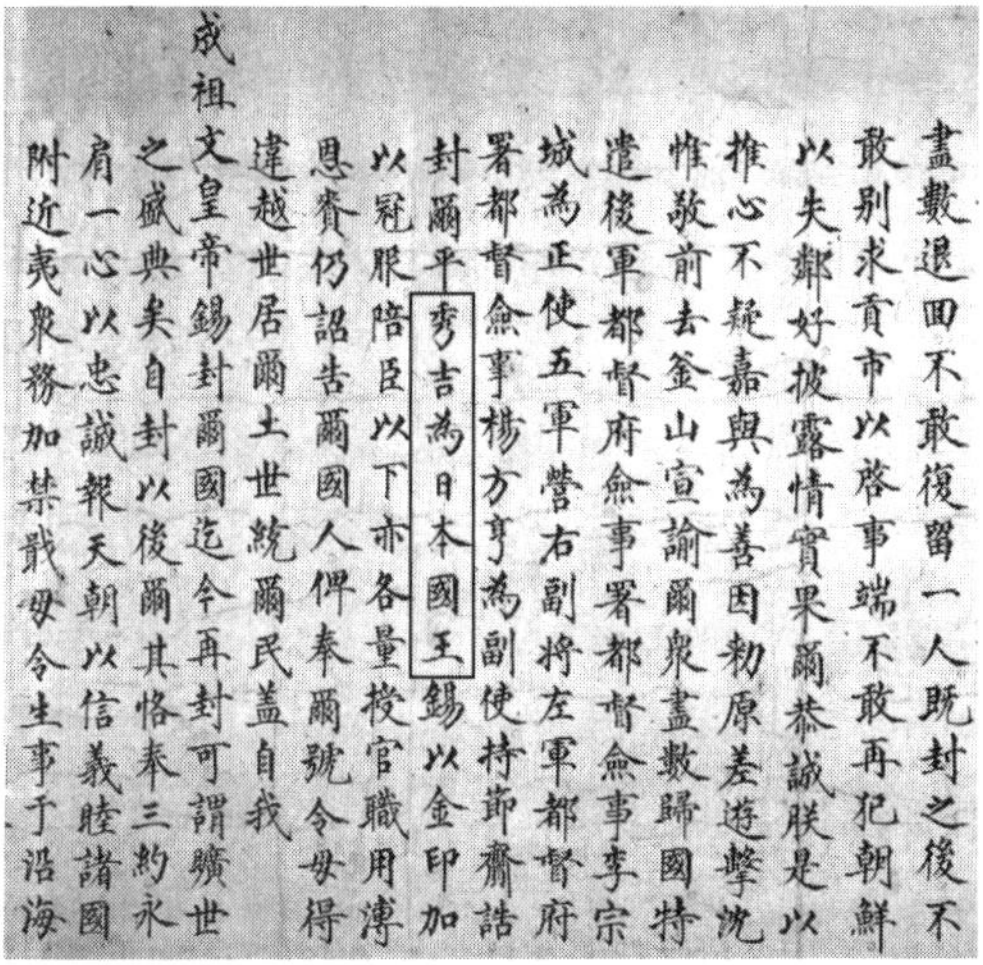
盡數退回不敢復留一人既封之後不
敢別求貢市以啓事端不敢再犯朝鮮
以失鄰好披露情實果爾恭誠朕是以
推心不疑嘉與為善因勅原差遊擊沈
惟敬前去釜山宣諭爾衆盡數歸國特
遣後軍都督府僉事署都督僉事李宗
城為正使五軍營右副將左軍都督府
署都督僉事楊方亨為副使持節齎誥
封爾平秀吉為日本國王錫以金印加
以冠服陪臣以下亦各量授官職用溥
恩賚仍詔告爾國人俾奉爾號令毋得
違越世居爾土世統爾民蓋自我
成祖文皇帝錫封爾國迄今再封可謂曠世
之盛典矣自封以後爾其恪奉三約永
肩一心以忠誠報天朝以信義睦諸國
附近夷衆務加禁戢毋令生事于沿海

右から9行目に「秀吉為日本国王」とある。秀吉を激怒させた（宮内庁書陵部蔵）

明国皇帝より秀吉に、国書と、封王の金印、冠服とが下賜された。国書には「奉天承運、皇帝制曰」と書かれている。奉天承運の明皇帝が、下臣の秀吉に制（命）して曰うというのだ。その上で秀吉を日本国王に封ずるということは、明国皇帝にとって、この日本はその領地の一部ということになる。

秀吉がこれを受け入れるはずもなく、秀吉は金印を鋳潰して150枚の大判とし、後陽成天皇に献じてしまう。

家康、秀忠、家光の外交呼称 一覧

	家康の外交称号	秀忠の外交称号	家光の外交称号
1599	日本国源家康		
1601	日本国源家康		
1602	日本国源家康		
1603	日本国源家康	日本国大納言源秀忠	
1604	日本国大将軍源家康		
1605	日本国従一位源家康		
1606	日本国源家康		
1607		日本国征夷大将軍源秀忠	
1607		日本国源秀忠	
1608	日本国源家康	日本国征夷大将軍秀忠	
1609	日本国源家康		
1609	日本国主源家康		
1610	日本国源家康	日本国征夷大将軍秀忠	
1611	日本国源家康		
1612	日本国源家康	日本国征夷大将軍秀忠	
1613	日本国源家康		
1617	日本国源家康		
1621		日本国源秀忠	
1623		日本国源秀忠	
1624			日本国源家光
1625			日本国源家光
1629			日本国源家光
1636			日本国源家光

『源氏と日本国王』岡野友彦著　より

完全なる、明国皇帝への拒絶である。

しかし、この時の明国皇帝の行為も理解はできる。日本は、卑弥呼の時代から中華皇帝に対しては朝貢の形での交流を続けてきている。これは中華皇帝に対しての臣従の表現である。

唯一、それまでの歴史でこれを否定したのは、聖徳太子の「日出ずる処の天子、書を日没する処の天子に致す」で始まる隋への国書ぐらいである。

日本国王であることを認めた足利義満

武家政権の長たる征夷大将軍が、弱体化した朝廷より外交権を奪い、それが正式に海外に認められたのは、足利義満からである。この時義満は、正式に日本国王として中華皇帝に認められることを望み、そして叶えられた。応永9年（1402）、日本国王之印と刻まれた金印を明の成祖より下賜され、これより足利将軍家は日本国王となる。なお、足利将軍家では、ほかに義持、義教、義政が明国より日本国王に冊封されている。明国、朝鮮にとっての日本国王は、あくまで足利将軍家であり、彼らの目から見た秀吉は、日本国王への反乱者でしかなかった。

こうして、秀吉は明国の使者を追い返し、再び朝鮮に兵を送ることになるが、これ以降、日本からの国書に日本国王の言葉は消え、江戸時代に入ってからも、それが復活することはなかった。家康を例に取ると、その外交上の呼称は、日本国源家康、日本国大将軍源家康、日本国主源家康などであった。

朝鮮との外交関係が修復した家光の時代、朝鮮との関係の深かった宗氏は、家光の外交呼称としての日本国源家光を勝手に日本国王と修正し、それが発覚。以降、日本国大君が幕末までの将軍家の外交呼称となっている。

新常識69
桃山時代
Momoyama Period

秀吉の朝鮮出兵は単なる侵略ではない

朝鮮の民衆は、李氏朝鮮によって迫害され続けていた

豊臣秀吉は、文禄元年（1592）から、休戦をはさみつつ慶長3年（1598）にかけて、朝鮮への出兵を行った。いわゆる文禄・慶長の役である。

秀吉に異国という意識はなかった

日本の軍勢が略奪をしていたのは事実であろうし、技術者をはじめとして人々を日本に連れ帰り、時には奴婢として売っていたことも事実である。が、日本の軍勢が、日本国内で行われていた以上にそのような行為をしていたというわけではない。

誤解されると困るのだが、だからそれが許されるという主張ではない。事実として当時は、力で他者を自由にするということが、世界のどこでも普通に行われていたという、ただそれだけのことである。

武力で他国を圧するということは、あの時代では悪ではなかった。キリスト教国家は、

異教徒の国を侵略し、多くの異教徒を殺し、奴隷として売買した。

明国も侵略戦争をしている。元の残党を攻め、満州では女真族を制圧して支配し、ベトナムを征服し、艦隊をインド洋にまで派遣して戦争・征服を行った。

秀吉の侵略に対し、明国より朝鮮に援軍が派遣されている。その援軍にはタイ、チベット、インド、ミャンマーの兵も参加していたが、これはあまり知られていない。彼らは喜んで朝鮮に行って戦ったのではなく、明が強制して送り込んだにすぎない。

李氏朝鮮もまた、北方に侵略戦争のための出兵を行い、建州女真・李満住を討ち、領土を豆満江方面に広げている。その侵略戦争を行った朝鮮王の世宗《セジョン》は、朝鮮王朝の中で最上の名君とされている。当然、明や朝鮮の侵略戦争においても、現地で略奪がなかったとはいえず、残虐行為もあったろう。

一方、秀吉は武将たちに対して、非道な振る舞いをするなと厳に戒めている。布告には「乱暴、放火、人取り、臨時の課役、無法のことなど固く禁止する」といったものもある。これがどこまで遵守できていたかというと確かに疑問ではあるが、秀吉の思考に、少なくとも無法な行為を戒めたいとの意思があったという事実はこれで理解できるだろう。

朝鮮出陣は、秀吉の意識においては、国内での合戦と異なるものではなかった。諸将には、国内でのものとほぼ同じ陣中法度《はっと》が発令されており、それが裏付けられる。

当時最上級の知識人で、大名僧侶の安国寺恵瓊などは、文字を習ったことのない朝鮮の農民の子どもに、文字を教えていたことが記録に残されている。この安国寺恵瓊、戦勝続きの文禄元年（1592）6月8日の時点で、持久戦となった場合は楽観できないと、国許に手紙で書き送っている。信長の横死、秀吉の出世を予言したその頭脳は、朝鮮での苦戦を誰よりも早く予測していたことになる。

奴隷を解放した豊臣軍

文禄の役では秀吉軍の進撃の速さは驚異的で、4月に釜山に上陸した小西行長は、6月には平壌に入っている。ここで、渡海した諸将により、朝鮮統治の分担を決めている。目指すは統治であって、当然だがそのためには非道な行為は目的にかなっていない。

朝鮮の王朝・政権下では、民衆は想像以上に虐げられていた。民衆というよりも、奴隷扱いの農民が相当数、階層として存在していたのだが、秀吉軍が彼らに解放者と受け取られていたという側面も忘れてはならない。

『宣祖実録』の宣祖二十五年壬辰五月條には「人心怨叛、與倭同心耳」（人心は恨み叛き、倭に同調するのみ）とあるが、民衆が王朝を見限り、秀吉軍に協力している姿がそこからはうかがえる。

漢城の王宮に放火し略奪したのも、秀吉軍ではなく民衆である。特に奴婢を管理する掌《チャン》隷院《ネウォン》は狙い撃ちされ、そこでの書類が燃やされたことで奴婢は解放された。奴隷扱いされていた人々が、新しい支配者に期待するというのは自然の感情であろう。

官吏、貴族（両班《ヤンバン》）が逃げた後、民衆は両班の屋敷や地方官舎などを襲い、放火や略奪を行っている。また、広範囲な階層から、秀吉軍に投降、協力する者が多く出ていたのも事実である。民衆の積極的な協力も、実際に少なくなかった。加藤清正支配の咸鏡道では特にその傾向は強く、清正は「待ちかねていたようだ」との感想を残している。

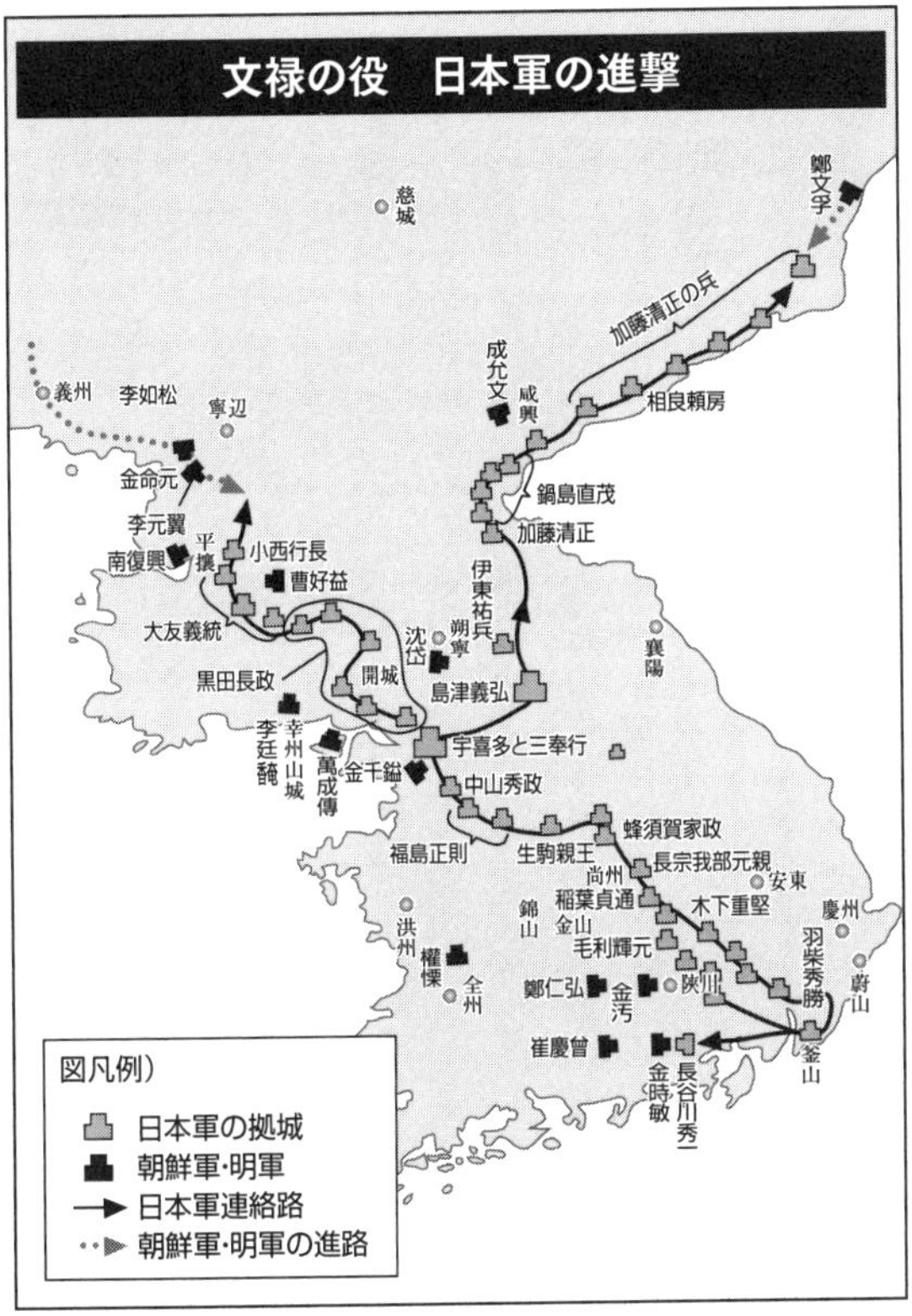

『日本戦史　朝鮮役』（参謀本部編、偕行社）より作成

新常識70
桃山時代
Momoyama Period

関ヶ原のキーマンは安国寺恵瓊

毛利の協力を恵瓊より確約され、三成は挙兵に踏み切れた

毛利家の外交僧として知られる安国寺恵瓊《えけい》は、僧侶でありながら、豊臣秀吉より伊予に6万石の領地を与えられた大名僧侶である。恵瓊は安芸守護武田信重の子であったが、信重は毛利元就に居城の銀山《かなやま》城を攻められ、その命を落としている。この時、4～5歳ほどの遺児は逃れることができ、安芸安国寺にかくまわれた。

安国寺で修行し高僧へ

恵瓊は安芸安国寺で仏道修行に励み、東福寺の名僧竺雲恵心《じくうんえしん》と出会い、法弟となり恵瓊と名乗った。

その後、恵瓊は東福寺、南禅寺の住持《じゅうじ》となり、中央禅林の最高位として、同時代の知識人の頂点に立っている。

戦国時代では、多くの大名が禅寺の外護者（パトロン）となり、禅僧を師とし、子弟の教育を禅僧に委ねた。領国支配に禅僧が関与することもしばしばあり、また、僧侶は諸国の移動が自由な立場であることから、外交交渉を託されることも少なくなかった。

大名と禅僧の子弟関係としては、今川義元と太原雪斎《たいげんせっさい》、武田信玄と岐秀元伯《ぎしゅうげんぱく》・快川紹喜《かいせんじょうき》、伊達政宗と虎哉宗乙《こさいそういつ》、織田信長と沢彦宗恩《たくげんそうおん》・策彦周良《さくげんしゅうりょう》といったところが有名である。

恵心は毛利氏より篤く帰依されていたが、その弟子である恵瓊とも、毛利氏は強い信頼関係を築いていた。

恵瓊もまた、幼き頃より仏道に励んだ結果、すでに武田の家を滅ぼされたことについての恩讐はなく、師である恵心と同様、毛利氏の知恵の師として、また外交僧として誠心誠意仕えることになる。

毛利氏が九州攻略に力を注いでいた時期には恵瓊も九州に渡り、その冴えた弁舌をもって、外交に調略にと活躍した。

織田信長が中央を制覇すると、恵瓊は京都にあって信長との交渉を担当している。

この時期、信長の横死と羽柴秀吉の出世を予言する報告を毛利氏にしていることが知られているが、この時期に秀吉とのパイプを持ったことが、後に恵瓊の人生を大きく左右することになる。

備前で宇喜多直家を毛利氏に降伏させた恵瓊であるが、この頃になると、小早川隆景との関係を深め、隆景と恵瓊は外交方針を一致させ、行動している。

●関ヶ原の戦い関連年表

慶長三年（一五九八）	
八月　十八日	豊臣秀吉、伏見城で薨去。
慶長四年（一五九九）	
一月　十九日	徳川家康を除く四大老五奉行、家康の違法行為に問罪使を派遣。
三月　四日	加藤清正ら七将が石田三成を襲撃。三成は騒動の責任を取り佐和山に蟄居引退。
十月　二日	幻の家康暗殺計画に対し、浅野長政らを処分。
慶長五年（一六〇〇）	
三月	徳川家康、上杉景勝に対し、謀反の兆しありと糾弾。釈明に上洛を要請。
四月　十四日	直江兼続、直江状にて家康に反論。
六月　二日	徳川家康、関東の諸将に、会津征伐の出陣準備を命令。
六月　十八日	徳川家康、伏見を出陣、上杉討伐に向かう。
七月　二日	石田三成、大谷吉継に挙兵を打ち明ける。
七月　七日	徳川家康、江戸城で諸将を饗応。会津出陣を二十一日と定める。
七月　十二日	石田三成、大谷吉継、安国寺恵瓊、増田長盛が会談。毛利輝元を総大将とすることなどを打ち合わせる。
七月　十六日	毛利輝元、大坂に入城。
七月　十七日	奉行連署で家康弾劾状を発す。
七月　十九日	毛利秀元ら西軍諸将、伏見城を攻撃開始。
七月二十二日	小野木公郷ら西軍諸将、細川幽斎の田辺城を攻撃開始。

本能寺以降は秀吉の協力者に

本能寺の変の折には、隆景とともに秀吉との講和を推し進め、秀吉の天下取りに大きく貢献した。

関ヶ原の戦いでは、毛利輝元を説得して、西軍の総大将に据えることに成功している。

慶長5年（1600）7月12日、恵瓊と三成が佐和山で会合して、広島の輝元に出馬の要請をすることに決めたとされているが、果してこれは事実であろうか。

輝元が大坂城に入ったのは7月16日。12日に輝元への使者が広島に向かい、13日に輝元が広島を発し、16日に兵が大坂に入るというのは、時間的に見て不可能である。

一説に、それ以前に淀の方が輝元に大坂城

七月二十四日	徳川家康、小山に着陣。西軍挙兵の報を確認。
七月二十五日	小山評定。主力の反転西上を決定。
七月二十六日	前田利長、金沢城を出陣。
八月　一日	伏見城陥落。
八月　九日	前田利長、大谷吉継の謀略で金沢に撤収。
八月　十四日	福島正則ら東軍先発隊、清洲城に入城。
八月　十八日	最上義光、上杉景勝に降伏を申し入れるも、景勝これを受けず。
八月二十三日	東軍、岐阜城を落とす。
八月二十四日	徳川秀忠率いる徳川家主力部隊、宇都宮を出陣。毛利秀元ら、伊勢安濃津城を総攻撃。翌日に開城。
九月　三日	大谷吉継、関ヶ原に着陣。防御陣地構築にかかる。宇喜多秀家、大垣城に入る。京極高次、大津城に籠城、東軍へと寝返る。
九月　六日	徳川秀忠軍が上田で真田軍と交戦、被害を受ける。
九月　七日	毛利秀元ら伊勢方面軍が関ヶ原東方に着陣。立花宗茂ら西軍、大津城を包囲。
九月　十日	徳川秀忠、上田城攻めを中止し、西上を開始。
九月　十三日	直江兼続、長谷堂城を包囲。細川幽斎、田辺城を開城。
九月　十四日	西軍主力、大垣城より関ヶ原へ移動。東軍主力、赤坂より関ヶ原方面へ移動。
九月　十五日	関ヶ原の戦い。西軍壊滅。大津城が開城。
九月　十八日	東軍、岐阜城を落とす。佐和山城を攻略。
九月二十二日	石田三成、伊吹山中で捕まる。
九月二十七日	徳川家康、大坂城に入り、豊臣秀頼に挨拶。

に入ることを依頼していたため、すでに兵を出す準備ができていたからともされるが、そうであってもわずか4日で大坂入りというのは無理がある。

　そうであれば、恵瓊は三成の挙兵を最初期に相談され、12日以前に、すでに動いていたと考えるべきである。三成研究の第一人者・白川亨は、7月5日に宇喜多秀家が豊国神社で出陣式を執り行っているとの研究成果を発表している。恵瓊もこの前後に三成、秀家らと談合し、挙兵を決断していたとすれば、輝元の素早すぎる動きも納得できるものとなる。

　関ヶ原の戦いの首謀者の一人として斬首された安国寺恵瓊。関ヶ原での彼の動きは、まだ謎に包まれている。

新常識 71
桃山時代
Momoyama Period

小山で東軍を離れた唯一の大名？

唯一小山評定後に東軍を離れ西軍へ味方したと伝わる田丸直昌

徳川家康が石田三成挙兵の報を聞いたのは、小山においてであった。近年の研究から、家康はこの時点では、三成と大谷吉継、ほか数人の挙兵レベルと判断していたとされる。家康は、三成挙兵の報を聞いた翌日、小山において、かの小山評定を開いている（近年では評定はなかったとの説もある）。家康は三成の挙兵を諸将に伝え、三成に味方するとしてもこれを恨まず、攻撃もしないので自由に行動してよいと言い放った。これに対し、福島正則が家康に味方すると一番に発言し、さらに山内一豊が、家康に城も兵糧も差し出すなどと言うに及んで大勢は決し、上杉攻めの軍勢のほぼすべてが家康の手駒となった。

この時、小山にまだ到着していなかった真田昌幸、信幸、幸村父子は、小山の手前の犬伏で協議し、昌幸と信繁は三成方西軍、信幸は家康方東軍に分かれることになる。

さて、小山評定のあった夜、一人の小大名が家康の陣所を訪ねた。田丸直昌というわずか4万石の大名が、暇乞いを願ったのである。驚いたのは家康だ。関ヶ原の戦いのあったその前年、信濃から美濃の豊かな地へと転封させたばかりの田丸には、恩義を与えていた

田丸直昌が城主だった岐阜の岩村城

写真　小川秀一／アフロ

つもりだからである。が、田丸は負けを覚悟して三成に味方するという。たかが4万石の大名一人が敵に味方したとて、大勢に変化はない。家康はこれを許し、直昌はすぐに陣払いをして大坂へと向かった。関ヶ原本戦のあったその日、直昌は大坂城守備の任に就いていたため何もしないまま敗戦を迎え、領地を没収され越後へと流されてしまう。

家康も、直昌の生き様の清清しさを愛したのか、命までは奪うことをせず、嫡男の田丸直茂は赦免され、旧主・蒲生氏に仕えている。

ただし、この話は現在では創作といわれている。一説に田丸は、軽井沢で三成からの報を受け、岩村城に戻った後、大坂へ入ったとされる。

田丸同様、義を貫いた無名の大名はほかにも存在する。その中の一人が、先に紹介した美濃犬山の石川《いしこ》貞清である。諸書に犬山1万2000石の大名と書かれているが、関ヶ原前年に加増を受け、12万石が正しいと考えられる。豊臣家の信濃蔵入地10万石の総代官として、田丸直昌、関一政を与力としていたとされるが、両名への強い支配権まではなかったものと思われる。

関ヶ原の戦いの前年、関一政は信州飯山3万石から美濃国多良へ移封され、田丸直昌は信州海津4万石から東美濃の岩村へと移されている。貞清も、木曽支配は継続したものの信濃総代官からは外され、その代わりに美濃金山城を与えられている。なお、美濃金山の森忠政は、信濃川中島に加増の上転封され、旧領の金山7万石のうち4万石は田丸直昌に与えられているので、残る3万石は石川に与えられた可能性が高い（関一政の与えられた多良は大垣なので、森家の旧領ではない）。

幕府編纂の『寛政重修諸家譜』に貞清が12万石とあるのは、犬山の所領に加え、支配権をそのまま維持していた信濃木曽を加増され、金山の森家旧領の一部、犬山に近い美濃の蔵入地の一部を所領として与えられたと考えれば、整合性のある話となる。

これらの人事は、家康の信濃での影響力を増大させることにつながり、同時に石田派である石川への家康による切り崩しとも取れるのだが、石田三成はこれらを家康による依怙《えこ》の沙汰と非難した。

石田三成と懇意な石川貞清

貞清の正室は、石田三成の娘とも、大谷吉継の妹ともされている。どちらであっても、三成とはかなり近い間柄である。貞清の父、光重がすでに長浜時代には秀吉の近臣として活躍し、秀吉の子の鶴松の養育を任されているが、このことからも、石川家への秀吉の信頼の厚さが理解できる。

関ヶ原の戦いにおいて貞清は、犬山城に稲葉貞道・典通・方通、加藤貞泰、関一政、竹中重門らの援軍を受けて籠城の準備を進めるも、諸将が東軍へ味方すると決したため、将では貞清のみは少数の兵を率いて三成に合流し、関ヶ原本戦に参加している。戦後は、家康と直接の知己があったこと、古田織部や伊達政宗らの取り成しがあったこと、木曽では秀忠の行軍の妨害をしなかったことなどが評価されたのか、助命されている。

その後は出家して宗林と名乗り、商人として成功。茶人としても名を残し、裕福に暮らしている。ちなみに息子の藤右衛門の正室は真田信繁の娘である。

新常識72
桃山時代
Momoyama Period

関ヶ原の引き金となったのは堀秀治

越後の堀秀治は、西軍寄りの立場であった可能性が高い

関ヶ原の戦いの当初の目的は、家康による上杉征伐である。では、その上杉攻めの最初のきっかけはというと、堀秀治による密告とされている。上杉家が領内で城や道を作り、浪人を雇い入れているのは謀反の兆しであると、秀治は家康に訴え出た。

秀治がこのような行動を取ったのは、堀家と上杉家の揉め事が影響していると考えられている。

上杉家は越後から会津へと転封し、空いた越後には堀家が入っている。通常、転封する大名は、年貢の半分を残しておくのが通例となっていたが、上杉家は、年貢のすべてを持ち去り、越後に入った堀家は経済的に困窮する。これに対処したのが、信濃総代官の石川貞清と、豊家奉行の石田三成である。彼らは豊臣政権として信濃・川中島にある蔵入米の備蓄から秀治に米を貸し（実質的には下げ渡し）、それにより事を収めた。

しかし、よく考えるとこれはおかしい。上杉家の転封には、秀吉の命で三成が現地で協力している。年貢米の持ち去りは、上杉家単独でできるはずもなく、これは秀吉の許可の

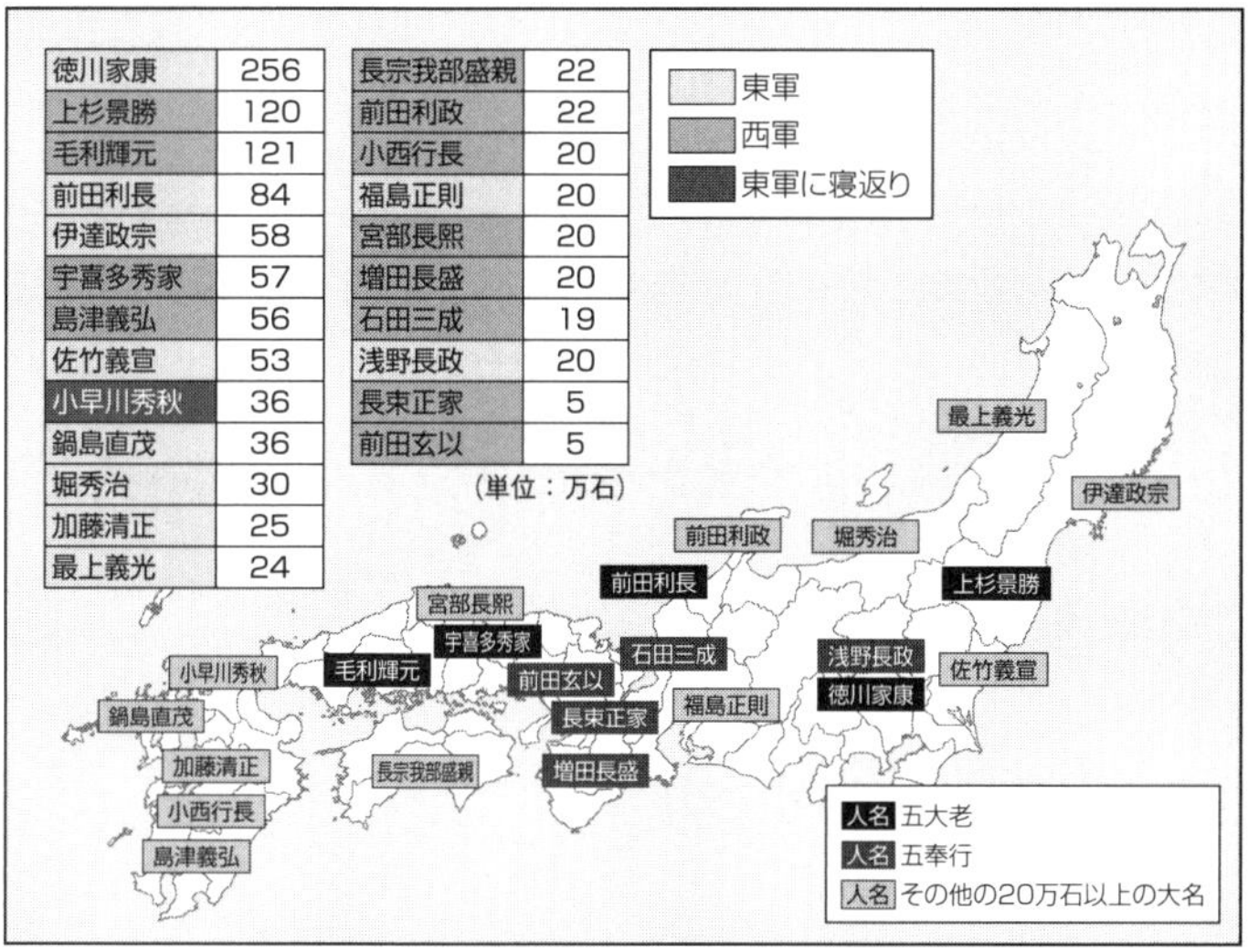

徳川家康	256
上杉景勝	120
毛利輝元	121
前田利長	84
伊達政宗	58
宇喜多秀家	57
島津義弘	56
佐竹義宣	53
小早川秀秋	36
鍋島直茂	36
堀秀治	30
加藤清正	25
最上義光	24

長宗我部盛親	22
前田利政	22
小西行長	20
福島正則	20
宮部長熙	20
増田長盛	20
石田三成	19
浅野長政	20
長束正家	5
前田玄以	5

（単位：万石）

もと、三成らが上杉家に米を融通したと考えるべきであろう。

関ヶ原の戦いでは、秀治はほとんど動いておらず、一説に上杉家に同心していたともいわれている。越後国内で上杉家の策動による一揆が発生したとされるが、その実際はわかっていない。一説に、堀家による真言宗弾圧がその原因ともされている。

戦後に堀家への加増はなく、秀治の死後、堀家は家老の争いを口実に、瞬く間に取り潰されている。家康が天下を掌握するきっかけを作った堀家に対し、あまりにも厳しい仕打ちに感じられるがどうであろうか。

三成は堀秀治を信じていたかの言動を残している。秀治の訴えそのものが、家康に上杉討伐の行動を取らせるための、三成らによる策動にも思われてしまうのだが。

新常識73
桃山時代
Momoyama Period

関ヶ原が決戦場になった本当の理由

東軍と小早川秀秋が合流してしまうことを防ぐため

関ヶ原の戦いにおける大きな謎の一つに、どうして関ヶ原が決戦場になったのか、というものがある。確かに関ヶ原は交通の要衝で、古代より同地の争奪は戦いの帰趨を決める一つの要素となっていた。672年に起きた壬申の乱においても、大海人皇子の軍勢と大友皇子の軍勢が同地で干戈を交えている。

石田三成は、少なくとも関ヶ原に早期に着目し、事前に大谷吉継らにより野戦陣地を構築し、さらに関ヶ原を見下ろす位置にある松尾山の古城跡を改修して、ここに有力な毛利の軍勢を入れ置く予定であった。城郭研究家の中井均氏が、この松尾山が城郭であったことを発表し、近年では、松尾山は「松尾城」「松尾新城」と呼ばれるようになった。

秀秋はもともと東軍だった

三成の思惑を無視して、松尾城に入ったのは小早川秀秋であった。西軍の伊藤盛政を追い出す形での入城は、西軍に対する敵対行為と見ても差し支えないものである。

ご存じのように、この秀秋の裏切りが西軍敗退の最大の原因であるが、近年では、秀秋はもともと東軍寄りの将であったとの考えが受け入れられ始めている。伏見城攻めに西軍として加わってはいるが、これは守将である鳥居元忠が秀秋の入城を拒んだ結果であり、その後は秀秋は西軍の命を無視して動いている。なにより、家康から送り込まれた目付を受け入れている以上、秀秋の立場は東軍であったといえよう。

三成らも、秀秋の挙動のおかしさには気づいており、決して放置していたわけではない。三成ら西軍首脳は、秀秋の懐柔は可能であると考え、秀秋に対して連絡を取り続け、同時に戦後の恩賞として、領地の加増に加え、秀頼15の歳まで関白を任せる旨を約束した。

9月14日、東軍拠点の赤坂に徳川家康が着陣する。この時、東軍が佐和山城を攻撃し、これを落として大坂に向かうとの誤情報を流して西軍を決戦に誘い出したとされるが、これはかなり怪しい。東軍が佐和山城を攻めたとすれば、西軍は待ってましたとばかりに東軍を背後から襲うだけである。

ここで西軍が急いで関ヶ原に向かったのは、去就の怪しい小早川秀秋が、家康からの圧力を受け、完全に東軍と化してしまうことを恐れたからである。

関ヶ原の要所である松尾山に陣取る小早川軍1万5000の軍勢が東軍と合流してしまうことは、西軍にとっては大きな痛手となる。少なくとも、関ヶ原で築いた防衛線は機能しなくなり、戦線は大きく後退するだろう。何より、西軍主力の石田らが美濃で孤立する可能性があり、それだけは避ける必要があった。

秀秋の東軍としての隠れた功罪

三成らの秀秋の懐柔は失敗し、秀秋は西軍を攻め、東軍勝利の立役者となった。秀秋の戦功はこれだけではない。秀秋の軍勢が松尾山から大谷吉継の陣を西側背後から攻めたことで、西軍諸将の佐和山方面への退路は塞がれ、これにより三成らが佐和山城や大坂城へ逃げ込むことは防がれた。

三成が大坂城に入っていれば戦いは続いたものと思われるが、秀秋の動きで家康は完全勝利を手にしたのである。

最後に、この戦のキーマン、小早川秀秋の最期についてご紹介したい。西国で2か国加増を約束されていた秀秋であったが、与えられたのは旧宇喜多秀家領の備前・美作55万石で、戦前の筑前・筑後59万石よりも所領高では下がっている。

関ヶ原の戦いから2年後の慶長7年（1602）、秀秋は急死している。死因については、狂い死に、手打ちにしようとした農民に睾丸を蹴られた、飲酒過多による病死等々諸説あるが、どれもいい死に方ではない。

『日本戦史　関原役』関原本戦之図より

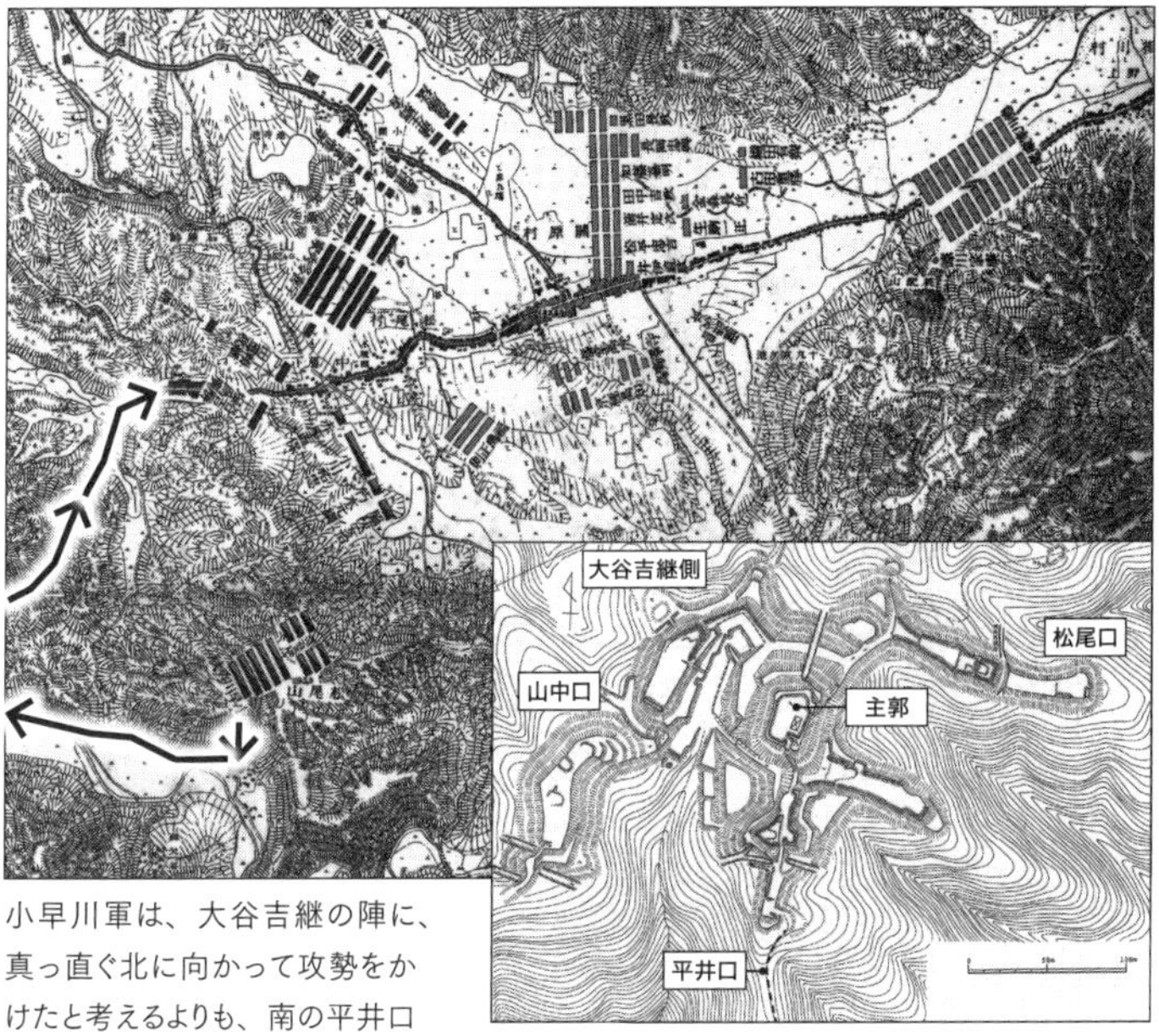

小早川軍は、大谷吉継の陣に、真っ直ぐ北に向かって攻勢をかけたと考えるよりも、南の平井口から回り込んだと推測される

松尾山城縄張り図・現況（作図・中井均）。大垣城を西軍拠点に差し出した伊藤盛正が入り、城を修築したと考えられる。関ヶ原本戦では、小早川秀秋が入り、陣所とした

彼の死について、『梵舜日記』ではこう書かれている。「十八日（慶長七年十月）天晴。政所の社参無し、次いで金吾殿（秀秋）備前岡山城にて死去、同月に兄弟三人病死なり、諸人不思議と申す」

徳川の関与が疑われるが、その死因は今も謎のままである。

新常識74
桃山時代
Momoyama Period

徳川秀忠が中山道を通った理由

秀忠軍は、不穏な情勢の信濃を平定する任務を帯びていた

関ヶ原の戦いにおける徳川秀忠の本戦遅参は、東軍にとって致命傷になりえた大失態であった。さて、秀忠が東海道ではなく中山道を使った理由とは、なんであったのだろうか。

徳川家の軍団を二手に分けることで、敗北した後も再起ができるようにしたという説がある。が、そもそも秀忠が率いた3万8000の軍勢は東軍の主力ともいえる軍団で、負けを考えて温存するよりは、この軍団を使って勝利することこそが、正しい戦略である。

ほか、有力な説の一つに、東海道の輸送能力の脆弱さがある。

主要街道である東海道も、数万が短期間で通過するには輸送能力の点で困難さがあり、そのため、軍勢を二手にわけて進軍したという説である。確かに、その考えには一理あるが、そうであれば、中山道から外れた真田昌幸の上田城なぞは、無視するべきである。

図は、『日本戦史　関原役』両党分属図の信濃周辺部分である。信濃のほとんどの武将が東軍であり、小大名の真田家は、無視しても問題ないようにも見えるのだが。

その上田に一番近い大名は、川中島の森忠政12万7000石である。実はこの忠政の兄、

長可を小牧・長久手の戦いで討ったのは徳川であり、忠政はいつ敵となるかわからない人物である。

甲信越地域の東西両軍勢力図

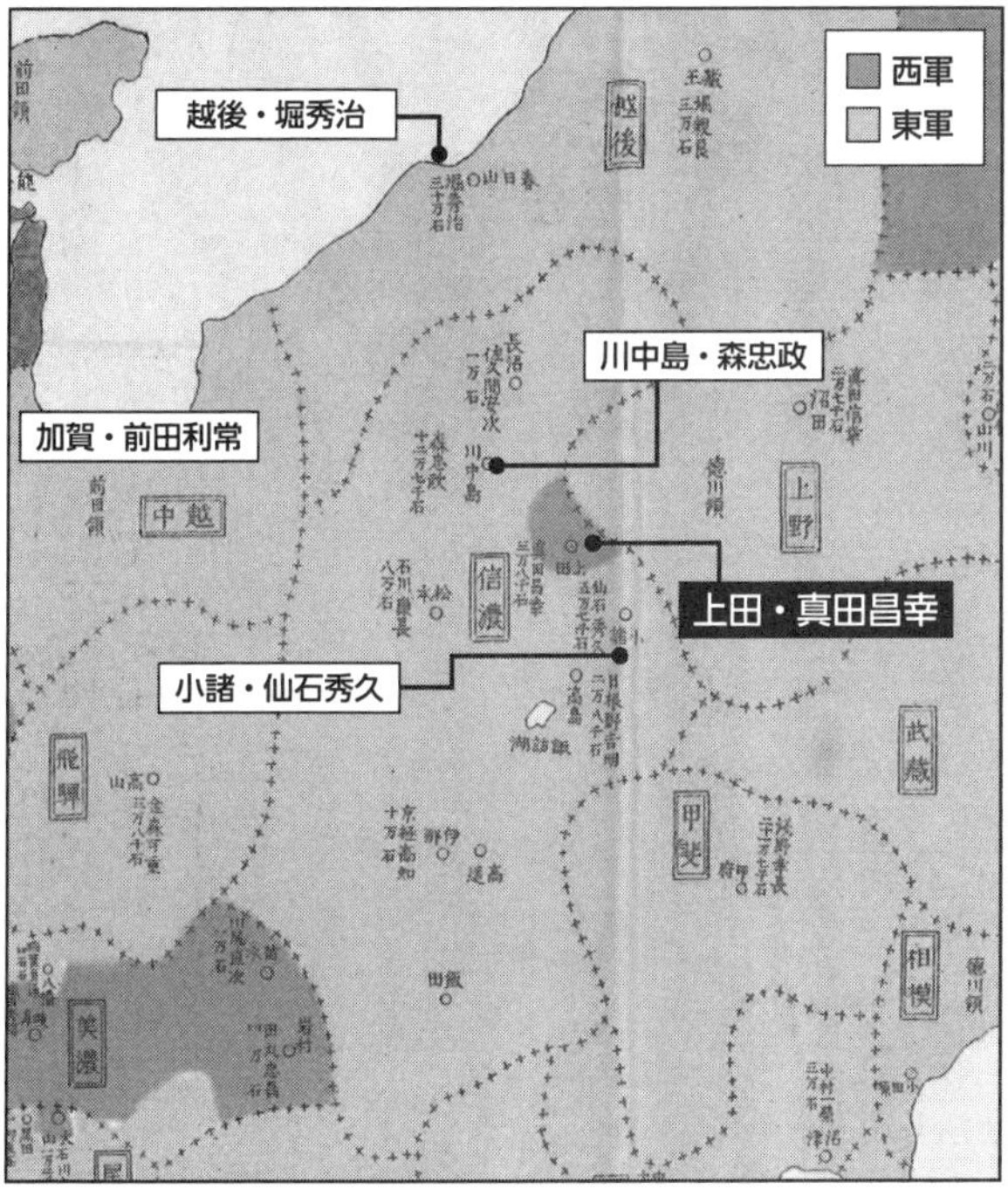

孤立しているかに見える真田昌幸だが、展開次第で大きな障害になる可能性がある（『日本戦史 関原役』両党分属図より）

越後の堀秀治は、会津の上杉景勝討伐のきっかけを作ったとされる大名だが、西軍諸大名との関係も深く、上杉との確執も、出来レースに近いとの説もある。本拠である江戸防衛を考えれば、信濃を平定して、危険因子を摘み取るのは、非常に理に適った戦略である。

新常識75
桃山時代
Momoyama Period

関ヶ原、長宗我部軍無力化の謎

長宗我部の軍勢が動くと抜け駆けとなってしまうため、動けなかった

関ヶ原の戦いでの西軍敗戦の原因の一つに、南宮山周辺に展開していた毛利秀元、長宗我部盛親らの有力な軍勢が、中立化したということが挙げられる。日本陸軍参謀本部の『日本戦史　関原役』によると、南宮山周辺の西軍総数は2万7900。徳川家康本隊の3万にも匹敵する決戦兵力だが、これが中立化してしまえば西軍に勝機はない。

徳川本陣を脅かす有力な軍勢

3万近い軍勢が無力化してしまえば、戦いに勝てるはずもないのだが、これは、秀元の参謀役の吉川広家が、事前に東軍に寝返っていたからである。これにより、広家と秀元の軍勢は南宮山に布陣したまま静観し、同時に長宗我部らの軍勢も動きが取れなくなった。

徳川家康は、この背後を脅かす軍勢への押さえとして、浅野幸長6500、山内一豊2

000、池田輝政4500を配置しているが、これでは明らかに兵数不足である。
この軍勢に対してであれば、仮に長宗我部盛親、安国寺恵瓊、長束正家の軍勢約一万だけで攻め寄せたとしてもそれなりの戦いになり、十分に家康の背後を脅かすことはできたはずである（長宗我部の軍勢はもっと少なく、2000ほどであったとの説もある。その場合は、毛利の動きに合わせる以外に道はなかったものと思われる）。

逆説的にいえば、家康は彼らが動かない前提で布陣し、その読み通りになったために勝利したということになる。

一般に、吉川、毛利の軍勢が前を塞いでいたため長宗我部軍は前に進めなかったとされているが、『日本戦史　関原役』の図を見る限り、東側の平地に、兵を進める余地はあるように見えてしまう。

長宗我部の使者が毛利勢に出陣の催促を促したという話もあり、少なくとも長宗我部の戦意は旺盛で、兵を前に進めたい意思があったと考えられる。しかし、実際には進軍できなかった。

では、なぜ、長宗我部隊らは兵を前に押し出すことができなかったのだろうか。

まず考えるべきは、吉川、毛利勢の布陣地である。南宮山に陣を構えたとはいえ、全軍が山頂に登ったというわけではなく、むしろふもとの、平地と斜面の際のあたりに防御陣地を構築し、兵の多くはそこに布陣したと考えるべきである。

前日の雨と豊臣の厳しい軍法

『日本戦史　関原役』の図を見ると、長宗我部勢の前には、田畑・荒地が広がっていることがわかる。問題はこの田畑である。関ヶ原本戦の前日、9月14日の夜に、この地域には雨が降っている。ここは前日の降雨の影響で泥濘になっていたはずである。

それだけではない。豊臣家の軍法では、抜け駆けについては特に厳しく罰せられた。

朝鮮出兵時の慶長3年（1598）正月4日。明軍に包囲されている加藤清正が籠る蔚《う》山《さん》城を救出すべく、日本軍は翌5日の総攻撃を計画。しかし、吉川広家は独断で4日に兵を出している。もちろん、これは抜け駆けである。これに対し、安国寺恵瓊が広家を軍法違反と制するも、広家は無視して出撃。結果として広家の行動が明軍敗退のきっかけを作ったことになるが、恵瓊は抜け駆けの罪を重視し、これにより広家の手柄は無視され、秀吉には三成経由で軍法違反のみが伝えられてしまう。

南宮山方面の西軍において、広家は先鋒として最前線を担当した。この広家の陣を無視して前に進むことは、豊臣の軍法では抜け駆けとなるのだが、抜け駆けについて因縁のある広家と恵瓊の陣を、さすがに盛親も追い抜くことはためらわれたと思われる。

進行ルートが泥濘となっていたこと。前衛部隊が軍法に厳しい安国寺恵瓊であり、先鋒

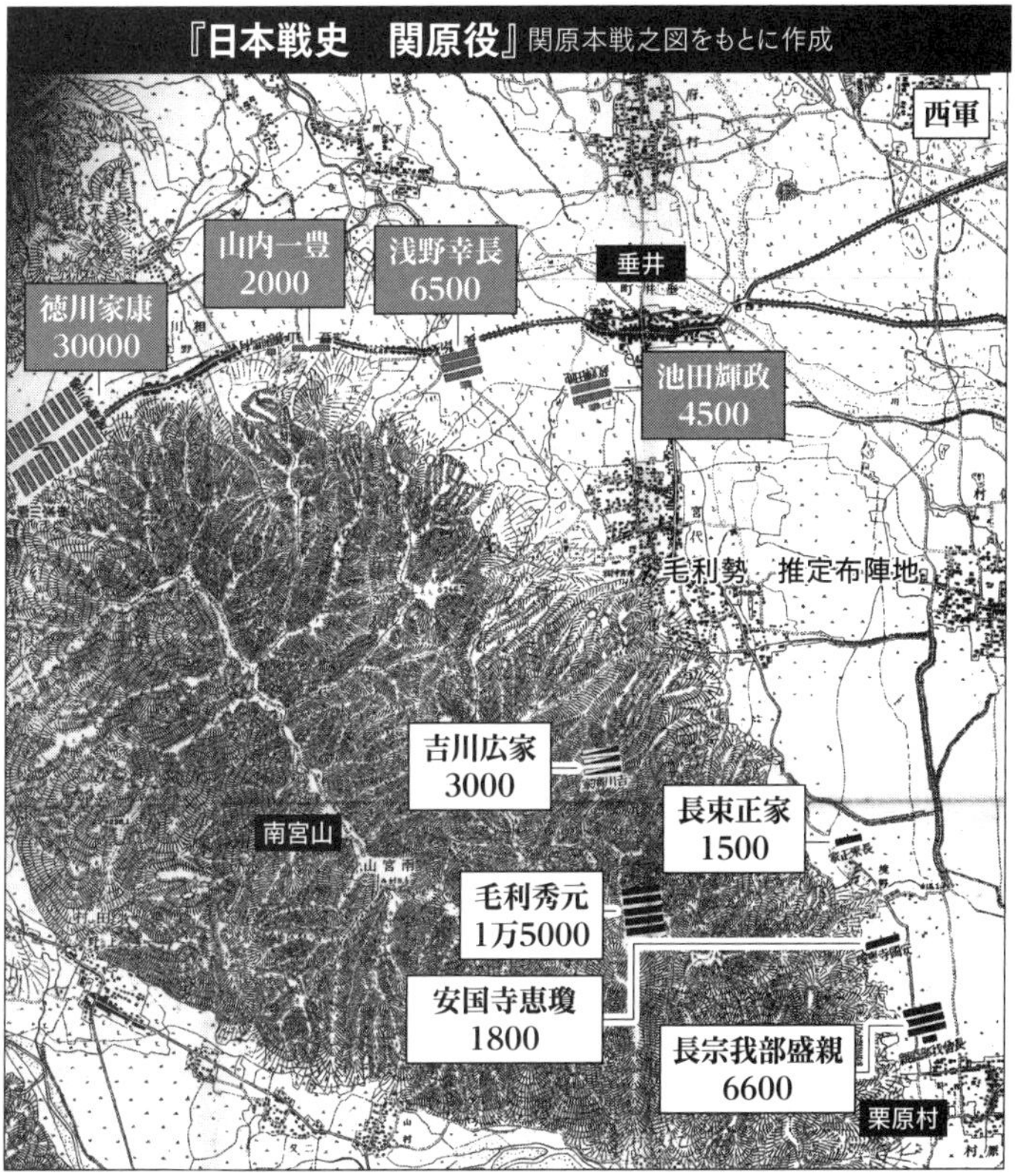

徳川家康の本陣をうかがう南宮山に、3万近い西軍部隊が展開している。毛利秀元、長宗我部盛親らのこの軍勢が決戦に参加していれば、勝敗の帰趨も変わった可能性がある

が抜け駆けで問題を起こした吉川広家だったこと。この二つの理由で、長宗我部勢は前線に兵を出せなかったのである。

新常識76
桃山時代
Momoyama Period

北政所・ねねは西軍寄りだった

北政所と淀の方の確執はなく、北政所は西軍寄りの立場であった

関ヶ原の戦いを、淀の方派と北政所派との抗争という見方をしている歴史ファンは少なくない。特に、司馬遼太郎の『関ヶ原』という小説がその流れで関ヶ原の戦いを説明していることで、その影響を受けている歴史ファンは少なくないようだ。

これは、司馬の作品が非常に素晴らしく、表現に説得力があり、大変多くの読者を得ているからであるが、彼はあくまで作家・小説家であり、彼の書いた小説が、歴史の真実というわけではないということも、小説を読む時には忘れてはならないことである。

この、誰もが納得しやすい、正妻である北政所と側室である淀の方との争いという構図については、歴史を語るうえでは、疑いの目をもって見なくてはならないだろう。

北政所は東軍諸将とは疎遠になっていた

正室の北政所・武断派・尾張派と、側室淀殿・文治派・近江派という構図に対し、近年

否定的な見方が増えているが、その嚆矢《こうし》は、長年にわたり石田三成の研究をされてきた白川亨であろう。

その根拠となるものは、吉田兼見の弟で豊国社の社僧、神龍院梵舜の『梵舜日記』である。ここに、関ヶ原前後の北政所の行動が書かれているのだが、それを丁寧に読み解くことで、むしろ三成ら西軍を支持する北政所の姿が見えてくるのである。この『梵舜日記』に着目して豊臣時代を研究する者が最近では増えているようであるが、これも白川の研究とその積年の努力によるところが大きい。

豊国社とは、説明するまでもないが、豊臣秀吉の霊を祀る神社である。江戸時代には廃されていたため全盛期の壮大さは感じられないが、明治に入って大仏殿跡地に再建され、元は伏見城にあったとされる唐門が、豊臣家の勢威をわずかに伝えている。

なお、現在の京都国立博物館の石垣は豊国社の痕跡とされ、むしろこちらのほうが豊国社の巨大さは感じ取れるだろう。

当時は当然ながら天下人を祀る神社として大規模に、そして絢爛豪華に整備され、北政所はもちろん、宇喜多秀家や石田三成といった、豊家恩顧の大名にとって、もっとも重要な神社の一つとなっていた。

7月5日、豊国社において守喜多秀家が神馬立《じんめだて》の儀式、つまりは出陣式を行っている。これが徳川打倒のためのものであれば、関ヶ原の戦いそのものが、石田三成発案の戦ではなかったという可能性が発生する。

2日後の7日には、戦勝祈願の湯立神楽《ゆたてかぐら》を奉納し、これには北政所も側近を代参させている。伏見落城の翌日、8月2日には、西軍総大将の、毛利輝元が里神楽を奉納し、ここでは北政所本人が同席している。これらを見る限り、北政所は、三成ら西軍に対し、積極的に支持をしていると考えたほうが自然である。北政所の一族、木下一門の多くが、西軍であったことも、その考えを補強している。

北政所の扱いが、戦いの原因の一つ

西軍は、家康の弾劾文として『内府ちかひの条々』を、家康を含む諸大名に送っている。その中に、北政所を西の丸より追い出し、そこに居座ったことが家康の罪の一つとして書かれている。通説では、北政所が自主的に西の丸を明け渡したとされているが、冷静に考えて欲しい。家康に北政所が自主的に西の丸を明け渡していたとしよう。その場合、檄文にそんな嘘を書いてしまっては、むしろ反感を買うだけである。武断派と呼ばれる連中が、真実北政所に近い存在であれば、檄文にそのような文言があり、それがデタラメであったとすれば、むしろ逆効果になってしまう。

これらからわかることは、北政所は、従来いわれているように徳川寄りという立場ではなく、むしろ三成寄り、宇喜多秀家寄りの立場であったということである。当然ながら、正室と側室の軋轢がこの関ヶ原の戦いの底流にあるなどという下世話な観測は、全面的に否定されるものである。関ヶ原での淀の方の消極的な動きを見れば、淀の方は、関ヶ原に積極的には関係していないとすら考えられる。徳川時代に故意に作られた淀の方・茶々の悪しきイメージに引きずられてのものであろうが、プロパガンダも260年続くと、あたかも真実のようになってしまうのだから恐ろしいものである。

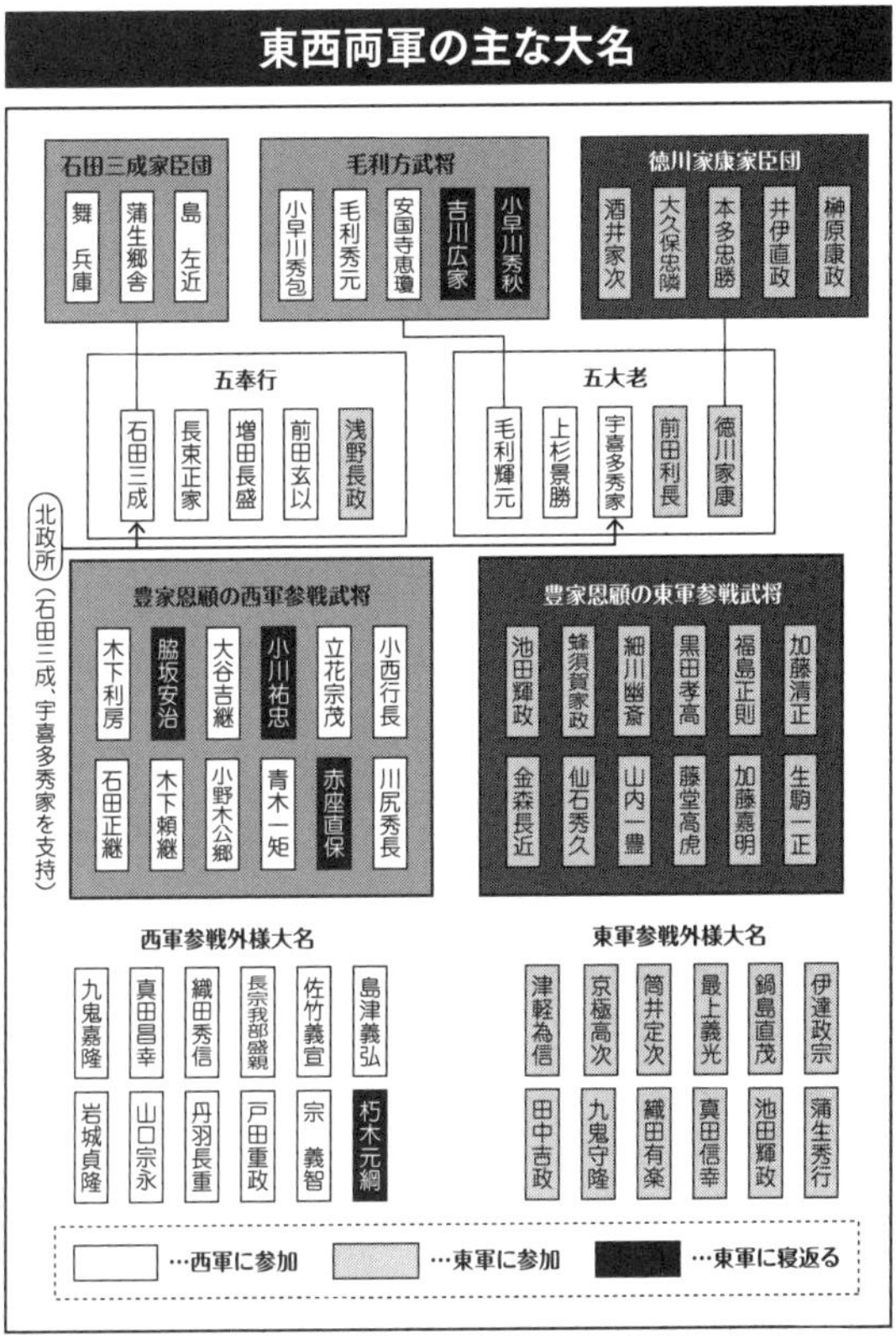

新常識77
桃山時代
Momoyama Period

石田三成の首は龍安寺にある

三成の首は、石川家により龍安寺へと運ばれ秘密裡に供養された

関ヶ原の戦いで敗北し刑死した石田三成の墓は、大徳寺三玄院にあるとされているが、これに、ある歴史研究家が疑義を唱えている。

三玄院にある三成の墓は、明治40年に発掘調査が行われ、遺骨の存在が確認されている。しかし、三玄院は幕末には継ぐ者がなく、明治初頭には廃寺となっており、三成の墓があったという伝承もあやふやで、墓石についてもどれが三成のものであったのか、根拠らしきものはなかった。

発掘された遺体とともに、刀の小づかが確認され、これは遺体と胴体をつなぐためのものと考えられた。

しかし、三成は六条河原で斬首された後、三条河原で晒し首にされている。胴体をともに埋葬するためには、六条河原で胴体を引き取り、後日、首を三条河原で盗むか受け取るかして、はじめて揃えて埋葬することが可能となる。なお、三成は10月1日に斬首されている。そして、三成の義兄弟の石川一宗は7日に自刃し、その首は三成の首と並んで晒されているので、少なくとも三成の首は6日以上晒されていたことになる。

同じように斬首された安国寺恵瓊の場合は、建仁寺境内に首塚があるが、三成の場合も、埋葬されるとしても、首のみと考えるのが普通であろう。

三成の墓について、もう一つ有力な伝承が存在する。それは、龍安寺の鏡容池《きょうようち》の島に三成の首が葬られたというもので、これは龍安寺の寺史である『大雲山誌稿』に記されている。そこでは、三成の娘を妻としている石川貞清（一宗の兄）の子の藤右衛門が埋葬したとされている。

藤右衛門は、真田幸村の娘のおかねを妻とし、貞清が再興した龍安寺塔頭大殊院《だいしゅいん》に、おかねと、おかねの母であり大谷吉継の娘の竹林院と暮らした人物。なお、竹林院は信繁の正室で、信繁の墓も大殊院には存在する。大殊院は鏡容池のほとりにあり、近くの島に三成の首を藤右衛門が埋葬したとしても不思議はない。

石田三成の首塚があったとの伝承がある弁天島

龍安寺内鏡容池（写真　望月昭明）

新常識78
桃山時代
Momoyama Period

二人の石川五右衛門

忍者石川一宗の伝承は、石川五右衛門との混同で生まれた

盗賊石川五右衛門について、スペイン人の貿易商人アビラ・ヒロンは『日本王国記』に、盗賊の頭目が三条河原で生きたまま油で煮殺されたと記し、さらにイエズス会宣教師ペドロ・モレホンがこれに注釈を加え、その盗賊の名は「Ixicava goyemon」であったと記している。

石川五右衛門が特に知られるようになったのは、『絵本太閤記』が五右衛門が太閤秀吉を暗殺するため伏見に忍び込んだという逸話を挿入し、さらに林羅山が『豊臣秀吉譜』で五右衛門を取り上げたことで、リアリティをもって話が拡散した結果とされる。

これについて小説家の矢切止夫は、羅山の目的は、豊臣秀吉を襲った石川五右衛門を喧伝することで、徳川家康暗殺未遂を起こしたもう一人の石川の存在を薄めるためであると『石川五右衛門頼明』という作品で主張している。

このもう一人の石川とは、豊臣秀頼の奏者番、石川一宗（頼明）である。ちなみに、正室に宇多頼忠の娘を迎えているが、その姉は石田三成の正室であり、一宗は三成の義弟と

いうことになる。

一宗は、関ヶ原では大津城攻めに参加し、城主の京極高次《たかつぐ》との交渉を行い、降伏に導いている。関ヶ原本戦での敗報を知ると東軍に投降。徳川家康より切腹を命じられ、三条河原で石田三成らとその首を並べている。

釜茹でにされる直前の石川五右衛門

『江戸繪日本史』より　石川五右衛門（国立国会図書館蔵）

『武家盛衰記』には、関ヶ原の数年前に、一宗が家康を暗殺すべく伏見屋敷に放火したが失敗し、捕縛されて大坂城に幽閉されたとある。万石取りの大名がそのようなことをするはずもなく、なにより、その後に一宗が秀頼の奏者番になっていることからそのような事例がなかったことは明らかである。

矢切止夫は、一宗の存在を消すために羅山が石川五右衛門の話を広めたと推測したが、むしろ実際はその逆で、石川五右衛門の伝説の影響を受けて、一宗が家康の暗殺を企てた忍者であるといった話が生まれたと考えるべきである。

新常識 79
桃山時代
Momoyama Period

豊臣秀頼はやはり秀吉の子

秀頼が秀吉の子ではないというのは徳川の政治宣伝で根拠はない！

豊臣秀吉の子、豊臣秀頼には、江戸時代から秀吉の子ではなかったのではないかとの邪推が存在する。

その根拠の一つに、秀吉は淀の方（茶々）以外に子を産ませていないというものがあるが、これは、間違った認識である。

秀吉は、長浜城主であった若い時代に、南殿という女性との間に一男一女を儲けたという伝承が複数残っている。男児の名は石松丸。長浜八幡宮（滋賀県長浜市）に曳山祭りの由来として伝えられている話では、曳山の始まりは、秀吉が石松丸の誕生を祝って町民に贈った砂金を原資として作られたものであったという。

また、琵琶湖に浮かぶ竹生島の宝厳寺には、石松丸が（石松丸の名で）羽柴一族・母南殿や乳母などとともに寄進を行ったという記録が残されている。

不運なことに、石松丸は長浜の地で夭逝し、同市の妙法寺には、石松丸のものと伝わる童子の坐像が伝わっており、そこには天正４年（１５７６）10月14日という没日と、戒名が記されている。また同寺には石松丸の廟堂も残されている。

平成14年（２００２）年、妙法寺にある廟所が調査された。この調査により、伝石松丸の廟所とされた石で囲われた埋葬施設が、安土桃山時代の大名一族を埋葬したものであることが確認され、長浜城主・羽柴秀吉の子＝石松丸の存在がおおむね確定されたと考えられている。

妙法寺に伝わる石松丸秀勝の墓（写真　大島悟六）

淀の方は鶴松と秀頼の二人の子を産んでいるが、大坂城本丸奥御殿の管理は厳しく、不倫のできるような状況は存在していなかった。なにより、最初の子である鶴松の誕生に疑念があったとすれば、その後は一層厳しく奥御殿は管理・監視され、秀吉を欺いて次に秀頼を産むなどは、不可能な話である。

秀頼の父が秀吉ではないという噂は、徳川家が秀頼を攻め滅ぼしたという主殺しの罪を薄めるための政治宣伝でしかなく、そこに根拠は一切ない。

図説
「日本史」の
最新常識
驚きの100

第五章

江戸時代から明治時代まで

新常識80
江戸時代
Edo Period

徳川秀忠は源氏の長者ではない

徳川秀忠は、源氏の権威を不要とするほどの大物だった

徳川家康は、慶長8年（1603）2月12日に征夷大将軍に任官し幕府を開くと、わずか2年後の慶長10年4月16日に将軍職を徳川秀忠に譲り、大御所として駿府城に移り、その後も幕政を指導した。この、江戸の将軍秀忠と駿府の大御所家康という二元体制は家康が死ぬまで続き、大御所政治と呼ばれていた。

家康は、秀忠に将軍を譲った後も源氏の氏の長者としての立場は譲らず、武家の棟梁という立場は崩さなかった。

氏の長者とは、その一族の長という意味であり、徳川家はもとより、源氏に連なる者すべてに対し指導的立場にあることを示すものである。

秀忠は家康の死後もこの氏の長者になっていないのだが、これはとても不思議なことで、歴史の謎となっている。形として、秀忠の死後の寛永21年（1645）、幕府が朝廷に圧力をかけ、秀忠の叙位任官文書を紛失したという形を取って、過去に遡って文書を発行させ、記録の上でのみ、秀忠は源氏の氏の長者となっている。

秀忠が家康の死後も源氏の長者とならなかった理由ははっきりしていないが、秀忠は一時秀吉の養子として豊臣姓を下賜されているが、これが影響しているのではないかと思われる。しかし、将軍任官は源氏として行われており、特にそれが問題となることはないはずである。

もう一つの説としては、秀忠は、源氏の長者であることと日本を統治する権限とを、切り離そうとしたのではないかという考えもある。つまり、徳川家が日本を統治するのであって、源氏の長者が日本を統治しているのではないという考えである。凡庸な二代目のイメージのある秀忠であるが、そのスケールは、想像以上に大きいのかもしれない。

官位、将軍任官期間、主な出来事

第一代	徳川家康	従一位	太政大臣	1603－1605	征夷大将軍として幕府開設
第二代	徳川秀忠	従一位	太政大臣	1605－1623	鎖国政策開始
第三代	徳川家光	従一位	左大臣	1623－1651	鎖国体制完成
第四代	徳川家綱	正二位	右大臣	1651－1680	将軍宣下を江戸で受ける
第五代	徳川綱吉	正二位	右大臣	1680－1709	生類憐れみの令制定
第六代	徳川家宣	正二位	内大臣	1709－1712	生類憐れみの令廃止
第七代	徳川家継	正二位	内大臣	1713－1716	史上最年少で将軍任官し早世
第八代	徳川吉宗	正二位	右大臣	1716－1745	享保の改革
第九代	徳川家重	正二位	右大臣	1745－1760	田沼意次を登用
第十代	徳川家治	正二位	右大臣	1760－1786	田沼意次が活躍
第十一代	徳川家斉	従一位	太政大臣	1787－1837	寛政の改革
第十二代	徳川家慶	従一位	左大臣	1837－1853	天保の改革、黒船来航
第十三代	徳川家定	従一位	内大臣	1853－1858	黒船再来航
第十四代	徳川家茂	従一位	右大臣	1858－1866	長州征伐
第十五代	徳川慶喜	従一位	内大臣	1866－1867	大政奉還

新常識81
江戸時代
Edo Period

大坂の陣は鐘の銘が原因ではなかった

方広寺の梵鐘は、鋳つぶされることもなく、今も当時の姿で残っている

織田信長が本能寺で斃《たお》れた後、天下統一という壮大な目標を引き継いだのは羽柴秀吉であった。秀吉は、信長の勢力圏をほぼ手中にした天正11年（1583）、その本拠として、それまで本願寺が建っていた摂津石山、大坂の地を選び、ここに壮大な居城を築いた。

その後、度々城の強化改築を行い、大坂城の惣構《そうがまえ》は完成した。さらに、慶長3年（1598）、わが子秀頼の身を案じた秀吉は、城の弱点とされる南側を改修し、三の丸と堀の強化を行っているが、大坂城整備のこの年、秀吉はその生涯を閉じている。

秀吉の死後、関ヶ原の戦いで石田三成ら西軍に圧勝した徳川家康は、将軍に任官され、実質的な天下人となる。

慶長19（1614）年7月26日。家康は、豊臣家が建立した京都・方広寺の梵鐘の銘文に異議をとなえ、同寺の大仏開眼供養の延期を指示。梵鐘に『国家安康』『君臣豊楽』とあるのは、家康の死を願い、豊臣の世となるようにとの呪詛が込められていると徳川方は主張した。

大坂の陣のきっかけとされた方広寺の梵鐘

方広寺蔵（写真　望月昭明）

豊臣方より弁明の使者として片桐且元《かつもと》が派遣されるが、家康は且元との面会を拒否。且元に応対したのは本多正純であったが（『駿府記』）、家康の内意が、秀頼、淀の方の大坂城退去か、淀の方を江戸に人質に差し出すかのどちらかにあると且元に示したものと推測される。

大坂に戻った且元は、自らが聞いた家康の内意を伝えるが、大坂城首脳部は且元の内通を疑い、討伐を決してしまう。これを受け、且元は大坂城を退去すると、自領の摂津国茨木城に戻り籠城している。

家康は、方広寺の梵鐘の銘に対してではなく、この、豊臣家による且元討伐を理由に豊臣氏追討の命を出している。こうして大坂冬の陣は始まったのだが、家康にとっては梵鐘の銘なぞ実際はどうでもいいことであった。その証拠に、問題の梵鐘はその後も鋳つぶされることもなく、今も当時のまま方広寺に残されている。

新常識82
江戸時代
Edo Period

真田丸は独立した出城だった

武田流丸馬出と思われていた真田丸は、完全に独立した出城だった

豊臣秀吉が築いた大坂城は、秀吉の死後は秀頼の居城とされ、大坂の陣で徳川家康に攻め落とされるまで、豊臣宗家のシンボルとして燦然と輝き続けていた。

大坂の陣では、真田信繁の活躍が有名であるが、その信繁が城外に築いて守ったのが、世に名高い「真田丸」である。

この真田丸、これまでは、もっとも攻撃の集中する大坂城南側の外堀に張り付くように築かれた出丸で、武田流の丸馬出の発展形と考えられてきた。

しかし、大阪文化財研究所が、豊臣時代の大坂城周辺の地形を推測した研究発表を行って以降、真田丸についての研究が急速に進み、奈良大学の千田嘉博教授は、実際の真田丸は完全に独立した出城であったと発表した。

大坂城を描いたいくつかの絵図をあらためて確認すると、確かに真田丸を独立した構造として描いているものが複数存在し、真田丸独立出城説は現在ではほぼ定説に近い形で認められ始めている。

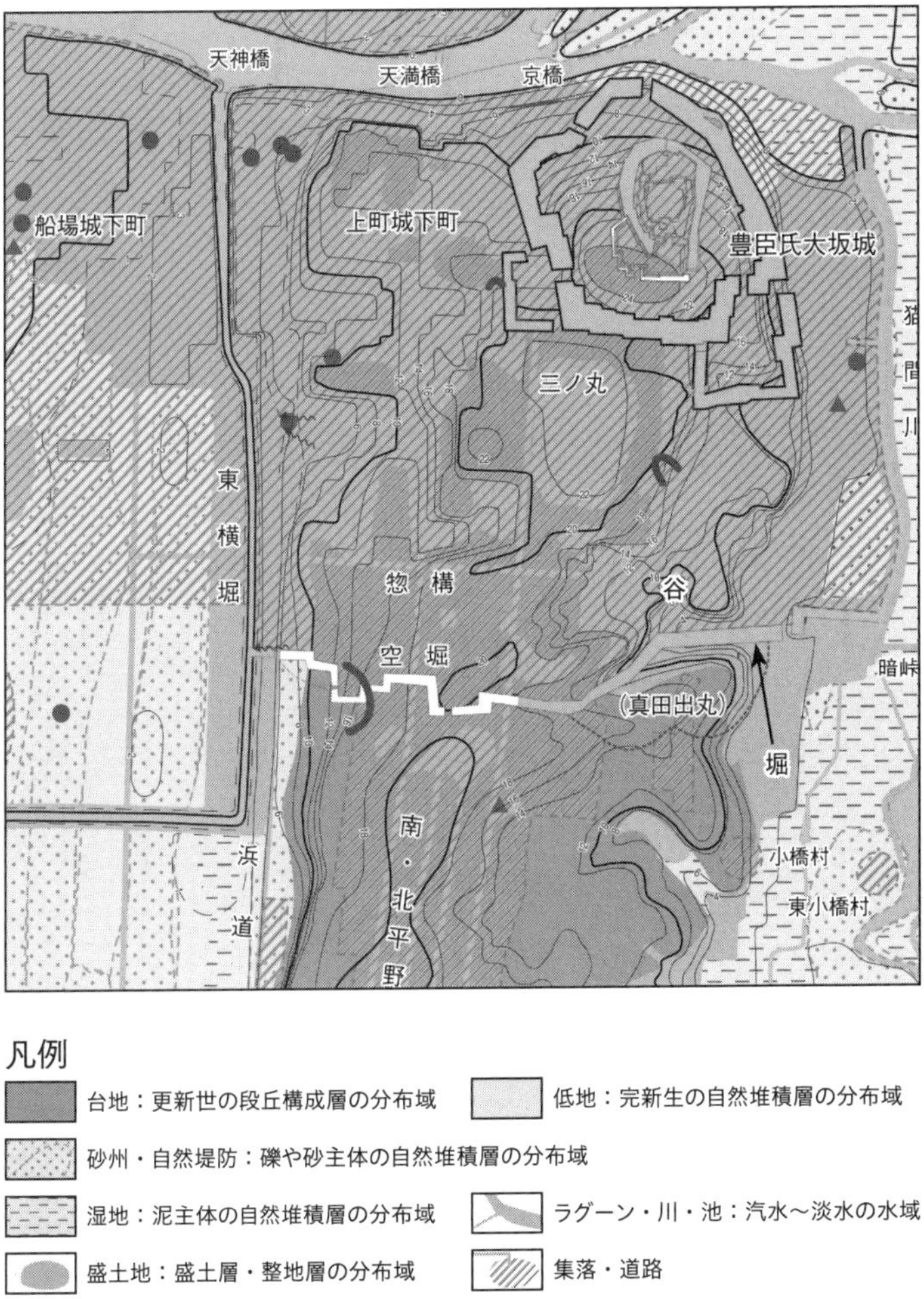

大坂上町台地の古地理復元図　豊臣後期（提供・大阪文化財研究所）（「大阪上町台地の総合的研究－東アジア史における都市の誕生・成長・再生の一類型」（研究代表者・脇田修）より）。谷と堀で大坂城と切離されてた真田丸

新常識83
江戸時代
Edo Period

徳川家康は討ち取られていた？

徳川家康は大坂夏の陣で傷を負い、堺の南宗寺で死んでいた？

大坂夏の陣で、徳川家康が真田信繁と後藤又兵衛の攻撃により傷を負い、堺の南宗寺で没したという伝承がある。しかし、堺は戦場からは遠く、にわかに信じられる話ではない。寺史の『南宗寺史』には「(大御所が) 茶臼山の激戦に巻き込まれ駕籠で逃げる途中、後藤又兵衛の槍に突かれた。なんとか堺まで逃げたが、家康は駕籠の中で事切れており、遺骸を南宗寺の開山堂下に隠し、後に改葬した」と書かれている。

家康本陣が真田隊に崩され、旗本が3里も逃げたというのはよく知られた話であるが、さらに、平野・久宝寺にまで逃げた者もいると記された史料もある。これは、天王寺付近から奈良街道を逃げたということになるが、ルートとしては整合性がある。また、平野近辺は、前日の道明寺《どうみょうじ》の戦いからの退路にあり、そこに西軍の兵が伏せるというのは可能である。そうであれば、又兵衛の兵がそこにいたとしてもおかしくはないだろう。途中、家康が手傷を負ったとすれば、一刻も早く腕のいい医者に診せたいはずで、そうであれば、堺を目指したとしても、やはりおかしなことではない。

南宗寺の「山岡鉄舟の石盤」

昭和に新しく建てられた墓とは別に、東照宮があった場所にも家康の墓がある。こちらの墓の隣に置かれている石盤。『無銘ノ塔　家康□諸ス』と書かれている。これは、幕臣・山岡鉄舟が明治に入ってから彫らせたもの。で、「諾」とは「もっともであると思う・同意する」という意味。□は「墓」とも「サン」とも見えるが判読不能（写真　望月昭明）

南宗寺の「家康の墓」

昭和42年に新しく建てられた家康の墓。賛同者として松下電器産業（現パナソニック）創業者の松下幸之助氏の名前が墓の裏に刻まれている（写真　望月昭明）

堺・南宗寺

（写真　望月昭明）

問題は、南宗寺がすでに豊臣方の手で焼かれていたという点であるが、当時の南宗寺は塔頭も多く、その全てが灰燼に帰したと考える必要はない。

　家康はここで息を引き取り、一度は南宗寺に葬られたが、後日遺体を久能山に運んだとされる。なお、戦災で焼失してしまったが南宗寺にも東照宮があり、二代将軍・秀忠、三代将軍・家光が訪れたという記録もある。

新常識 84
江戸時代
Edo Period

斬首された豊臣国松は、本物ではない

秀頼の子、豊臣国松はどこへ消えた

大坂落城の慶長20年（1615）5月8日、豊臣秀頼の嫡男国松は京極家の家臣田中六郎左衛門とともに城を落ちた。その後、国松と侍女ははぐれ、伏見の商人にかくまわれたが、徳川方に通報され、京都所司代板倉勝重のもとに連行された。

顔を知られていない国松の本人確認は難航した。たまたま、国松付きの小姓（乳兄弟）が先に捕まっており、これと引き合わせて国松と断定。国松は市中車引き回しのうえ、六条河原で斬首。享年8。摂家豊臣宗家の男系が、この瞬間絶えた。なお、田中六郎左衛門については、京極家が、徳川秀忠正室（継室）の江《ごう》の姉、常高院《じょうこういん》の嫁ぎ先であったことへの配慮から助命が認められたが、本人が希望したため、国松とともに処刑されている。

ここには、いくつかの疑問点が存在する。まず、家臣とはぐれたというのが何よりおかしい。そんな間抜けを、はたして秀頼の子の護衛に付けるだろうか。国松付きの小姓に本人確認させたというのもおかしな話である。選ばれて小姓となった子であれば、国松が本物であれば、まず認めないと思われる。

豊臣国松の墓の可能性もある伝豊臣秀頼墓所

鹿児島市（写真　望月昭明）

田中六郎左衛門が、京極家の立場を考えることなく簡単に名乗り出ている点も、国松が本物であるかに見せる作為が感じられ信用できない。本来であれば、京極家に戻って国松の刑死を報告し、責任を取って幕府に気付かれることなく切腹するというのが筋である。これでは、意図的に見つけられ、国松と思わせるために自分も死んだとしか感じられないのだが。

幕府が、嘘でも真実でも、国松が死んだという「公式発表」のアナウンスを優先したのは、戦乱の終息を一日でも早く確定させたかったからであろう。すでに諸大名に反抗する気概はなく、国松を旗印に謀反を起こしても勝ち目はない。国松の生死が、すでに天下の行く末とは関係がないほどに、徳川の天下は盤石だったのだ。

新常識85
江戸時代
Edo Period

古田織部は謀反を計画していない

徳川の権威で縛れない織部を殺し、その財の一切を家康は奪った

利休後の天下一茶人

信長、秀吉、家康と３人の天下人に仕え、茶人として名を残した古田重然《しげなり》という男がいる。世間では、古田織部《おりべ》という呼び方のほうが通りはいいだろう。

織部の父が茶人であったことから、もともと茶の素養はあったのだろう。いつしか千利休に認められ師弟関係となり、利休が秀吉に死を命じられて後は、押しも押されぬ天下一の茶人と呼ばれるようになった。

美濃の土豪であった古田家は、信長が美濃を領した後は信長に仕え、本能寺の変の後はいち早く秀吉に味方し、その功を認められて３万５０００石の大名に抜擢された。関ヶ原では東軍に加担し、調略により西軍の切り崩しを行い、家康勝利の一因を作ってもいる。

利休亡き後は、茶の湯の世界で並ぶ者のない立場を確立し、家康、二代将軍・秀忠の茶

の指南役として別格の扱いを受けることとなる。

その茶は武人の茶としておおらかで、なおかつ工夫のこらされたものであった。利休のコピーではなく、あくまで己の茶を通したところに織部のよさがあった。そもそも利休自身が「茶の湯に大事の習いはない」と説いているのだが、現代の習い事茶道のような、型を覚えてそれを模倣するだけのものは、本来の茶の湯ではない。『茶道四祖伝書』では、「数寄というは、違えてするが易（利休）のがかり（流）なり」とある。織部の茶は、利休の茶と異なるがゆえに、正しく利休の茶の後継者といえるのである。

天下一の茶匠の古田織部

大分県竹田市高流寺に伝来　古田織部（重然）の肖像画

織部、謀反の罪で切腹

さて、利休は秀吉に切腹を命じられて死んでいるが、その弟子である織部もまた、家康により切腹させられている。

大坂夏の陣の折、織部の家来である木村宗喜《そうき》が豊臣方に内通し、織部もその謀議に加わっていたということが理由である。

京の町に火を掛け、混乱の中、家康を討つという計画であったようだが、公家や京の町衆に知り合いの多い織部が、そのような計画に賛同するとは到底思えるものではない。織部の子が大坂城内にいて、幕府軍の情報を伝えていたという話もあるが、そもそも完全に包囲している幕府軍に、知られてはまずい情報などはないだろう。

ともかく、織部はその嫌疑に対し一切の弁明もせず、72歳の皺腹を切って果てている。

徳川に奪われた織部の財宝

では何故、織部は腹を切らされたのか。真実は意外なほど簡単なことだったりもする。

織部は、武家ではあるがそれ以上に茶人としての自分を大切にしていた。交際範囲も武家のそれとは多少異なり、また茶の湯の世界では天下一であることから、誰はばかることなく交際を続けた。秀頼のもとにも平気で伺候するし、大坂の陣の口実となった、梵鐘の、その鐘銘を考えた清韓《せいかん》禅師を、謹慎中に茶でもてなすということなどもしている。

こだわりのない織部は、家康の機嫌を損ねることを恐れず、また同様に豊臣方におもねることもなく、大坂城攻囲に参加している。

家康にとって、大坂の秀頼が死んでしまえば、自分より上の権威は朝廷だけである。

しかし、そうなってみると、茶の湯において、織部が自分の上に存在しているのは目障りで仕方がなかったのだろう。また、その行動が天下人たる家康の顔に泥を塗るものであったことが、腹立たしくもあったはずである。要するに、影響力というよりは、目障りであったのだ。

歪んだ形状と洒脱な絵付けの織部焼

織部焼茶碗　北村美術館蔵（写真　望月昭明）

織部の死後、その財産、茶器の行方が気になるところであるが、織部の所持する茶器、財物のことごとくが、家康と秀忠に召し上げられ、分け取りとされている。

おそらく、家康としては、織部に上下の区別を付けさせるべく、謀反の嫌疑をかけたのだろう。関ヶ原の直前に、前田家、上杉家に謀反の嫌疑をかけたが如く。そこで織部が前田家のように頭を下げれば、何事もなく許された可能性はある。しかし、織部にとっては、利休と同様に天下人に死を賜ることで伝説になる良い機会と感じられたに違いなく、老醜をさらすよりも、師に近づける死を、織部はあえて選んだのだろう。

新常識86
江戸時代
Edo Period

江戸城天守は連立式だった

初期江戸城の天守は、巨大な連立式天守であった

島根県松江市の松江歴史館で、江戸城の絵図「江戸始図《はじめず》」が発見され話題となった。

この絵図は江戸城初期の姿を描いたもので、徳川家康が築いた時代の江戸城を高い精度で描いており、今まで確認のできなかった本丸天守部分の構造が、かなり明確にわかった点で大発見となった。

この「江戸始図」は、出雲松江藩の松平家が編纂を命じた『極秘諸国城図』（74枚）の中の一枚で、これまでほとんど調査研究の対象とされていなかったものであるが、奈良大学の千田嘉博教授があらためてこれを詳細に調べ、江戸城の初期段階の絵図であることが判明した。現在の江戸城は本丸に天守台が独立して置かれているが、江戸始図では、連立式の天守群により天守曲輪ともいえる防御区画を構成しており、非常に堅固な構造であったことが見て取れる。

初期江戸城の天守についての正確な絵図面は残されていないが、天守築造を担当した法隆寺の工匠、中井家支配下の平政隆が書いた『愚子見記《ぐしけんき》』（１６８３）では、

江戸始図　天守

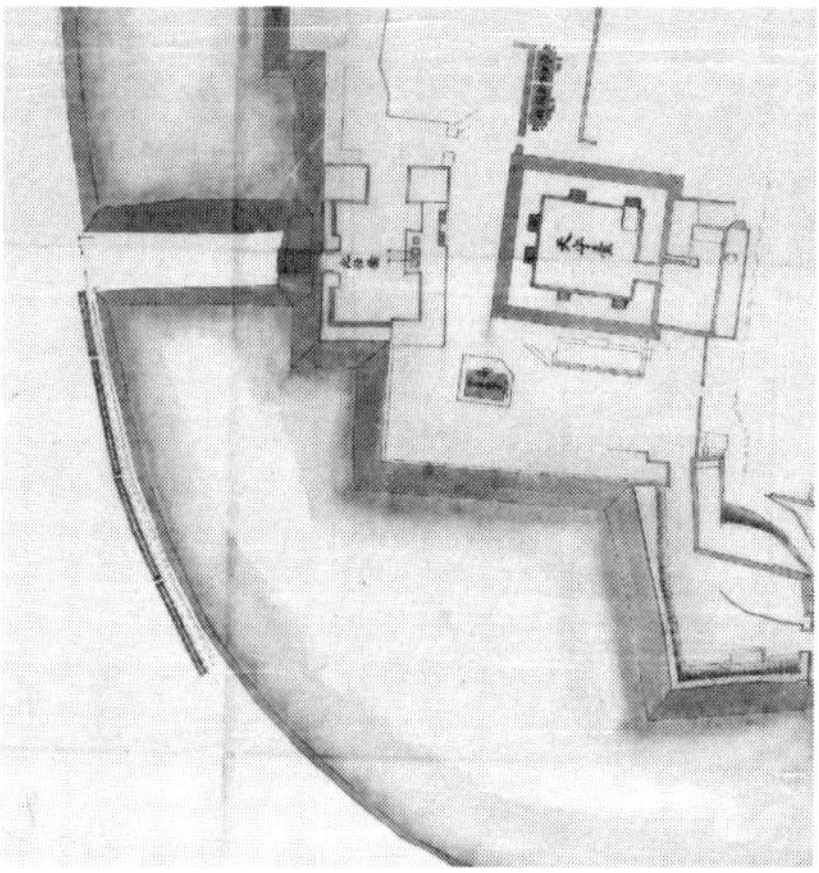

独立した形となっている江戸城天守台
旧西丸並本城ノ絵図　部分（国立公文書館蔵）

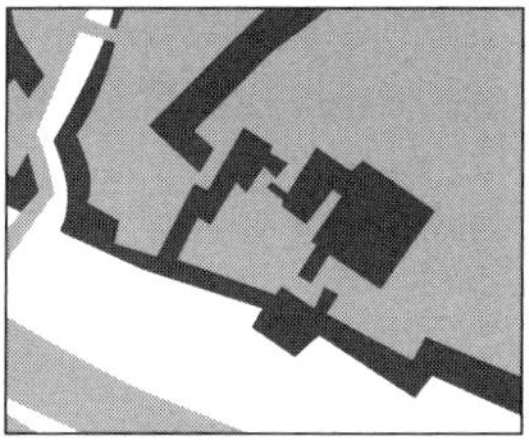

連立式天守の構造を持つ江戸城初期天守。江戸始図をもとに天守部をトレースして作成

一、江戸御殿守　七尺間、十八間・十六間　物見、七間五尺・五間五尺
高石ヨリ棟迄二十二間半、是権現様御好也
一、尾張御殿守　七尺間、十七間・十五間　物見、八間・六間

と、江戸城天守の高さ（棟高）が、二十二間半であったと書かれている。これは京間（1・97m）での数字であるので、天守の高さは44mほどということになる。これに天守台の高さ10間（『当代記』）と、鯱《しゃちほこ》の高さを加えると、約66mになるが、高台の本丸に66mの高さの構造物があったとすれば、その威容はいかばかりであったであろうか。当時の江戸城は、まさに天下無双の城であったといえよう。

新常識87
江戸時代
Edo Period

国宝金印は本物ではない

金印には偽造説が存在するが、確認することはできない

国宝として名高い金印。一辺がわずか2・3㎝ほどの、「漢委奴国王」と刻まれたこの小さな印は、古代日本と中国・後漢とが交流を持ったことを示す記念碑的な存在で、同時に、現存する国内最古の文字を記した遺物ということになる。その歴史的価値は、まさに国宝の名にふさわしい、偉大な文化財である。

偽物説がある国宝金印

しかし、この金印については、江戸時代から現在まで、常に偽物ではないかとの説が存在し続けている。

金印が発見されたのは、天明4年（1784）2月23日、現在の福岡市志賀島で、農民の甚《じん》兵《べ》衛《え》が農作業中、田の溝の水の流れを直す作業中に発見したとされる。

発見された金印は、郡奉行から福岡藩に渡り、その後明治に入るまで藩庫に納められ、

明治維新の後、東京に移り住んだ黒田家が東京国立博物館に寄託し、1978年にあらためて黒田家より福岡市へと寄贈され、現在は福岡市博物館で保管・展示されている。

金印の真偽について、これまで二つの仮説が論じられている。一つは発見そのものがフェイクで、偽の金印を作るかどこかで手に入れた何者かが金印を隠し、意図的にこれを発見したというもの。

もう一つは、発見された金印は本物で、その後模造された金印と入れ替わり、現在は入れ替わった偽の金印が国宝とされているというものである。

これを否定するためには、真印の印影が残されていれば、印影を比較するだけで確認はできてしまう。「漢委奴国王印金印之真影」ほか数点、印影は残されており、事実確認は可能なはずである。

しかし、江戸期に模刻印が作られ、それが黒田家に伝承し、明治期までにそのどちらが真印かわからなくなってしまい、さらには真印の印影と伝わっているものに混乱がある可能性が示唆されているため、実は真印の印影そのものにも疑義があり、確認はできない状況となっている。

しかし、模刻印と真印が取り違えられていたとしても、それは最悪の事態ではない。その場合は本物が伝世しているわけで、いつかは真実が確認される可能性があるからである。

金印は発見当時から偽物であった可能性がある

金印の発見については、これまで様々な疑問が呈されてきた。非常にシンプルなものとしては、土中から偶然発見されたにしては、金印がきれいであるという点が挙げられる。これは、泥の汚れ等の問題ではなく、傷がないということである。金はとても柔らかい金属で、千数百年も土中にあれば、箱などで覆われていない限り、傷がつく。

出土地とされる場所を訪れると、そこは海岸に近い段丘の端で、よくも千数百年そのような場所で無事にあり続けたものと、驚かされる。発見されたとされる場所には何らの遺構もなく、口上書にあるように、田の溝で石の下から発見されたのであれば、水流にもさらされ、小石などにより傷がつくのが普通である。

また、金印発見のタイミングにも疑問がある。金印発見の同月、儒学者・亀井南冥《なんめい》を館長とする「甘棠館《かんとうかん》」が開校。同時期に金印が発見され、亀井の知人らを経由して藩に渡り、直後に亀井は「金印鑑定書」という見事なまでに整った解釈を行い、その名をあげている。データベースもインターネットもない時代、亀井は短期間で金印の背後関係についての情報を集め、印文を読み解き、後漢の光武帝より下賜された印であると結論づけている。果たして、そのような芸当が可能であろうか。

亀井は、寛政異学の禁の影響により寛政4年（1792）に失脚し、蟄居禁足《ちっきょきんそく》処分を受け、甘棠館は廃止されている。亀井の短期間での没落も、罪らしい罪もないにもかかわらず蟄居禁足という重い処分を受けていることも不思議である。金印の偽造工作が藩にバレての処分とも受け取れるが、真実は不明である。

金印公園の碑

後漢の光武帝が、倭の奴の国王に授けたとされる金印。江戸時代に志賀島で発見された。福岡市の金印公園にその碑がある（写真　スタジオサラ／アフロ）

金印の成分を蛍光X線分析で確認したところ、（本田光子ほか1990）。金95・1％、銀4・5％、銅0・5％、その他不純物として水銀などが含まれていると報告されている。この水銀であるが、金を水銀との合金にしてから水銀を蒸発させて金を取り出す、古代にはなかった技術、アマルガム法の形跡ではないかという見方もある。

ほか、様々な疑念が払拭されないいま、金印は今も国宝であり続けている。その美しい輝きは、何を物語っているのであろうか。

新常識88
江戸時代
Edo Period

維新は薩摩の借金踏み倒しから始まった

借金を踏み倒し、奄美の人々から収奪して薩摩藩は力を蓄えた

幕府と薩摩藩は、関ヶ原の戦い以降、互いにほとんどの時代で仮想敵であった。幕府は度重なる手伝普請《てつだいぶしん》で薩摩藩を締め付け、薩摩藩の経済状態は悪化の一途を辿っていた。この薩摩の窮状を救ったのは、琉球国の存在であった。江戸初期に薩摩藩は琉球を侵略し、琉球経由での交易（密貿易を含む）による利益を財源として、どうにか藩経済を維持していた。

八代藩主島津重豪《しげひで》の時代、重豪の浪費もあり、藩財政は崩壊の危機に瀕している。天保6年（１８３５）の時点で藩の借財は５００万両に達し、年間の金利だけで35万両あるのに対し、藩の収入はわずかに13万両であったという。これでは完全なる財政破綻である（『明治維新はなぜ薩摩から始まったのか』原口泉著）。

この窮地を救ったのが、重豪に登用され、十代藩主斉興《なりおき》に重用されて家老となった調所《ずしょ》広郷《ひろさと》（笑左衛門）である。広郷は５００万両の借財を、商人を脅迫して無利子２５０年分割払いとして、ほぼ踏み倒してしまう。さらに、薩摩藩が支配していた琉球経由での清国

との密貿易を拡大して藩収を増収している。これに加え、奄美の黒砂糖を専売制とし、なおかつ奄美の人々を奴隷のように酷使することで生産量を増やし、巨利を得た。

江戸中期を過ぎると、富裕な町人が増加するとともに消費文化が拡大し、嗜好品である砂糖の価格は上昇した。これにより、薩摩藩の黒糖による利益は増大し、天保元年から10年までの薩摩藩の大坂への平均積出額は、黒糖のみで実に23万5000両にもなり、ほか、米が6000両、菜種が2000両、その他でさらに約1万両ほどの利益を出していた（『奄美の債務奴隷ヤンチュ』名越護著）。

こうして、広郷の改革により藩財政は立て直され、嘉永元年（1848）には、藩庫に250万両もの余剰金が蓄えられるまでになったという。この潤沢な資金が、薩摩藩の近代化と、倒幕のための軍費として活用されることになる。

薩摩藩を救った調所広郷

調所広郷の像・鹿児島市（写真　望月昭明）

新常識89
江戸時代
Edo Period

ペリーに頭を下げさせた佐久間象山

天下の才人・佐久間象山に、ペリーは頭を下げて挨拶をした

信州松代藩の佐久間象山は、天下一の知識人として世に知られ、江戸の佐久間塾では、勝海舟、吉田松陰、河井継之助、橋本左内、坂本龍馬といった、幕末を彩った様々な才人が象山の近代的思考を学んでいた。

象山は、特に技術面、工学的なセンスは群を抜き、西洋式火砲の鋳造、ガラス製造、写真機製作、写真撮影をはじめ、日本初の電信機を製造するなど、同時代の日本では、他を圧する高いレベルに達していた。

嘉永６年（１８５４）、ペリーが横浜に上陸した時、信州松代藩は警護の任に就き、象山もまたその場に赴いていた。この時の松代兵は西洋式の最新の銃砲を装備していた。

ペリーが松代藩陣屋前を通り過ぎようとした時、たまたま象山が陣屋前に立っており、なぜかペリーはその象山に丁寧に頭を下げて挨拶をした。この時、幕府海岸防禦御用掛の川路《かわじ》聖謨《としあきら》は象山に対し「日本人でペリーから会釈されたのは貴殿のみである」と言ったと伝わっている。

天下一の知者
佐久間象山

佐久間象山肖像『幕末、明治、大正回顧八十年史』より（国立国会図書館蔵）

威風堂々としたペリー一行　ハイネ画

久里浜応接館に向かふペルリ提督　ハイネ画『幕末、明治、大正回顧八十年史』より（国立国会図書館蔵）

ペリーが象山に会釈した理由はわかっていないが、大きな身長の象山が、派手な装束と威厳ある態度で立っていたので、高貴な人物と勝手に勘違いされたものと思われる。

象山は日本の未来を考え、開国と西洋技術の導入、海軍の創設による国力増強を主張していたがなかなか認められず、元治元年（1864）、ようやく幕府より声がかかり、将軍・家茂《いえもち》の相談役として上洛した。

この頃、薩摩の西郷隆盛は大久保利通に、「学問と見識に於ては佐久間抜群の事に御座候共、現時に臨みては勝先生にもひどく惚れ申候」と書き送っている。

このまま象山が活躍していれば、その後の日本も違った歴史をたどったものと思われるが、象山は刺客に襲われ、その命を落としている。享年54。大政奉還の、わずか3年前であった。

新常識90
江戸時代
Edo Period

ペリーのハッタリに屈した江戸幕府

ペリーの百隻の艦隊を動員するとの言葉は、まったくのデタラメだった

幕府による鎖国の重い扉を開いたのは、アメリカのマシュー・カルブレイス・ペリーである。ペリーは最新の蒸気船を含む黒船艦隊で日本に来航し、恫喝外交を繰り広げたうえで、日本に開国を受け入れさせている。

ペリーの強圧的交渉により日本は準備もないまま開国してしまったが、落ち着いて交渉をすれば、要求をもっと大人しいものでまとめることもできたはずである。なにより、ペリーには戦闘を始める権限が、大統領から与えられてはいなかったのであるから。

ペリーがカツラを用いていたことは有名である。が、彼のハッタリはそれだけではない。以下はペリーが将軍に渡した書簡の一部である。

「署名者（ペリー）は、友好的な意図で訪れたことの証拠として、僅か4隻の小型艦艇のみを率いてきたのですが、必要とあれば来春にはより大規模な艦隊を率いて江戸に戻ってくるつもりであります」

小型艦艇などと書かれているが、ペリーが旗艦としていたサスケハナ以上の船は他国を

ペリーは黒船の力を背景に日本を恫喝した

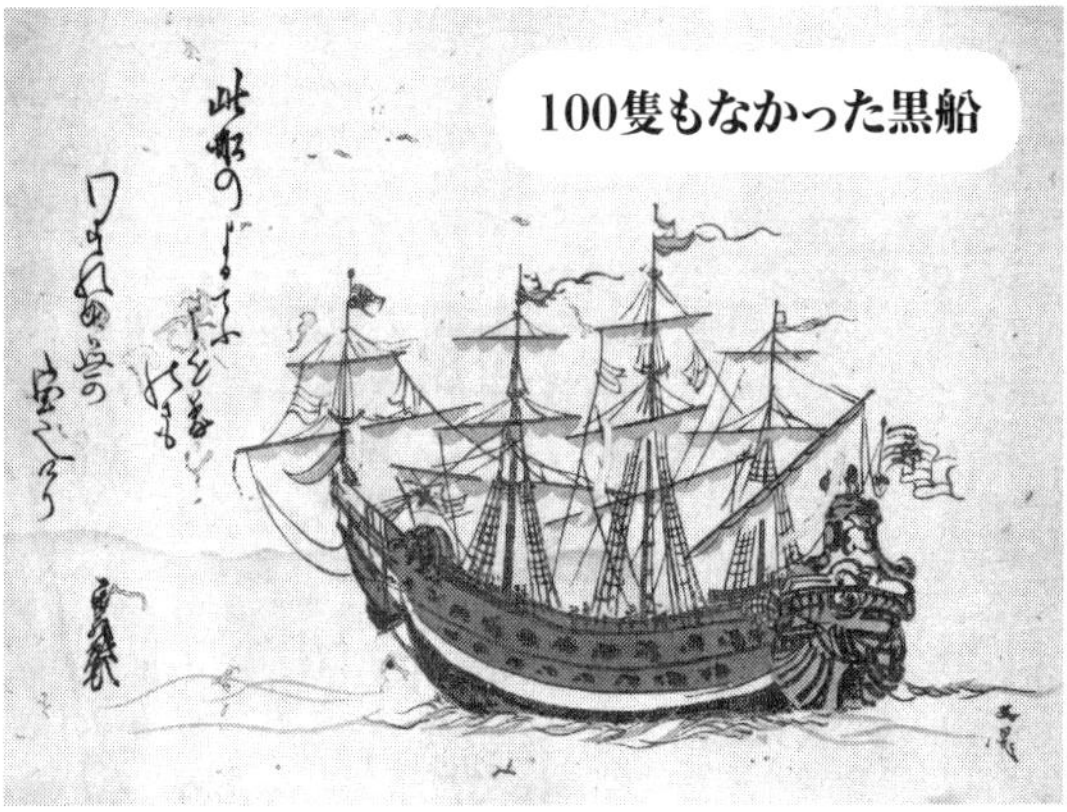

黒船之圖 谷文晁画（国立国会図書館蔵）

見回しても少なく、小型艦艇などという言い回しは単なるハッタリである。また、4隻で日本に訪れたのは、その時にはそれ以上の船を用いることができなかっただけである。第2回目の来訪では、輸送船一隻を含めて10隻を集めることに成功したが、ペリーはさらにハッタリをかまし、「条約が締結できなければ、戦争を準備することになり、そうなれば日本に百隻の艦隊が20日以内に到着する」と恫喝した。さすがにペリーもこの件は恥じていたのか、ペリー側の記録からはこの発言は削除されている。

　この当時、輸送艦を含めた米国のすべての艦艇数が75隻であるので、これはあきらかなるウソである。

　ペリーが動員できるのは、太平洋岸の12隻、東インドの10隻の中からであり、日本に送った艦隊は、ほぼ限界の戦力であった。幕府がもっと落ち着いて交渉をしていれば、もう少し日本に有利な条約が締結できた可能性は高い。

新常識91
江戸時代
Edo Period

井伊は刀ではなく銃撃で命を落とした

桜田門外の変は、水戸斉昭の指示によるもので、銃撃が犯行の中心であった

譜代中の譜代大名である井伊家の幕末は、文字通り激動の時代であった。大老に就任した井伊直弼は、幕府への忠義心から、幕府に反発する大名、公家、浪士らを大量に処罰した。この、いわゆる安政の大獄により、直弼は水戸藩士や薩摩藩士らに恨まれ、大老就任からわずか2年後、水戸浪士らに暗殺（桜田門外の変）され、その命を落としている。

この時、水戸浪士の一人が短銃を所持し、襲撃の合図として、最初に発砲したと伝わっている。近年になり、この時に用いられたと思われる拳銃の存在が確認され、話題となった。拳銃は米国のガンマニアが所有していたもので、コルトＭ１８５１のコピーと見られ、銃全体に、精緻な桜の文様が彫り込まれていた。これは、水戸の前藩主・水戸斉昭が造らせたものと推測され、それが事実であれば、桜田門外の変は、浪士の自発的な犯行ではなく、水戸藩の密命によるものということが確定する。

遺体検分では「致命傷は太股から腰にかけての貫通銃創」としているが、そうであれば、最初の銃撃で直弼は致命傷を負っていたことになる。そう考えると、合図とされた銃撃が

凄惨なテロ行為である井伊直弼暗殺

万延元年桜田事変の図　新選東京名所図会より

実は直弼襲撃の中心であり、他の浪士は、銃撃を成功させるために井伊家の藩士を分散させる役目を担ったとも考えられる。

事件の後、幕府は井伊直弼は急病により相続願いを幕府に提出したという形を取り、これが受理されて後に直弼は病死したと発表した。

これは後継が決まっていない藩主の横死はお家断絶となるのが定法であったためであるが、同時に、家督相続を人質として彦根藩の暴発を防いだと考えられる。

公式に病死となったことで水戸藩の処罰は論理的にはできず、水戸藩へのお咎めはなかった。

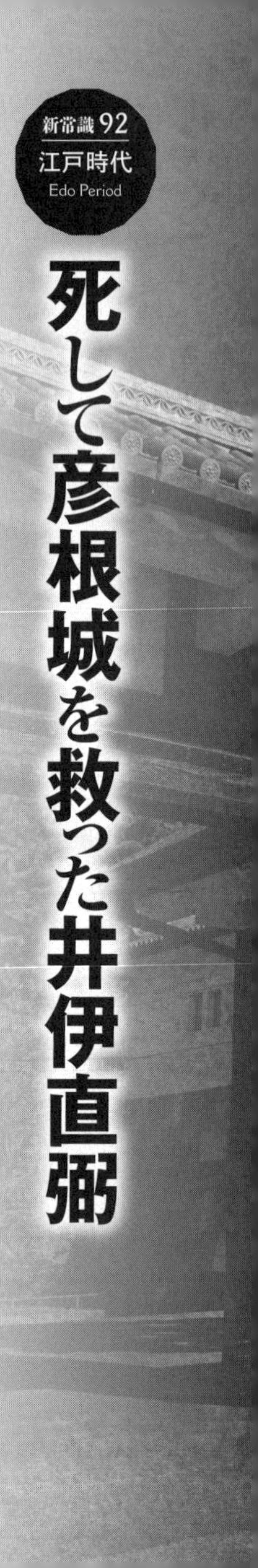

新常識92
江戸時代
Edo Period

死して彦根城を救った井伊直弼

明治天皇が彦根城保護を命じた背景に、井伊直弼の存在があった

大政奉還後、彦根藩は幕府から離れ、新政府の側として働いている。鳥羽・伏見の戦いで、本来であればもっとも幕府が頼るべき彦根藩が新政府軍となったことは、戦いの帰趨を決定づける一つの要因となった。彦根藩が幕府を見限ったのは、桜田門外の変の後、幕府が水戸藩を咎めず、むしろ彦根藩を処罰して35万石の所領を25万石へと減じたことを恨んでであろう。彦根城は、幕府が西国勢力への備えとして築いた城であるが、彦根藩が離反したことで彦根城はその機能を発揮することなく、倒幕勢力は彦根を越えて東へと進撃し、幕府は滅びている。

明治維新の後は、武士階級の没落とともに各地の城は荒廃し、彦根城も荒れるままとなっていた。明治４年（１８７１）の廃藩置県により、彦根城は政府所管とされ、城は陸軍の駐屯地となり、撤去解体が決定した。

同年、明治天皇が北陸道・東海道を巡幸したことで、彦根城の運命は大きく変わることになる。巡幸途中で彦根の福田寺に明治天皇が立ち寄った折、住職・摂専《せっせん》の夫人が彦根城解体の話を天皇に伝え、これを受けて天皇は彦根城の解体中止と建物の保存を命じている。

住職の夫人である鑈子《かねこ》は、関白右大臣・二条斎敬《なりゆき》の娘で、昭憲皇太后の従妹。また、住職の摂専は井伊直弼の従弟であり、摂専が鑈子を迎えた時、井伊直弼の計らいがあったことで、福田寺と井伊家とは懇意であった。

幕府を西国勢力から守る楯として築造された彦根城

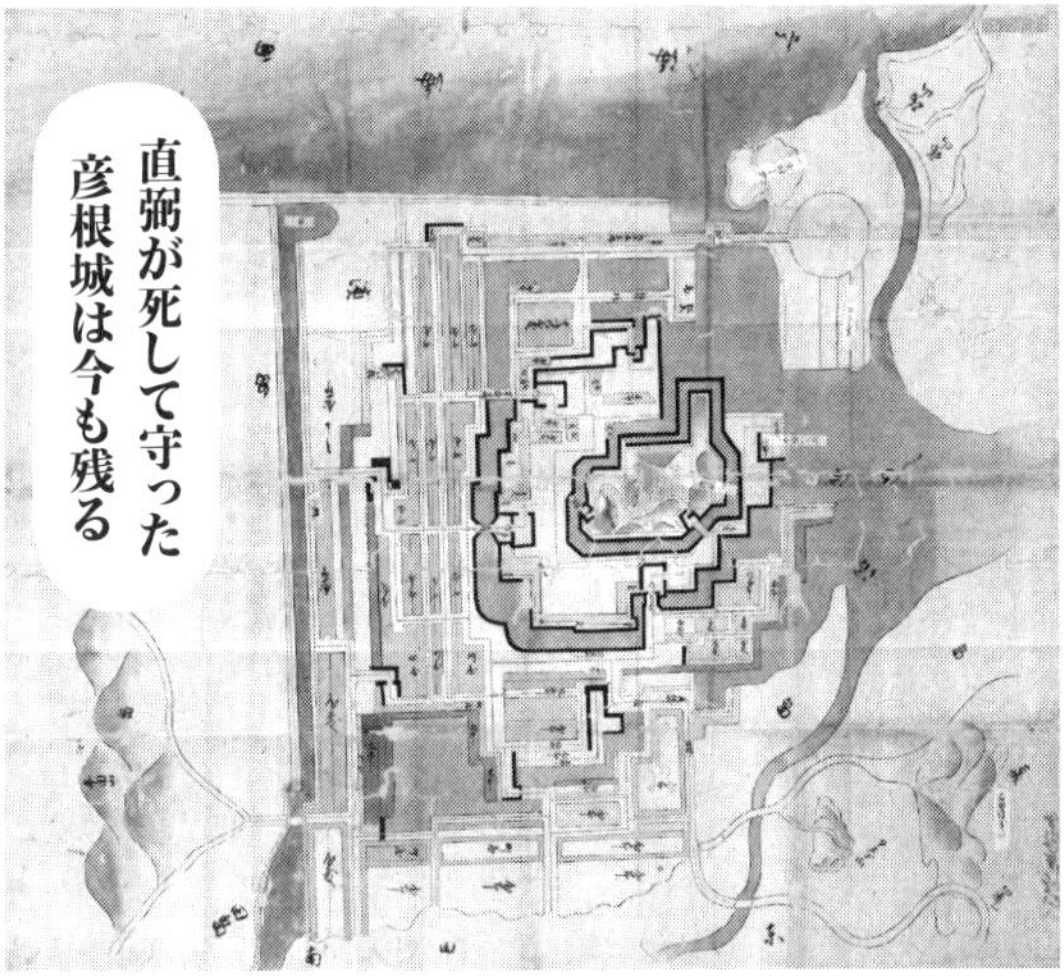

『日本古城絵図』より　江州彦根図（国立国会図書館蔵）

一説に、大隈重信が明治天皇に彦根城の解体取りやめを進言したとされるが、おそらくは、鑈子の解体取りやめの進言を受けた天皇が、重信にこれを命じたといったところであろう。

解体されるはずの彦根城は、明治天皇の命により救われているのだが、その縁をもたらしたのは、幕府存続のために働き命を落とした井伊直弼であった。直弼は、幕府を守ることはできなかったが、先祖伝来の彦根城は守り通したことになる。

新常識93
江戸時代
Edo Period

幕末の英雄・龍馬は詐欺師だった？

龍馬は、紀州藩から7万両をだまし取り、さらには偽金造りも計画していた

維新の英雄・坂本龍馬は、その自由奔放な生き方が多くの人に愛され、もっとも人気のある歴史上の人物の一人とされている。

広島県福山市にある鞆の浦は、古代より賑わう古い港街である。大伴旅人《たびと》が鞆の浦を詠んだ歌が『万葉集』に登場するが、その時代より鞆の浦は瀬戸内の良港として栄えていた。

慶応3年（1867）4月23日。坂本龍馬率いる海援隊が運用していた汽船いろは丸が、塩飽諸島沖で紀州藩軍艦明光丸と衝突して沈没。これが、日本初の汽船同士の衝突事故「いろは丸事件」である。この沈没場所が鞆の浦の近くであった。

約160tのいろは丸と887tの明光丸が衝突した結果、いろは丸のみが沈没。これに対し、海援隊は補償を求めて談判。龍馬はミニエー銃400丁と金塊等で3万5630両相当、4万7896両の積み荷で合計8万3526両分が沈んだとし、国際法（万国公法）から見て落ち度は紀州藩側にあると主張した。そして交渉の結果、最終的には、紀州藩が折れる形で8万3526両の賠償金の支払いとなった(再交渉の後減額されて7万両)。

平成元年（1989）、いろは丸が海中で発見され、さらに平成18年に潜水調査を行った結果、いろは丸には銃も金塊も積んでいなかったことが判明した。また、国際法から見て、紀州側にのみ落ち度があったわけではないとの専門家の意見もあり、この事件では、龍馬は詐欺行為を働いた疑いが強い。

幕末、薩摩と長州は偽金を大量に製造し、これを軍資金としていた。明治に入り、明治新政府は偽金の交換に応じているが、その金額は、おおよそ234万両に達している。土佐藩も薩長ほどではないものの偽金を製造していたのだが、そこに龍馬が関与していたとの説もある。維新の立役者とされる坂本龍馬であるが、その裏の顔は、謎のままである。

鞆の浦の龍馬の隠れ家

紀州藩との交渉の折、坂本龍馬が隠れ家とした桝谷清右衛門宅。広島県福山市鞆の浦（写真　望月昭明）

新常識94
江戸時代
Edo Period

もう一つあった五稜郭

幕府のエリートが築造した信州龍野の小さな可愛らしい五稜郭

五稜郭といえば函館の五稜郭のみがイメージされてしまうが、信濃の龍岡城（田野口城）も五稜郭であることは、あまり知られていない。五稜郭とは、五芒星の城、つまりは5つの頂点を持った星形の西洋式の城のこと。

龍岡城を築いたのは、信濃龍岡藩1万6000石の藩主である松平乗謨《のりかた》である。もともと同家は、三河の大給《おぎゅう》に陣屋（城主格以下の小大名の居館）を構え本拠としていた。元禄17年（1704）、摂津、河内、丹波などに散在していた所領1万2000石の代わりに、信濃田野口に同じ石高の替地を与えられたが、あくまでも本拠は三河奥殿（4000石）のままで、信濃は飛び地の扱いであった。しかし、幕末に参勤交代が緩和したことを機に、藩領のほとんどを占める信濃に拠点を移し、ここに城を築いたのである。

これは、幕末の不穏な情勢への対処、リスクヘッジという意味合いが大きい。西国に近く、東海道が走る三河奥殿より、信濃のほうが安心できるとの判断であろう。また、信濃の大名は譜代が多く反幕勢力は皆無で、龍岡藩の周囲も、旗本領と天領に囲まれていた。

乗謨は西洋の最新知識を持った優秀な人物で、家柄も良く人格も高潔。幕閣や将軍からも信頼され、老中、若年寄、陸軍総裁と、要職を歴任したエリートであった。

西洋の軍事知識を持つ乗謨は、その居城たる陣屋を、函館と同様の五稜郭タイプの西洋式城郭として築くことにした。しかし、残念ながら小藩で予算も少なく、龍岡城は実践的とはいえない、箱庭のような可愛らしい城として完成した。

鳥羽・伏見の戦いの折は、乗謨は将軍・慶喜と大坂城にいたが、慶喜とともに江戸に戻った。そして慶喜の謹慎後は新政府軍に味方し、維新後は賞勲局総裁として日本の勲章制度を確立している。

上空から見た龍岡城　　**鋭角な堀の先端部**

龍岡城（国土地理院の航空写真）龍岡城の堀（写真　望月昭明）

廃藩置県以前の信濃の諸藩支配地

名古屋藩は尾張藩を指す

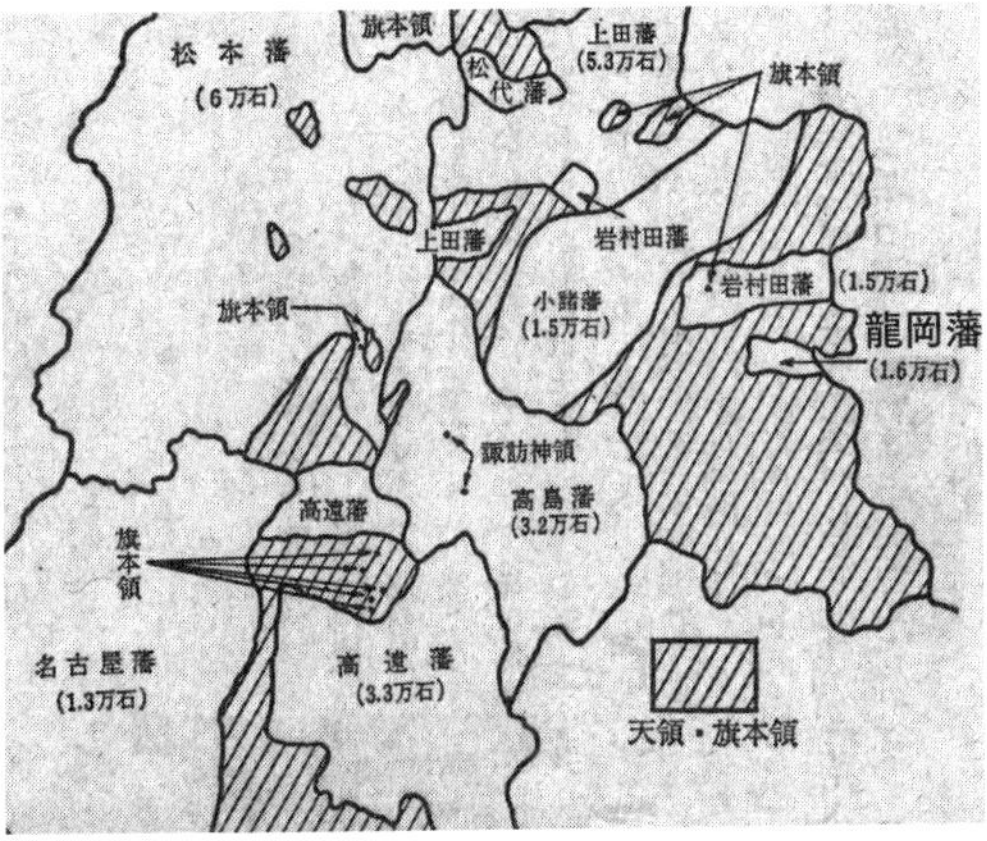

長野県郷土史研究会機関紙『長野』119号をもとに作成

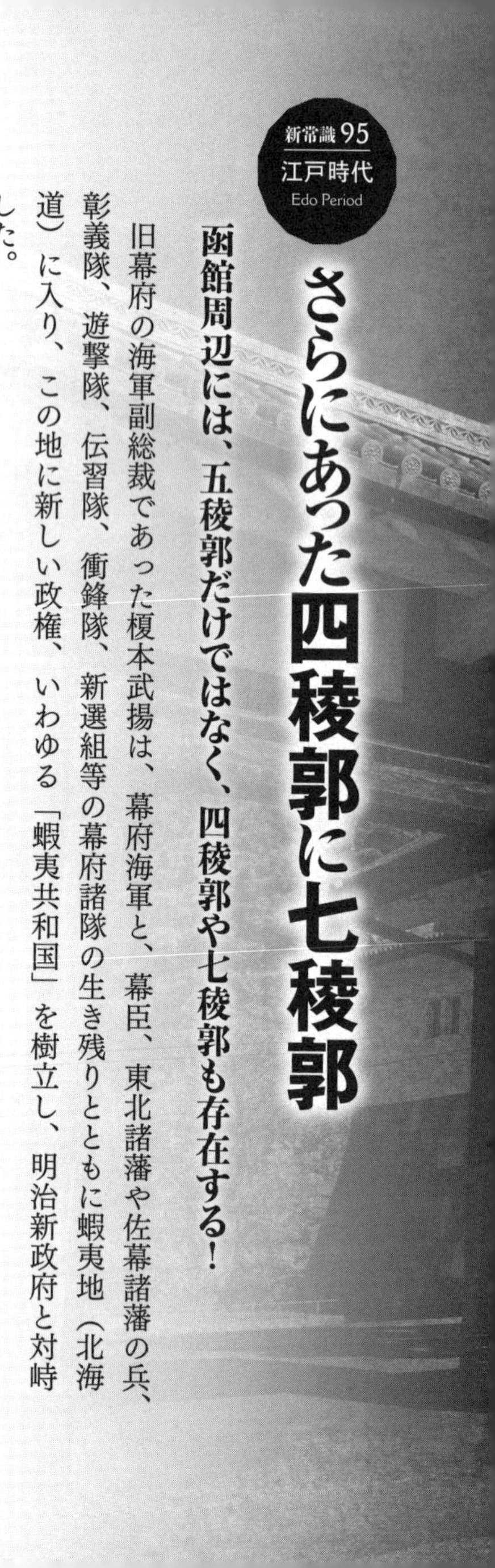

新常識95
江戸時代
Edo Period

さらにあった四稜郭に七稜郭

函館周辺には、五稜郭だけではなく、四稜郭や七稜郭も存在する！

旧幕府の海軍副総裁であった榎本武揚は、幕府海軍と、幕臣、東北諸藩や佐幕諸藩の兵、彰義隊、遊撃隊、伝習隊、衝鋒隊、新選組等の幕府諸隊の生き残りとともに蝦夷地（北海道）に入り、この地に新しい政権、いわゆる「蝦夷共和国」を樹立し、明治新政府と対峙した。

榎本らは函館五稜郭を拠点としたが、五稜郭は、函館港の周囲を要塞で囲み、港湾要塞とするべく計画されたうちの一部であり、単独では存在意義を発揮できない城であった。周辺には、四稜郭などいくつかの台場・堡塁跡が残されているが、急ごしらえの野戦築城による砦・砲台といったレベルのものがほとんどで、形状が現在まで残っているものは少ない。四稜郭とはその名の通り、4つの稜（尖った先端部分）を持った砲座のある陣地・砦で、上空から見ると、蝶が羽を広げたような姿をしている。現存する四稜郭は、五稜郭の北東3㎞ほどの丘陵上にあり、函館戦争では、新政府軍を数時間足止めしただけで放棄されている。

幕末に築かれた西洋式の稜堡型要塞

戸切地陣屋（国土地理院の航空写真）

函館五稜郭（国土地理院の航空写真）

規模は東西73ｍ、南北45ｍ、郭内面積約２３００㎡ととても小さく、土塁の高さも３ｍほど。設計・築造指揮は大鳥圭介、または仏軍のブリュネ大尉とされる。

ほかに、三稜郭とも呼ばれる三角形の簡易的な陣地・砦があったという伝承もあるが、小さな陣地が三角である意味はあまりなく、こちらは単に元の地形が三角であったというだけのものと思われる。

函館市の北側にある七飯町には、７つの稜のある陣地跡があり、一部に七稜郭と呼ばれているが、約１００坪ほどの陣地であり、七稜の意味はない。仏軍のブリュネが指揮して造成したとされているが、遊び心で、そのような形としたのであろう。

また、松前藩戸切地《へきりち》陣屋は総面積４万２６００㎡、郭内面積２万３４００㎡の本格的な四稜郭で、現在は公園として整備され、桜の名所として市民に愛されている。

新常識96
明治時代
Meiji Period

大名を借金から救った明治維新

幕末、諸大名のほとんどは、多額借金により破産寸前の状態であった

明治維新により明治政府が成立すると、大名が地方を統治するというシステムも撤廃され、県という新しい行政単位が全国に置かれることになった（廃藩置県）。廃藩置県が行われると、それまで大名として領国に君臨していた大名たちはその地位を失い、領国の支配権も政府に返上した。

ほとんどの大名が廃藩置県に対し抵抗するでもなく受け入れたのは、天皇への忠節という意味も少なからずあったと思われるが、実体としては彼らがほぼ例外なく商人から多額の借金をし、破産寸前であったからである。明治政府は、廃藩置県と同時に、大名の持つ多額の借金を肩代わりすることで、彼らは、借金に追われる立場から解放され、なおかつ秩禄処分（家禄、賞典禄の支給を失う代わりに明治政府より公債が与えられた）により、あらためて財産を手にしたのである。屋敷地などの多くもそのまま所有が認められ、借金地獄にあえいでいた彼らは一夜にして貴族（華族）の立場に返り咲いた。

藩主により政府に届け出された債務総額は、２７６藩で７４１３万１０００円（１両＝

幕末諸藩の債務総額とその処理

藩債*　（単位：千円）

	政府調査結果（藩数）		本稿推計	控除額**
総額	74,131	276	61,681	12,450
公債額	34,865	276	28,429	6,436
うち新債	12,820	246	12,820	0
旧債	11,221	228	11,221	0
即償債	708	50	708	0
租税債	3,680	220	3,680	0
官金債	6,436	250	0	6,436
削除額	39,266	271	33,252	6,014
うち古債	12,026	206	12,026	0
幕債	2,658	131	0	2,658
私債	2,372	24	0	2,372
返上債	501	57	0	501
空債	483	17	0	483
棄債	14,977	254	14,977	0
宿債	2,501	23	2,501	0
古借滞利	3,747	207	3,747	0

276藩で7413万円もの借財を抱えていた
「明治初期の財政構造改革・累積債務処理とその影響」（大森徹）より

１円）。藩が濫発していた藩札も実質的には借金であるが、それら諸藩の藩札も３９０９万４０００円分あり、これらを藩・大名が返済するのはほぼ不可能であった。明治政府はこれらと旧幕府の債務を含め、約一億円を肩代わりしているが、明治政府にも返済目途はなかった。

政府は、天保14年（１８４３）に幕府が債務の棄捐令《きえんれい》を発していることを理由に、それ以前の債務を無効とした。さらに慶応３年（１８６７）までの債務については無利息50年払いとし、慶応３年以降の債務については、元金３年据え置きで以降25年年賦償還、利息は４％と決定した。これでは、事実上のデフォルトであるが、そのため多くの大手両替商や回船問屋が倒産している。

新常識97
明治時代
Meiji Period

会津藩は朝敵にあらず

朝敵として新政府軍の攻撃を受けた会津藩は、真の官軍であった

会津松平家最後の九代藩主・容保《かたもり》は、高須藩主・松平義建《よしたつ》の六男で、八代藩主・容敬《かたたか》の養子として会津に入っている。会津藩の家訓では、冒頭、「大君の儀、一心大切に忠勤に存ずべく、列国の例をもって自ら処するべからず。若し二心を懐《いだ》かば則ち我が子孫にあらず、面々決して従うべからず」と、徳川家への絶対的な忠節と、他藩の真似をして藩の方針を決めることの否定を、強い言葉で示している。養子として入った容保は、この藩祖の教えを忠実に守り通してその生涯を送ることになる。

幕末の混乱の中、容保は京都守護職となり、新選組を麾下《きか》に置き、会津藩士の見廻組とともに京の治安維持を担い続けた。会津藩は、禁門の変では官軍として長州の攻撃から御所と孝明天皇を守り、容保には、会津藩を頼りとしている旨の「御宸翰《ごしんかん》」（直筆書状）が孝明天皇より下された。

会津戦争は、全く必要のない戦闘であった。鳥羽・伏見の戦いで勝利した新政府軍は、容保に対し、城の明け渡しと領地没収という厳しい処分を発表した。

御所の警護に当たり、孝明天皇より絶大な信頼を寄せられていた会津藩が、朝敵とされるとは、容保とその家臣にとっては信じられない屈辱であったろう。この時、容保は朝廷への恭順を示し、哀訴嘆願書を提出したが、新政府は頑なに会津討伐へと突き進んだ。

会津戦争での会津側の戦力は約9500。対して新政府側は諸藩連合で7万5000。火力で圧倒する新政府軍は、各戦線で優勢に戦いを進め、籠城1か月にして会津軍は降伏し、若松城は落ちている。

なお、新政府軍は会津兵の遺体の埋葬を許可しなかったという伝承があるが、2017年、「戦《せん》死《し》屍《しかばね》取仕末金銭入用帳」という当時の史料が発見され、新政府軍の命で、会津藩士の遺体を埋葬していたことが確認されていることを付記させていただく。

激戦地だった会津若松城

若松城写真　天守東南面之図（国立公文書館蔵）

端正な顔立ちの松平容保

松平容保肖像『幕末、明治、大正回顧八十年史』より（国立国会図書館蔵）

新常識98
明治時代
Meiji Period

明石資金は１００万円だけではなかった

明石の部下が語り残した話では、明石資金は数千万円あったという!

日露戦争の勝利に大きく影響したとされているのが、陸軍大佐・明石元《もと》二郎《じろう》によるヨーロッパでの諜報活動である。

明石が在ロシア帝国日本公使館付陸軍武官としてサンクトペテルブルクに駐在中、日露戦争が勃発。明石はスウェーデンのストックホルムに渡り、諜報活動に従事している。

この時、明石は参謀本部から当時の金で１００万円を工作資金として預かりロシアの革命運動家などの支援などを行ったとされている。当時の日本の国家予算は2億３０００万円であることを考えると、この１００万円がいかに大きな金額であったかが理解できる。

戦後、明石は残った27万円と、詳細な明細書を軍に提出し、１００ルーブルのみ不足があった。その１００ルーブルは、列車のトイレで落としたと報告された。

漫画家のみなもと太郎氏がこの明石の活躍について、興味深い発言を行っている。太郎の祖父漆原松吉は明石の腹心であった。松吉は戦前のことはほとんど話さなかったが、元新聞記者の太郎の父は、繰り返し松吉から話を聞き出そうとし、20年間でほんのわずかだ

明石元次郎　（『明石将軍』西川虎次郎著より）

三笠艦橋之圖　東城鉦太郎画（『海軍美術』より）

け話を聞くことに成功し、松吉の死後、それがはじめて太郎にも明かされたという。

「儂《わし》の諜報活動を話せば日露戦争の歴史が変わる」と松吉は語り、明石の与えられた資金は国家予算の数分の一で、欧州のマスコミと、ロシアの諜報機関そのものを買収することに成功していたのだと彼は述懐した。

日本陸軍の連戦連勝も、日本海海戦でバルチック艦隊のコースを決め打ちできたのも、すべて明石の正確な情報が元となっていたとすれば、確かに納得のできる話である。

明石が完璧な明細書を提出できたのは、それが捏造されたものであったからこそといえよう。ドイツ皇帝ヴィルヘルム2世が「明石一人で、満州の日本軍20万人に匹敵する戦果を上げた」とする明石の謀略の真実は、いったいどのようなものであったのだろうか。

新常識99
明治時代
Meiji Period

乃木希典は名将中の名将

乃木の戦略は正しく、乃木批判は素人考えにすぎない愚論

乃木希典を一言で評するならば、それはまさに「忠臣」という言葉しかないだろう。しかし、戦前は日露戦争の英雄として聖将とすら呼ばれた乃木であるが、現在の乃木の評価は不自然なまでに低い。乃木の評価をもっとも左右しているのが、日露戦争における旅順攻略戦である。遼東半島の先端にある旅順港の、その周囲を取り巻くロシアの要塞群は、コンクリートと鉄条網、砲、機関銃、塹壕とで固められ、東洋一と謳われた難攻不落の要塞である。この旅順要塞攻略戦を指揮したのが乃木であった。この恐るべき近代要塞を、乃木率いる第三軍は6万近い死傷者を出しながらも攻略した。

この死傷者数の多さから乃木を無能とする説があるが、これは近代要塞の攻略戦を知らない、素人の思考である。

古来、城塞攻撃に対しては、攻撃側は防御側の3倍の兵力がなくてはならないとされている。しかるに旅順攻囲戦では、ロシア軍4万強に対し、日本軍は最大時で6万４０００。ましてや満足な弾薬が与えられていなかったことを思えば、むしろ、よくぞこの兵力で落

旅順要塞周辺の地図（日露戦争写真帳より）

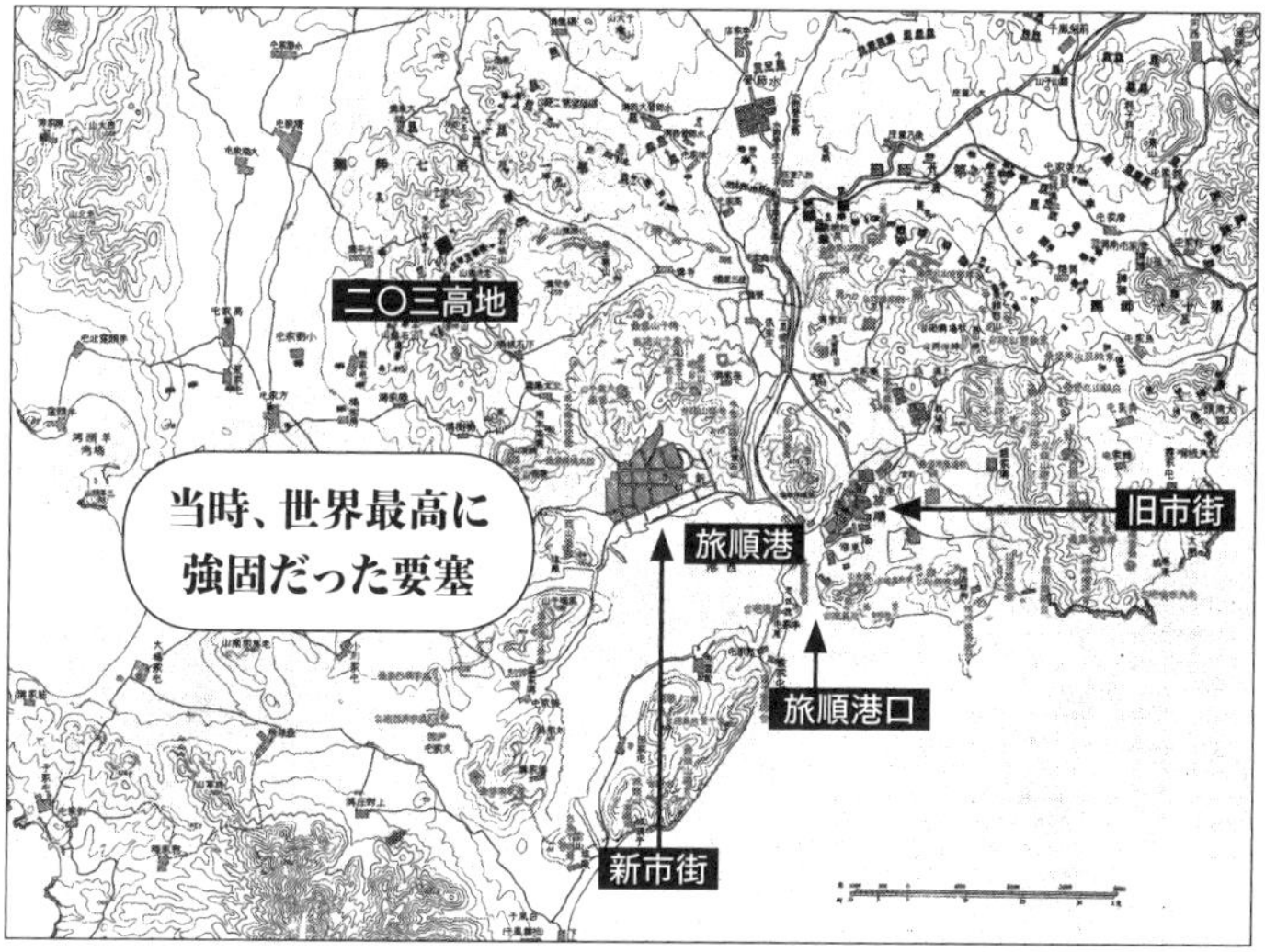

旅順港周辺は、砲、機関銃、様々な陣地で防御された難攻不落の近代要塞であった

とせたというべきである。

また、死傷者数が大きいのは、乃木が準備不足と火砲・砲弾の不足を指摘していたにもかかわらず、大本営（満州軍総司令部）が総攻撃を無理強いしたからである。

結局、要塞攻略は、塹壕、坑道を掘り進めて接近するという近代要塞戦での正攻法へと戦術を転換し、海軍の二十八サンチ砲も投入された後に成功する。当初から、十分な準備をし、焦っての総攻撃を仕掛けず、乃木ら前線の将兵に攻撃のタイミングをまかせて正攻法で攻撃をしていれば、もっと早期に攻略できたと主張する研究者もいる。

新常識100
明治時代
Meiji Period

日露戦争の裏にユダヤマネー

日露戦争の日本経済を支えたのは、ユダヤ人金融家であった

日露戦争では、開戦以降日本軍は異常なほどに勝ち続けた。しかし、ロシア軍の奉天からの総退却の後は、余力のない日本軍はそれ以上の進撃は断念。ロシア軍もまた、戦力を整えつつ本国の指示待ちとなり、事実上の休戦を迎えることとなる。

さらに、連合艦隊が対馬近海でバルチック艦隊を撃滅したことでロシアの海上戦力もほぼ壊滅し、これを機に日本政府はロシアとの講和を模索しはじめる。

この時、軍も政府も、すでに戦争継続は不可能な状態にまでに疲弊し切っていた。特に財政面では、日本は破綻寸前に追い込まれていた。

国家予算がおおむね2億円強の日本政府が、日露戦争に費やした戦費は20億円。日清戦争の費用の10倍の支出となっている。租税のみではこれをまかなうことはできず、政府は内債6億円と、外債7億円を発行している。

外債は高橋是清らがロンドンで発行したが、当初は引き受け手がなく、外債発行は不成功に終わるかに思われた。この時、ユダヤ人銀行家のジェイコブ・シフがこれを引き受け

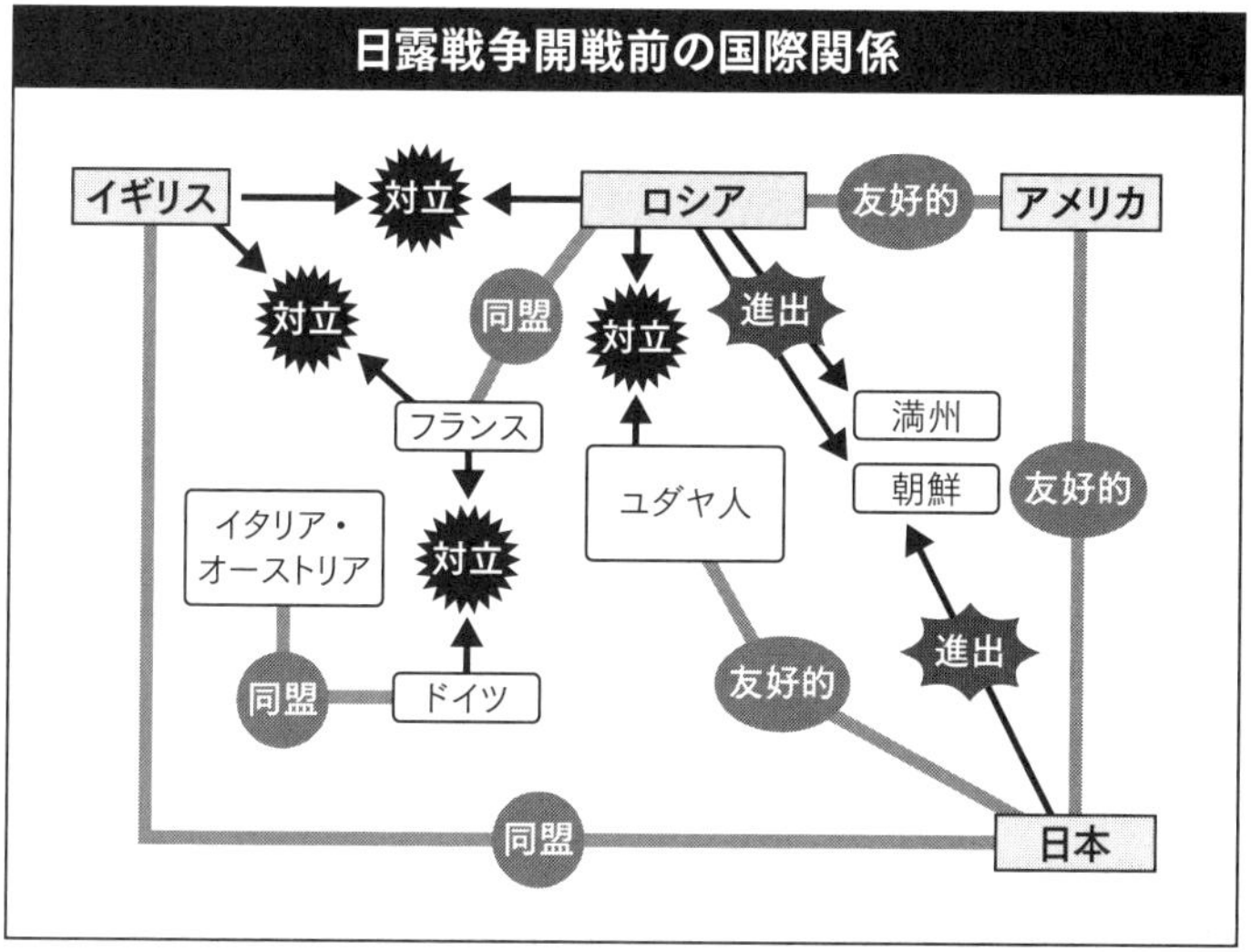

たことで、日本は戦費調達に成功する。

シフらは、ロシア国内でのユダヤ人への迫害を良しとせず、日本の勝利をユダヤ人の見地から願って、国債を引き受けたのであった。このユダヤマネーにより日本は戦費調達ができたのだが、外債募集に失敗していれば、それだけで日本は戦争を継続できず敗北していた。

また、シフらは、ウォール街でのロシア公債の起債に反対を続けていた。シフは後にこう語っている。「過去4、5年にわたりロシア政府はアメリカ市場での起債に向けて努力を続けてきたが、それを私（シフ）が無に帰せしめてきたことを誇りに思う」と。ユダヤ同胞を虐待するロシアに対してのシフの思いは強く、おかげで日本はロシアに勝てたのである。

図説
「日本史」の
最新常識
驚きの100

最新歴史研究会（さいしんれきしけんきゅうかい）
最新の歴史発見の動向を、常にウォッチングしている歴史研究会。古代から現代までそのジャンルは幅広い。代表は小野木圭。

スタッフ
編集　小林大作　新本梨華　前田直子
カバーデザイン　藤牧朝子
本文デザイン&DTP　株式会社ユニオンワークス

カバー写真
萩野矢慶記／アフロ（鎌倉大仏）
アフロ（源頼朝、清少納言）

図説
「日本史」の最新常識
驚きの100

2018年4月27日第1刷発行

著　者　最新歴史研究会
発行人　蓮見清一
発行所　株式会社宝島社
〒102-8388
東京都千代田区一番町25番地
電話　営業　03-3234-4621
編集　03-3239-0927
http://tkj.jp
印刷・製本　株式会社光邦

ISBN 978-4-8002-8303-0